Veröffentlichungen des Instituts
für deutsches und europäisches Wirtschafts-,
Wettbewerbs- und Regulierungsrecht
der Freien Universität Berlin

Herausgegeben von Franz Jürgen Säcker

Band 23

PETER LANG
Frankfurt am Main · Berlin · Bern · Bruxelles · New York · Oxford · Wien

Die unzumutbare Belästigung nach der UWG Nove
und dem Gesetz zur Bekämpfung unerlaubter Telefo
und zur Verbesserung des Verbraucherschut
bei besonderen Vertriebsformen

Judith Antonia Loeck

Die unzumutbare Belästigung nach der UWG Novelle 2008 und dem Gesetz zur Bekämpfung unerlaubter Telefonwerbung und zur Verbesserung des Verbraucherschutzes bei besonderen Vertriebsformen

PETER LANG
Internationaler Verlag der Wissenschaften

Bibliografische Information der Deutschen Nationalbibliothek
Die Deutsche Nationalbibliothek verzeichnet diese Publikation in der Deutschen Nationalbibliografie; detaillierte bibliografische Daten sind im Internet über http://dnb.d-nb.de abrufbar.

Zugl.: Berlin, Freie Univ., Diss., 2010

Dissertation des Fachbereichs Rechtswissenschaft
der Freien Universität Berlin
Erstgutachter: Herr Prof. Dr. Dr. Dr. h.c. Franz Jürgen Säcker
Zweitgutachter: Herr Prof. Dr. Kurt Markert
Datum der mündlichen Prüfung: 16.07.2010

Gedruckt auf alterungsbeständigem,
säurefreiem Papier.

D 188
ISSN 1863-494X
ISBN 978-3-631-61099-2

Vorwort

Die vorliegende Arbeit wurde im Sommersemester 2010 von dem Fachbereich Rechtswissenschaft der Freien Universität Berlin als Dissertation angenommen. Literatur und Rechtsprechung wurden bis Dezember 2009 berücksichtigt.

Ich möchte all denjenigen herzlich danken, die mir bei der Entstehung dieser Arbeit hilfreich zur Seite standen.

Mein Dank gilt dabei zunächst meinem Doktorvater Herrn Prof. Dr. Dr. Dr. h.c. Franz Jürgen Säcker für die Betreuung dieser Arbeit. Herrn Prof. Dr. Kurt Markert danke ich für die Erstellung des Zweitgutachtens.

Ganz besonders danke ich meinen Eltern, deren Unterstützung ich mir stets sicher sein kann. Ihnen ist diese Arbeit gewidmet.

Schließlich möchte ich auch Verena für ihren Zuspruch und Rückhalt danken.

Judith Antonia Loeck

Inhaltsverzeichnis

Vorwort ... 5

A. Einführung ... 17
- I. Ausgangslage und Problemstellung ... 17
- II. Ziel der Arbeit ... 19
- III. Gang der Darstellung ... 19

B. Historische Entwicklung der unzumutbaren Belästigungen unter UWG a.F. und UWG 2004 ... 21
- I. Überblick über die Rechtslage unter § 1 UWG a.F. ... 21
  - 1. Fallgruppen belästigender Werbung ... 21
  - 2. Rechtliche Bewertung der Fallgruppen ... 22
    - a) „Opt-out"-Prinzip bei Brief-, Briefkasten- und Haustürwerbung ... 22
    - b) „Opt-in"-Prinzip bei den übrigen Fallgruppen ... 23
  - 3. Schutzrichtung des Verbots belästigender Werbung ... 23
- II. Überblick über die Rechtslage unter UWG 2004 ... 24
  - 1. UWG Novelle 2004 ... 24
    - a) Schutzzweck des UWG 2004 ... 24
    - b) Zentraler Begriff der Wettbewerbshandlung ... 25
    - c) Generalklausel ... 25
    - d) Katalog unlauterer Wettbewerbshandlungen ... 25
      - aa) § 4 UWG 2004 ... 26
      - bb) §§ 5-7 UWG 2004 ... 26
  - 2. Gemeinschaftsrechtlicher Hintergrund des § 7 UWG 2004 ... 26
    - a) Anwendungsbereich und Schutzzweck der E-Datenschutzrichtlinie ... 27
    - b) Direktwerbung gegenüber natürlichen Personen ... 27
      - aa) „Opt-in" für automatische Anrufmaschinen, Fax und elektronische Post ... 27
      - bb) Ausnahmetatbestand für elektronische Post ... 28
      - cc) „Opt-in" oder „Opt-out" für Telefonwerbung ... 28
    - c) Direktwerbung gegenüber juristischen Personen ... 29

d) Verbot anonymer Direktwerbung ... 30
3. Der Tatbestand der unzumutbaren Belästigungen in § 7 UWG 2004 ... 30
a) § 7 im Gefüge des UWG 2004 ... 30
b) Systematik des § 7 UWG 2004 ... 30
c) Materiell-rechtliche Aspekte ... 31
aa) Generalklausel des § 7 Abs. 1 UWG 2004 ... 31
bb) Fallgruppen des § 7 Abs. 2 UWG 2004 ... 31
cc) Ausnahmetatbestand des § 7 Abs. 3 UWG 2004 ... 32
dd) Normzweck des § 7 UWG 2004 ... 32

C. UWG Novelle 2008 und das Gesetz gegen unerlaubte Telefonwerbung als Ausgangslage für die Beurteilung des § 7 UWG ... 35
I. Gemeinschaftsrechtlicher Hintergrund der UWG Novelle 2008 ... 35
1. Anwendungsbereich und Schutzzweck der UGP-Richtlinie ... 35
2. Verbot unlauterer Geschäftspraktiken ... 36
3. Belästigung als aggressive Geschäftspraktik ... 37
4. Belästigung und Anhang I UGP-Richtlinie ... 38
5. Verhältnis zur E-Datenschutzrichtlinie ... 39
6. Ergebnis ... 40
II. Überblick über die UWG Novelle 2008 ... 40
1. Gleichbleibender Schutzzweck des UWG ... 40
2. Geschäftliche Handlung statt Wettbewerbshandlung ... 41
3. Neue Generalklausel ... 42
a) Verbotstatbestand in § 3 Abs. 3 UWG ... 42
b) Verbotstatbestände in § 3 Abs. 1 und 2 UWG ... 43
4. Abkopplung von § 3 UWG ... 43
a) Abkopplung der §§ 4-6 UWG ... 43
b) Abkopplung des § 7 UWG ... 44
5. Aggressive geschäftliche Handlungen als Fälle von § 4 Nr. 1 und 2 UWG ... 44
6. Irreführung gem. §§ 5, 5 a UWG ... 45
III. Überblick über die Gesetzesnovellierungen durch das Gesetz gegen unerlaubte Telefonwerbung ... 45
1. Änderungen zum UWG ... 45
2. Änderungen zum Telekommunikationsgesetz („TKG“) ... 46
3. Änderungen zum Bürgerlichem Recht ... 46

D. Der neue Tatbestand des § 7 UWG ... 47
I. Neue Stellung des § 7 UWG im Gefüge des UWG ... 47

II. Neue Systematik des § 7 UWG ... 48
1. Generalklausel und Beispielsfall in § 7 Abs. 1 UWG ... 48
2. Per-se-Verbote in § 7 Abs. 2 UWG ... 48
3. Auswirkungen auf die systematische Herangehensweise bei der Rechtsanwendung ... 49
III. Per se verbotene unzumutbare Belästigungen ... 49
1. Telefonwerbung ... 50
a) Wirtschaftliche Relevanz bei fehlender Popularität ... 50
b) Gemeinschaftsrechtlicher Hintergrund ... 51
c) Einzahl- anstelle einer Mehrzahlformulierung ... 52
d) Begriff der Werbung ... 52
aa) Begriff der Werbung im Gemeinschaftsrecht ... 53
(1) E-Datenschutzrichtlinie ... 54
(2) UGP-Richtlinie ... 54
(3) Irreführungsrichtlinie ... 55
(4) Zwischenergebnis ... 56
bb) Auslegung des Begriffes der Werbung ... 56
(1) Schutzzweck von § 7 Abs. 2 Nr. 2 UWG ... 56
(a) Telefonwerbung gegenüber Verbrauchern ... 56
(b) Telefonwerbung gegenüber sonstigen Marktteilnehmern ... 58
(2) Nachfragemaßnahmen als Absatzhandlungen ... 59
(3) Werbung als Hauptanwendungsfall der geschäftlichen Handlung ... 59
(4) Ergebnis ... 60
e) Anforderungen an die Einwilligung seitens des Verbrauchers ... 60
aa) Vorherige Einwilligung ... 60
bb) Ausdrückliche vorherige Einwilligung ... 60
(1) Maßgeblicher gemeinschaftsrechtlicher Begriff der Einwilligung ... 62
(2) Richtlinienkonforme Auslegung ... 63
(3) Vereinbarkeit mit der unter UWG 2004 herrschenden Meinung ... 65
(a) Analyse der Rechtsprechung zu § 7 Abs. 2 Nr. 2 1. Alt. UWG 2004 ... 65
(b) Beurteilung unter § 7 Abs. 2 Nr. 2 UWG ... 67
(c) Bewertung und Zwischenergebnis ... 68
(4) Ausdrücklichkeitserfordernis als Präzisierung oder als materiell-rechtliche Verschärfung? ... 68

(5) Vereinbarkeit mit Art. 13 Abs. 3 E-Datenschutz-richtlinie 70
(6) Bewertung 70
(7) Zusammenfassung der Ergebnisse 71
f) Einwilligung des Verbrauchers in Telefonwerbung durch eine vorformulierte Einwilligungserklärung 72
aa) Anwendung der §§ 305 ff. BGB 73
bb) Bisherige Rechtsprechung des BGH 73
cc) Bewertung der bisherigen Rechtsprechung 74
dd) Payback-Urteil des BGH 76
(1) Klarstellung der verwendeten Begrifflichkeiten „Opt-in“ und „Opt-out“ 76
(2) Übertragbarkeit der Grundsätze auf die Telefon-werbung? 77
(3) Kriterien nach dem Payback-Urteil 79
(4) Weitere zwingende Kriterien? 80
(5) Exkurs: Einwilligung i.S.d. § 4 a BDSG und i.S.d. § 7 Abs. 2 Nr. 2 und 3 UWG 81
ee) Zusammenfassung der Ergebnisse 83
g) Mutmaßliche Einwilligung seitens sonstiger Marktteil-nehmer 84
h) Auswirkungen der Konzeption als Per-se-Verbot 84
aa) Wegfall der Bagatellschwelle 84
bb) Wegfall der Unzumutbarkeitsprüfung 85
cc) Grundsatz der Verhältnismäßigkeit 86
i) Zusammenfassung der Ergebnisse 87
2. Werbung unter Verwendung einer automatischen Anruf-maschine, eines Faxgerätes oder elektronischer Post 88
a) Gemeinschaftsrechtlicher Hintergrund 88
b) Werbung per elektronischer Post – Begriffsbestimmung und wirtschaftliche Relevanz 88
c) Werbung unter Verwendung eines Faxgerätes – Begriffs-bestimmung und wirtschaftliche Relevanz 89
d) Werbung unter Verwendung einer automatischen Anruf-maschine – Begriffsbestimmung und wirtschaftliche Relevanz 89
e) Begriff der Werbung 90
aa) Schutzzweck von § 7 Abs. 2 Nr. 3 UWG 90
bb) Schutzbedürfnis des Empfängers 91

cc) Begriff der Werbung und Erfordernis einer ausdrücklichen Einwilligung ... 91
f) Vorherige ausdrückliche Einwilligung des Werbeadressaten ... 92
aa) Vorherige ausdrückliche Einwilligung seitens des Verbrauchers ... 92
bb) Vorherige ausdrückliche Einwilligung seitens sonstiger Marktteilnehmer ... 93
(1) Richtlinienkonforme Auslegung ... 93
(2) Vereinbarkeit mit der unter UWG 2004 herrschenden Auffassung ... 94
(a) Konkludente Einwilligung in der BGH Rechtsprechung ... 94
(b) BGH-Rechtsprechung im Spiegel der heutigen Rechtslage ... 95
(aa) Angabe der Telefaxnummer in einem öffentlichen Verzeichnis ... 96
(bb) Angabe der E-Mail-Adresse auf der Website ... 97
(c) Bewertung ... 98
(d) Ergebnis ... 99
cc) Wirksame Einwilligung eines Verbrauchers per AGB nach den Grundsätzen des Payback-Urteils ... 99
g) Ausnahmetatbestand des § 7 Abs. 3 UWG ... 100
h) Auswirkungen der Konzeption als Per-se-Verbot ... 101
aa) Wegfall der Bagatellschwelle ... 101
bb) Wegfall der Unzumutbarkeitsprüfung ... 102
i) Zusammenfassung der Ergebnisse ... 103
3. Anonyme elektronische Werbung ... 104
4. Werbung mit sonstigen Fernkommunikationsmitteln ... 104
a) Anwendungsbereich ... 105
aa) Briefwerbung gegenüber Verbrauchern – Begriff und wirtschaftliche Bedeutung ... 106
bb) Briefkastenwerbung gegenüber Verbrauchern – Begriff und wirtschaftliche Bedeutung ... 106
b) Gemeinschaftsrechtlicher Hintergrund ... 106
c) Systemwidrige Umsetzung von Nr. 26 S. 1 Anhang I UGP-Richtlinie in § 7 Abs. 2 Nr. 1 UWG? ... 107

aa) Nr. 26 Anhang I UGP-Richtlinie und Eignung zur Beeinträchtigung der wirtschaftlichen Entscheidungsfreiheit ... 108
(1) Fehlende Eignung zur Beeinträchtigung der Entscheidungsfreiheit ... 108
(2) Eignung der Beeinträchtigung der Entscheidungsfreiheit durch Hartnäckigkeit ... 109
(3) Stellungnahme ... 109
(4) Zwischenergebnis ... 110
bb) Konsequenz ... 110
(1) Erweiterung des Anwendungsbereiches der UGP-Richtlinie? ... 111
(2) Systemwidrigkeit des Nr. 26 Anhang I UGP-Richtlinie in der UGP-Richtlinie ... 111
cc) Ergebnis ... 112
d) Behandlung nicht-hartnäckiger, erkennbar unerwünschter Werbung ... 112
aa) Reichweite der Regelungswirkung von Anhang zu § 3 Abs. 3 UWG und § 7 Abs. 2 Nr. 1 UWG ... 113
bb) Verstoß gegen das Vollharmonisierungsgebot? ... 113
cc) Zwischenergebnis ... 114
dd) Bewertung ... 115
e) Begriff der Werbung ... 115
f) Ausreißerproblematik im Spiegel der fehlenden Anwendung der Bagatellschwelle ... 116
g) Zusammenfassung der Ergebnisse ... 116
IV. Bestimmung des Normzwecks von § 7 UWG ... 117
1. Schutz der privaten und beruflichen Sphäre ... 117
2. Schutz von Besitz, Eigentum und sonstigen Ressourcen ... 118
3. Schutz vor Beeinträchtigung der wirtschaftlichen Entscheidungsfreiheit ... 119
4. Ergebnis ... 120
V. Kleine Generalklausel und Beispielstatbestand in § 7 Abs. 1 UWG ... 121
1. Kleine Generalklausel ... 121
a) Anwendungsbereich ... 121
b) Geschäftliche Handlung ... 122
aa) Erfordernis einer objektiven Zielrichtung der Beeinflussung der geschäftlichen Entscheidung? ... 122
bb) Geschäftliche Handlung und außergeschäftliche Belästigungen ... 124

c) Unzumutbare Belästigung 124
aa) Belästigung 124
bb) Unzumutbarkeit der Belästigung 125
(1) Unzumutbarkeit als spezielle Bagatellschwelle 126
(2) Behandlung von Ausreißerfällen 127
d) Zusammenfassung der Ergebnisse 128
2. § 7 Abs. 1 S. 2 UWG als Beispielstatbestand 129
a) Entstehungsgeschichte 129
b) Anwendungsbereich 130
c) Anwendbarkeit der Unzumutbarkeitsschwelle 130
VI. Fallgruppen des § 7 Abs. 1 UWG 130
1. Ansprechen in der Öffentlichkeit 131
a) Begriff und wirtschaftliche Relevanz 131
b) Regelungen in der UGP-Richtlinie 131
aa) Erwägungsgrund 7 UGP-Richtlinie 131
bb) Kriterien nach Art. 9 lit. c) UGP-Richtlinie 132
c) Grundsätzliche Bewertung nach § 7 Abs. 1 UWG 132
aa) Unzulässigkeit bei nicht eindeutiger Erkennbarkeit des Werbenden 133
bb) Grundsätzliche Zulässigkeit bei eindeutiger Erkennbarkeit des Werbenden 133
cc) Kein Fall des § 4 Nr. 1 und 2 UWG 134
d) Ansprechen am Unfallort 134
e) Bewertung 135
f) Auswirkungen der Abkopplung von § 3 UWG 135
g) Zusammenfassung der Ergebnisse 136
2. Haustürwerbung 136
a) Begriff und wirtschaftliche Relevanz 136
b) Regelung in der UGP-Richtlinie 137
c) Umsetzung in das UWG 137
d) Verbleibender Anwendungsbereich für § 7 Abs. 1 UWG 138
e) Haustürwerbung im Spiegel der aktuellen Rechtslage 138
aa) Geltung des „Opt-out"-Prinzips unter § 1 UWG a.F. und § 7 Abs. 1 UWG 2004 138
bb) Bewertung 139
f) Zusammenfassung der Ergebnisse 141
3. Zusendung unbestellter Waren 142
a) Wirtschaftliche Bedeutung 142
b) Regelung in der UGP-Richtlinie 142
c) Umsetzung in das UWG 142

d) Verbleibender Anwendungsbereich für § 7 UWG 143
aa) Zusendung unbestellter Waren an Verbraucher ohne jede Aufforderung 143
bb) Zusendung unbestellter Waren an sonstige Marktteilnehmer 144
(1) Zusendung mit Aufforderung 144
(2) Zusendung ohne jede Aufforderung 144
e) Bewertung 144
f) Zusammenfassung der Ergebnisse 145
4. Scheibenwischerwerbung 145
5. Jüngere Formen unzumutbarer Belästigungen 146
a) Werbung im Internet 146
aa) Exit-Pop-Up-Fenster 146
bb) Metatags 146
b) Slamming 147
c) Duftwerbung 148
6. Zusammenfassendes Ergebnis 149

E. Rechtsfolgen der Zuwiderhandlung gegen § 7 UWG 151
I. Verstoß gegen § 7 Abs. 2 Nr. 2 1. Alt. UWG als Ordnungswidrigkeit 151
1. Die Regelung des § 20 UWG 151
2. Bewertung des § 20 UWG 152
a) § 20 UWG als Systembruch 152
b) Sonderbehandlung der Telefonwerbung 153
c) § 20 UWG als „Symbolgesetz“? 154
d) Ergebnis 155
II. Ansprüche betroffener Verbraucher 155
1. Keine individualrechtlichen Ansprüche nach dem UWG 155
a) Ablehnung im Rahmen der UWG Novelle 2004 156
b) Ablehnung im Rahmen der UWG Novelle 2008 156
c) Kollektivrechtlicher Schutz 157
2. Ansprüche nach dem allgemeinen Deliktsrecht 157
a) Allgemeines 157
b) Anspruch nach § 823 Abs. 2 BGB i.V.m. § 7 UWG? 158
aa) § 7 UWG als Schutzgesetz? 158
bb) Entgegenstehender Wille des Gesetzgebers 159
cc) Ergebnis 161
c) Anspruch nach § 823 Abs. 1 BGB 161
aa) Telefon-, Telefax- und E-Mail-Werbung 161

bb) Brief- und Briefkastenwerbung ... 162
cc) Ansprechen in der Öffentlichkeit ... 163
dd) Haustürwerbung ... 163
ee) Wille des Gesetzgebers ... 163
d) Ergebnis ... 164
3. Verlagerung des Belästigungsschutzes in das allgemeine Deliktsrecht? ... 164
a) Beschränkter Anwendungsbereich der UGP-Richtlinie ... 164
b) Einheitliche lauterkeitsrechtliche Beurteilung belästigender Handlungen ... 165
c) Begriff der geschäftlichen Handlung als richtiges Abgrenzungsmerkmal ... 166
d) Vermeidung der Aufspaltung einheitlicher Fallgruppen ... 166
e) Ergebnis ... 167
4. Zusammenfassendes Ergebnis ... 167
III. Ansprüche von Mitbewerbern und sonstigen Marktteilnehmern ... 168
1. Mitbewerberansprüche nach dem UWG ... 168
2. Ansprüche nach dem allgemeinen Deliktsrecht ... 168
a) Allgemeines ... 168
b) Anspruch nach § 823 Abs. 2 BGB i.V.m. § 7 UWG? ... 169
aa) Mitbewerber ... 169
bb) Sonstige Marktteilnehmer ... 170
c) Anspruch nach § 823 Abs. 1 BGB ... 171
aa) Mitbewerber ... 171
bb) Sonstige Marktteilnehmer ... 172
(1) Betriebsbezogenheit des Eingriffs ... 173
(2) Rechtswidrigkeit des Eingriffs ... 174
cc) Ergebnis ... 174
d) Verhältnis der Ansprüche nach § 823 Abs. 1 BGB und § 823 Abs. 2 BGB i.V.m. § 7 UWG ... 174
e) Zusammenfassendes Ergebnis ... 175

F. Zusammenfassung ... 177

Literaturverzeichnis ... 185

A. Einführung

I. Ausgangslage und Problemstellung

Das Lauterkeitsrecht[1] ist im Fluss: Nach der grundlegenden Novelle des Gesetzes gegen den unlauteren Wettbewerb (im Folgenden: „UWG“) im Jahr 2004, im Zuge derer die Fallgruppen der unzumutbaren Belästigungen mit § 7 UWG 2004[2] erstmals eine ausführliche gesetzliche Regelung erfahren haben, ist bereits am 30.12.2008 das Erste Gesetz zur Änderung des Gesetzes gegen den unlauteren Wettbewerb[3] (im Folgenden: „Änderungsgesetz“) in Kraft getreten. Es dient der Umsetzung der Richtlinie 2005/29/EG über unlautere Geschäftspraktiken[4] (im Folgenden: „UGP-Richtlinie“). Mit dem Änderungsgesetz haben das UWG insgesamt und auch der Tatbestand der unzumutbaren Belästigungen in § 7 UWG gravierende Änderungen erfahren. Darüber hinaus ist am 04.08.2009 das Gesetz zur Bekämpfung unerlaubter Telefonwerbung und zur Verbesserung des Verbraucherschutzes bei besonderen Vertriebsformen[5] (im Folgenden: „Gesetz gegen unerlaubte Telefonwerbung“) in Kraft getreten, welches unter anderem weitere Änderungen des UWG zur Telefonwerbung als einer zentralen Fallgruppe des § 7 Abs. 2 UWG mit sich gebracht hat.

Diese umfassenden Änderungen des § 7 UWG geben Anlass zu einer eingehenden wissenschaftlichen Analyse. Sie werfen unter verschiedenen Blickwinkeln

---

1 Eine einheitliche Terminologie hat sich noch nicht herausgebildet. Das im deutschen Recht als Kartellrecht bezeichnete Rechtsgebiet wird im Gemeinschaftsrecht Wettbewerbsrecht genannt. Demgegenüber wird im deutschen Recht das im UWG geregelte Recht häufig als Wettbewerbsrecht bezeichnet. In Anlehnung an das Gemeinschaftsrecht sollen Normen zum Schutz vor unlauterem Marktverhalten wie die des UWG hier als Lauterkeitsrecht bezeichnet werden, zumal auch die Generalklausel des § 3 UWG an den Begriff der Unlauterkeit anknüpft.

2 Gesetz gegen den unlauteren Wettbewerb vom 03.07.2004, BGBl. I 1414 („UWG 2004“).

3 BGBl. Teil I S. 2949 ff.

4 Richtlinie 2005/29/EG des Europäischen Parlaments und des Rates vom 11.05.2005 über unlautere Geschäftspraktiken im binnenmarktinternen Geschäftsverkehr zwischen Unternehmen und Verbrauchern und zur Änderung der Richtlinie 84/450/EWG des Rates, der Richtlinien 97/7/EG, 98/27/EG und 2002/65/EG des Europäischen Parlaments und des Rates sowie der Verordnung (EG) Nr. 2006/2004 des Europäischen Parlaments und des Rates (Richtlinie über unlautere Geschäftspraktiken), Abl.-EU Nr. L 149, S. 14 ff.

5 BGBl. Teil I, Nr. 49, S. 2413 ff.

Fragen auf, die im Rahmen dieser Arbeit einer möglichen Lösung zugeführt werden sollen.

Klärungsbedarf ergibt sich zum einen daraus, dass § 7 UWG in seiner aktuellen Fassung verschiedene gemeinschaftsrechtliche Vorgaben der Datenschutzrichtlinie für elektronische Kommunikation 2002/58/EG[6] (im Folgenden: „E-Datenschutzrichtlinie") einerseits und der UGP-Richtlinie andererseits umsetzt: Während die Tatbestände des § 7 Abs. 2 Nr. 2-4, Abs. 3 UWG auf Art. 13 E-Datenschutzrichtlinie beruhen, ist mit dem Änderungsgesetz zur Umsetzung von Nr. 26 S. 1 UGP-Richtlinie ein neuer § 7 Abs. 2 Nr. 1 UWG eingefügt worden. Die Schutzrichtungen der E-Datenschutzrichtlinie und der UGP-Richtlinie sind unterschiedlich und ihre jeweiligen Vorgaben widersprechen sich teilweise. Unter Berücksichtigung des Gebots der richtlinienkonformen Auslegung ergeben sich vor diesem Hintergrund sowohl Fragen in Bezug auf die Auslegung einzelner Begriffe in § 7 Abs. 2 Nr. 1 UWG einerseits und in § 7 Abs. 2 Nr. 2-4 UWG andererseits als auch hinsichtlich der Bestimmung des Normzwecks des § 7 UWG. Die Bestimmung des Normzwecks ist notwendig, um den Anwendungsbereich der Generalklausel des § 7 Abs. 1 S. 1 UWG zu bestimmen und näher konkretisieren zu können, welche Fallgruppen unter der neuen Rechtslage unter § 7 Abs. 1 UWG zu fassen sind.

Anlass zu einer eingehenden Analyse des Tatbestandes der unzumutbaren Belästigungen geben zum anderen die geänderten Anforderungen an die erforderliche Einwilligung in Bezug auf die Telefonwerbung gegenüber Verbrauchern und bezüglich der Werbung unter Verwendung einer automatischen Anrufmaschine, eines Faxgerätes oder elektronischer Post gegenüber jedwedem Adressaten. Insoweit muss nunmehr eine vorherige ausdrückliche Einwilligung des Verbrauchers bzw. des Adressaten vorliegen. Diesbezüglich ist zu untersuchen, wie der Begriff der vorherigen ausdrücklichen Einwilligung – richtlinienkonform – jeweils auszulegen ist und welche Maßstäbe hierfür heranzuziehen sind. Dabei sind auch die Auswirkungen dieser Änderungen für die lauterkeitsrechtliche Praxis zu evaluieren.

In diesem Zusammenhang gilt es zudem, die jüngst zu dem Begriff der Einwilligung[7] und zu dem Begriff der Werbung[8] in dem Tatbestand der unzumutbaren Belästigungen ergangene höchstrichterliche Rechtsprechung rechtlich aufzuar-

---

6 Richtlinie 2002/58/EG des Europäischen Parlaments und des Rates vom 12. Juli 2002 über die Verarbeitung personenbezogener Daten und den Schutz der Privatsphäre in der elektronischen Kommunikation (Datenschutzrichtlinie für elektronische Kommunikation), ABl. L 201 vom 31.07.2002, S. 37 ff.

7 BGH, Urteil vom 16.07.2008, Az. VIII ZR 348/06, BB 2008, 2426 ff. – *Payback;* BGH, Urteil vom 17.07.2008, Az. I ZR 75/06, WRP 2008, 1328 ff. – *Faxanfrage im Autohandel*; BGH, Urteil vom 17.07.2008, Az. I ZR 197/05, WRP 2008, 1330 ff. – *FC Troschenreuth.*

8 BGH WRP 2008, 1328 ff. – *Faxanfrage im Autohandel*; BGH WRP 2008, 1330 ff. – *FC Troschenreuth.*

beiten. Insoweit ist zu untersuchen, ob und inwieweit diese noch zu § 7 UWG 2004 ergangene Rechtsprechung unter der heutigen Rechtslage von Bedeutung ist.

Auch im Hinblick auf die Rechtsfolgen einer Zuwiderhandlung gegen das Verbot der unzumutbaren Belästigungen in § 7 UWG geben die jüngsten Gesetzesänderungen Anlass zu einer rechtlichen Aufarbeitung. Dabei soll der Ordnungswidrigkeitstatbestand des § 20 UWG als neue Rechtsfolge einer Zuwiderhandlung gegen § 7 Abs. 2 Nr. 2 1. Alt. UWG einer Evaluation unterzogen und die zivilrechtlichen Rechtsfolgen bei einem Verstoß gegen § 7 UWG diskutiert werden.

II. Ziel der Arbeit

Im Spiegel der UWG Novelle 2008 und des Gesetzes gegen unerlaubte Telefonwerbung sowie unter Berücksichtigung der bezeichneten jüngsten Rechtsprechung des BGH soll mit dieser Arbeit der neue Tatbestand der unzumutbaren Belästigungen und seine Stellung im Gefüge des UWG umfassend untersucht und kritisch bewertet werden. Dabei sollen auch die zu erwartenden Auswirkungen der erfolgten Änderungen für die wettbewerbsrechtliche Praxis dargestellt werden. Den durch die Änderungen des UWG sowie durch die jüngste BGH Rechtsprechung aufgeworfenen Fragen sollen einer möglichen Lösung zugeführt werden.

III. Gang der Darstellung

Zur besseren Einordnung und Bewertung der erfolgten Änderungen des § 7 UWG und seiner Stellung im Gefüge des UWG wird zunächst ein kurzer Überblick über die Entstehungsgeschichte der Regelung der unzumutbaren Belästigungen unter § 1 UWG a.F.[9] und unter § 7 UWG 2004 sowie über den zu dem Zeitpunkt für § 7 UWG 2004 maßgeblichen gemeinschaftsrechtlichen Hintergrund gegeben. Anschließend werden als Ausgangslage für die Analyse des § 7 UWG in der heutigen Fassung mit Blick auf diesen Tatbestand die wichtigsten Inhalte der UGP-Richtlinie, der UWG Novelle 2008 sowie des Gesetzes gegen unerlaubte Telefonwerbung dargestellt.

In dem darauffolgenden Hauptteil werden zunächst die geänderte Stellung des § 7 UWG im Gefüge des UWG sowie die neue Systematik in § 7 UWG selbst erörtert. Im Folgenden werden die vier normierten Anwendungsfälle der unzumutbaren Belästigung mit dem Schwerpunkt auf die Telefonwerbung vorgestellt und jeweils unter Berücksichtigung des Änderungsgesetzes, des Gesetzes gegen unerlaubte Telefonwerbung, der benannten jüngsten Rechtsprechung des

9 Gesetz gegen den unlauteren Wettbewerb vom 07.06.1909, RGBl. S. 499 („UWG a.F.").

BGH und der Handhabung in der Praxis bewertet. Vor einer Analyse des § 7 Abs. 1 UWG und seiner Fallgruppen wird der Normzweck des § 7 UWG definiert.

Im nächsten Teil werden der neue Ordnungswidrigkeitstatbestand des § 20 UWG und die zivilrechtlichen Rechtsfolgen einer Zuwiderhandlung gegen § 7 UWG einer Evaluation unterzogen.

Der abschließende Teil besteht aus einer Zusammenfassung der gefundenen Ergebnisse.

B. Historische Entwicklung der unzumutbaren Belästigungen unter UWG a.F. und UWG 2004

§ 7 UWG besteht einerseits aus den von der Rechtsprechung bereits unter § 1 UWG a.F. entwickelten Unterfallgruppen belästigender Werbung und hat andererseits verschiedene gemeinschaftsrechtliche Vorgaben umgesetzt. Um die im Rahmen der UWG Novelle 2008 und durch das Gesetz gegen unerlaubte Telefonwerbung erfolgten Änderungen im Hinblick auf die Regelung des § 7 UWG selbst und ihrer Stellung im Gefüge des UWG besser einordnen und bewerten zu können, wird nachfolgend zunächst ein kurzer Überblick über die Entstehungsgeschichte der Regelung und ihren gemeinschaftsrechtlichen Hintergrund gegeben.

I. Überblick über die Rechtslage unter § 1 UWG a.F.

Schon unter Geltung des UWG a.F. war die belästigende Werbung als Unterfallgruppe der als „Kundenfang“ bezeichneten Fallgruppe der sittenwidrigen Werbung des § 1 UWG a.F. anerkannt.[10]

1. Fallgruppen belästigender Werbung

Unter belästigender Werbung waren schon damals solche Werbemethoden zu verstehen, die bereits wegen der Art und Weise der Übermittlung der Werbebotschaft, unabhängig von ihrem Inhalt, als belästigend empfunden wurden.[11] Die Belästigung bestand darin, dass die Werbung den Empfängern aufgedrängt wurde, sie die Werbung also ohne oder gegen ihren Willen entgegennehmen mussten.[12] Diese Grundsätze charakterisieren die unzumutbare Belästigung auch heute noch.[13]

Als Fallgruppen belästigender Werbung hatte die Rechtsprechung das Ansprechen in der Öffentlichkeit, die Haustürwerbung, die Telefonwerbung, die

10 Vgl. statt vieler Köhler/Piper-*Köhler*, § 1 Rn. 107 ff.

11 Köhler/Piper-*Köhler*, § 1 Rn. 107.

12 Köhler/Piper-*Köhler*, § 1 Rn. 107.

13 Vgl. statt vieler Hefermehl/Köhler/Bornkamm-*Köhler*, § 7 Rn. 19; Harte/Henning-*Ubber*, § 7 Rn. 8.

Telefaxwerbung, die E-Mail-Werbung, die Briefwerbung, die Briefkastenwerbung, die Zusendung unbestellter Werbung und die Erbringung unbestellter Dienstleistungen herausgebildet.[14]

2. Rechtliche Bewertung der Fallgruppen

Bei der rechtlichen Bewertung der Fallgruppen wird nachfolgend zwischen dem so genannten „Opt-in"- und dem „Opt-out"-Prinzip unterschieden.[15] Das „Opt-in"-Prinzip bezeichnet dabei eine Konstellation, in der die Werbemaßnahme grundsätzlich unzulässig ist, es sei denn, der Adressat hat zuvor in diese eingewilligt (sog. Einwilligungslösung).[16] Das „Opt-out"-Prinzip meint demgegenüber grundsätzlich eine Konstellation, in der die Werbemaßnahme grundsätzlich zulässig ist, solange der Werbeadressat dieser nicht widerspricht (sog. Widerspruchslösung).[17]

a) „Opt-out"-Prinzip bei Brief-, Briefkasten- und Haustürwerbung

Brief- und Briefkastenwerbung[18] war unter § 1 UWG a.F. solange zulässig, bis der Empfänger seinen entgegenstehenden Willen nach außen hin kundtat.[19] Erst der erkennbar entgegenstehende Wille des Empfängers, z.B. durch einen Aufkleber auf dem Briefkasten „Keine Werbung", machte die Form der Werbung grundsätzlich unzulässig.[20] Ebenfalls als wettbewerbsrechtlich zulässig ohne vorheriges Einverständnis sah die Rechtsprechung unter § 1 UWG a.F. zuletzt den Hausbesuch bei Privaten oder Gewerbetreibenden an, sofern nicht auf Grund besonderer Umstände die Gefahr einer untragbaren oder sonst wettbewerbswidrigen Belästigung oder Beunruhigung des privaten Lebensbereiches gegeben wäre.[21]

---

14 Köhler/Piper-*Köhler*, § 1 Rn. 107 ff. m.w.N.

15 Die Begrifflichkeiten „Opt-in" und „Opt-out" wurden unter § 1 UWG a.F. noch nicht verwendet. Zugunsten eines einheitlichen Sprachgebrauches werden im Rahmen dieser Arbeit diese Begrifflichkeiten durchgehend benutzt.

16 Micklitz/Schirmbacher, WRP 2006, 148 (149). Im Rahmen des „Opt-in"-Prinzips im Sinne der Einwilligungslösung unterscheidet der BGH noch einmal zwischen „Opt-in" und „Opt-out" im Sinne der Gestaltung einer vorformulierten Einwilligungserklärung. Siehe hierzu unter D. III. 1. f) dd).

17 Micklitz/Schirmbacher, WRP 2006, 148 (149).

18 Unter Briefkastenwerbung ist der Einwurf von nicht adressiertem Werbematerial (Prospekte, Handzettel, Kataloge, Anzeigenblätter) in den Briefkasten des Empfängers zu verstehen. Die Briefwerbung ist demgegenüber an den Empfänger persönlich adressiert.

19 Vgl. BGH GRUR 1973, 552 – *Briefwerbung*; BGH GRUR 1989, 225 – *Handzettel-Wurfsendung*.

20 BGH GRUR 1989, 225 – *Handzettel-Wurfsendung*; BGH NJW 1992, 1958 (1959) – *Briefkastenwerbung*.

21 BGH GRUR 1994, 380 – *Lexikothek*; BGH GRUR 1994, 818 (819) – *Schriftliche Voranmeldung*.

b) *„Opt-in"-Prinzip bei den übrigen Fallgruppen*

Alle weiteren oben unter I. 1. benannten Formen belästigender Werbung waren grundsätzlich nur dann zulässig, wenn der Empfänger in die konkrete Form ausdrücklich oder konkludent eingewilligt hatte.[22] An die Art der Einwilligung wurden bei der E-Mail-Werbung[23], der Telefonwerbung[24] und der Telefaxwerbung[25] je nach Adressaten (Verbraucher oder Unternehmer) unterschiedliche Anforderungen gestellt. Bei den übrigen Fallgruppen, namentlich bei dem Ansprechen in der Öffentlichkeit und der Zusendung unbestellter Waren bzw. Erbringung unbestellter Dienstleistungen, wurde insoweit keine Differenzierung vorgenommen.[26]

3. Schutzrichtung des Verbots belästigender Werbung

Die Eigenart der belästigenden Werbung bestand zum einen in der Beeinträchtigung der privaten[27] und der beruflichen[28] Sphäre. Zum anderen ging es darum, dass Werbung auf Kosten der Empfänger betrieben wurde, d.h. Ressourcen der Werbeadressaten (Zeit, Arbeitskraft, materielle Aufwendungen für die Entgegennahme, Prüfung und ggf. Beseitigung der Werbung) von diesen ungewollt in Anspruch genommen wurden.[29] Zudem wurde die Unzulässigkeit belästigender Werbung mit der Gefahr begründet, dass der Werbeadressat eine Kaufentscheidung nur deshalb treffen würde, weil er vom Werbenden ohne oder gegen seinen Willen in eine bestimmte Situation gebracht worden sei, und er den Werbenden

---

22 Siehe zur Zusendung unbestellter Waren und Erbringung unbestellter Dienstleistungen BGH GRUR 1959, 277 (278 f.) – *Künstlerpostkarten* und BGH GRUR 1992, 855 (856) – *Gutscheinübersendung* m.w.N.; BGH WRP 2004, 731 (733) – *E-Mail-Werbung* m.w.N.; BGH GRUR 1996, 208 (209) – *Telefaxwerbung*; BGH WRP 2000, 722 (723) – *Telefonwerbung VI* m.w.N.; zum Ansprechen in der Öffentlichkeit BGH GRUR 1960, 431 (432) – *Kraftfahrzeugnummernschild* und BGH GRUR 1965, 315 (316) – *Werbewagen* m.w.N.

23 BGH GRUR 2004, 517 (518) – *E-Mail-Werbung*.

24 BGH GRUR 2000, 818 (819) – *Telefonwerbung VI* m.w.N.

25 BGH GRUR 1996, 208 (209) – *Telefaxwerbung*.

26 Vgl. zur Zusendung unbestellter Waren und Erbringung unbestellter Dienstleistungen BGH GRUR 1959, 277 (278 f.) – *Künstlerpostkarten*, BGH GRUR 1992, 855 (856) – *Gutscheinübersendung* m.w.N; zum Ansprechen in der Öffentlichkeit BGH GRUR 1960, 431 (432) – *Kraftfahrzeugnummernschild* und BGH GRUR 1965, 315 (316) – *Werbewagen* m.w.N.

27 Siehe nur BGH GRUR 1970, 523 (524) – *Telefonwerbung I*.

28 BGH WRP 2004, 603 (605) – *Telefonwerbung für Zusatzeintrag*; BGH WRP 2001, 1068 (1070) – *Telefonwerbung für Blindenware*.

29 Vgl. BGH GRUR 1989, 225 f. – *Handzettel-Wurfsendung*; BGH GRUR 1996, 208 (209) – *Telefax-Werbung* m.w.N.

entweder loswerden wolle oder von ihm überrumpelt wurde.[30] Dementsprechend diente diese Rechtsprechung zudem dem Schutz vor unsachlicher Beeinflussung der Entscheidungsfreiheit der Werbeadressaten.[31]

II. Überblick über die Rechtslage unter UWG 2004

Im Rahmen der grundlegenden UWG Novelle in 2004 wurden die unzumutbaren Belästigungen als Beispielstatbestand unlauteren Verhaltens in § 7 UWG 2004 erstmals ausführlich gesetzlich geregelt. Mit § 7 UWG 2004 wurden zum einen die Grundlinien aus der vorangegangenen Rechtsprechung zur belästigenden Werbung kodifiziert und zum anderen die Vorgaben aus der E-Datenschutzrichtlinie umgesetzt, die in ihrem Anwendungsbereich auch unter der aktuellen Rechtslage für die Beurteilung der § 7 Abs. 2 Nr. 2-4, Abs. 3 UWG maßgebend ist.[32]

1. UWG Novelle 2004

Ziele der UWG Novelle 2004 waren die grundlegende Liberalisierung, Europäisierung und die Schaffung größerer Transparenz.[33] Zugleich sollte der bewährte Bestand des deutschen Wettbewerbsrechts, also das Richterrecht, kodifiziert werden.[34]

a) Schutzzweck des UWG 2004

Entsprechend europäischen Vorbildern[35] wurde dem UWG 2004 mit § 1 UWG 2004 eine Schutzzweckbestimmung vorangestellt, wonach das Gesetz *„dem Schutz der Mitbewerber, der Verbraucher und der sonstigen Marktteilnehmern vor unlauterem Wettbewerb und zugleich dem Interesse der Allgemeinheit an*

---

30 So genanntes „Anreißen“; BGH GRUR 1960, 431 (432) – *Kraftfahrnummernschild*; BGH GRUR 1965, 315 (316) – *Werbewagen*; BGH GRUR 2000, 235 (236) – *Ansprechen am Unfallort* IV m.w.N.

31 Köhler/Piper-*Köhler*, § 1 Rn. 107 ff. m.w.N.

32 Siehe zu der Abgrenzung von der UGP-Richtlinie unter C.I.5.

33 Vgl. Begründung Regierungsentwurf UWG 2004, BT-Drucksache 15/1487, S. 12, S. 17; vgl. Henning-Bodewig, GRUR 2004, 713 (715); Köhler, NJW 2004, 2121; Steinbeck, GRUR 2008, 848.

34 Henning-Bodewig, GRUR 2004, 713 (715).

35 Siehe z.B. Art 1 der Richtlinie über irreführende und vergleichende Werbung vom 19.09.1984 (84/450/EWG), nunmehr abgelöst durch gleichnamige die Richtlinie 2006/114/EG vom 12.12.2006.

einem unverfälschten Wettbewerb" diente. Diese Schutzzwecktrias entsprach der bis dahin bereits herrschenden Meinung in Rechtsprechung[36] und Literatur.[37]

b) Zentraler Begriff der Wettbewerbshandlung

Der neu eingeführte Begriff der Wettbewerbshandlung löste als Zentralbegriff des UWG 2004 den im alten Recht verwendeten Begriff des Handelns im geschäftlichen Verkehr zu Zwecken des Wettbewerbs ab. Das Tatbestandsmerkmal der Wettbewerbshandlung grenzte das Wettbewerbsrecht, wie zuvor der Begriff „zu Zwecken des Wettbewerbs", vom allgemeinen Deliktsrecht ab.[38]

c) Generalklausel

Herzstück des UWG 2004 war die Generalklausel des § 3 UWG 2004. Sie enthielt entsprechend § 1 UWG a.F. ein allgemeines Verbot unlauteren Wettbewerbs. Der Begriff der Unlauterkeit löste den bisher in § 1 UWG a.F. verwandten Begriff der guten Sitten ab. Der Gesetzgeber verzichtete auf eine Definition der Unlauterkeit und stellte stattdessen in den §§ 4-7 UWG 2004 einen nicht abschließenden Katalog von Beispielen unlauteren Handelns auf. Im Gegensatz zu § 1 UWG a.F. verbot § 3 UWG 2004 unlautere Wettbewerbshandlungen nicht schlechthin, sondern nur dann, wenn sie geeignet wären, den Wettbewerb zum Nachteil der Mitbewerber, der Verbraucher oder der sonstigen Marktteilnehmer nicht nur unerheblich zu beeinträchtigen. Damit sollte die Verfolgung von so genannten Bagatellfällen ausgeschlossen werden.[39]

d) Katalog unlauterer Wettbewerbshandlungen

§§ 4-7 UWG 2004 waren ausdrücklich an § 3 UWG 2004 gekoppelt. Dies wurde dadurch zum Ausdruck gebracht, dass alle Einzeltatbestände der §§ 4-7 UWG 2004 mit der Formulierung *„Unlauter im Sinne von § 3"* eingeleitet wurden. Durch den Katalog sollte die Generalklausel für die Rechtsanwendung transparenter gemacht werden.[40] Nach der Regierungsbegründung sollten für die Unzu-

---

36 Vgl. BGH GRUR 1999, 1128 (1129) – *Hormonpräparate*; BGH NJW 2000, 864 (865) – *Giftnotruf-Box*; bestätigt von BVerfG GRUR 2001, 170 (173) – *Schockwerbung*; BVerfG GRUR 2001, 1058 (1060) – *Therapeutische Äquivalenz*; BGH GRUR 2002, 455 f. – *Tier- und Artenschutz*.

37 Henning-Bodewig, GRUR 2004, 713 (715); Ohly, GRUR 2004, 889 (894); Köhler/Piper-*Piper*, Einf. Rn 23 f., m.w.N.

38 Begründung Regierungsentwurf UWG 2004, BT-Drucksache 15/1487, S. 16 zu § 3 UWG.

39 Begründung Regierungsentwurf UWG 2004, BT-Drucksache 15/1487, S. 17 zu § 3 UWG.

40 Begründung Regierungsentwurf UWG 2004, BT-Drucksache 15/1487, S. 17 zu § 4.

lässigkeit eines Beispielsfalles nach §§ 4-7 UWG 2004 auch die weiteren Tatbestandsvoraussetzungen des § 3 UWG 2004 vorliegen.[41]

aa) § 4 UWG 2004

Bei dem in § 4 UWG 2004 aufgenommenen Beispielskatalog unlauterer Wettbewerbshandlungen handelte es sich vor allem um Tatbestände, die bereits als Fallgruppen unter § 1 UWG a.F. anerkannt waren.[42] Für die vorliegende Arbeit von Relevanz sind dabei § 4 Nr. 1 und 2 UWG 2004. Insoweit handelte es sich um Beispielsfälle, die – wie die belästigende Werbung – unter § 1 UWG a.F. der Fallgruppe des Kundenfangs zugeordnet wurden.[43] § 4 Nr. 1 UWG 2004 sollte die wirtschaftliche Entscheidungsfreiheit der Verbraucher und sonstiger Marktteilnehmer vor unzulässiger Beeinflussung schützen. § 4 Nr. 2 UWG 2004 war dazu bestimmt, Verbraucher vor der Ausnutzung besonderer Umstände, wie Angst, einer sonstigen Zwangslage oder – in Bezug auf besonders schutzbedürftige Verbraucherkreise – ihrer Unerfahrenheit, zu schützen.

bb) §§ 5-7 UWG 2004

In § 5 UWG 2004 wurde die irreführende Werbung, in § 6 UWG 2004 die vergleichende Werbung und in § 7 UWG 2004 die unzumutbaren Belästigungen[44] geregelt.

2. Gemeinschaftsrechtlicher Hintergrund des § 7 UWG 2004

Mit § 7 Abs. 2 Nr. 2-4 und Abs. 3 UWG 2004 wurde Art. 13 E-Datenschutzrichtlinie – verspätet[45] – umgesetzt.[46] Art. 13 E-Datenschutzrichtlinie ist in seinem Anwen-

41 Begründung Regierungsentwurf UWG 2004, BT-Drucksache 15/1487, S. 17 zu § 4 UWG 2004, S. 19 zu § 5 UWG 2004, S. 20 zu § 7 UWG. Zu der Diskussion in Rechtsprechung und Literatur, ob es auch für ein Verbot nach § 7 UWG 2004 der Prüfung der Erheblichkeitsschwelle des § 3 UWG 2004 bedurfte, siehe unter D.V.1.c)bb).

42 Henning-Bodewig, GRUR 2004, 713 (715); Lettl, Rn. 8.

43 Piper/Ohly-*Piper*, § 4 Rn. 2, 1/2.

44 Siehe hierzu sogleich ausführlich unter B.II.3.

45 Gem. Art. 17 Abs. 1 E-Datenschutzrichtlinie hätte die Umsetzung bis zum 31.10.2003 erfolgen müssen. Das UWG 2004 ist aber erst am 03.07.2004 in Kraft getreten.

46 Die Regelungen über unerbetene Nachrichten zum Zwecke der Direktwerbung gegenüber Verbrauchern in der Richtlinie über den Verbraucherschutz bei Vertragsabschlüssen im Fernabsatz („Fernabsatzrichtlinie") vom 20.05.1997 (97/7/EG; ABl EG Nr. L 144/19), der Richtlinie über die Verarbeitung personenbezogener Daten und den Schutz der Privatsphäre im Bereich der Telekommunikation vom 15.12.1997 (97/66/EG; ABl. EG Nr. L 24/1), der Richtlinie über elektronischen

dungsbereich auch für § 7 Abs. 2 Nr. 2-4 und Abs. 3 UWG in seiner heutigen Fassung maßgeblich.[47] § 7 Abs. 1 und Abs. 2 Nr. 1 UWG 2004 wurde hingegen nicht in Umsetzung gemeinschaftsrechtlicher Vorgaben geschaffen.

a) Anwendungsbereich und Schutzzweck der E-Datenschutzrichtlinie

Die E-Datenschutzrichtlinie unterscheidet zwischen natürlichen und juristischen Personen als Werbeadressaten.[48] Denn primäres Ziel der E-Datenschutzrichtlinie besteht darin, natürliche Personen als Teilnehmer an der elektronischen Kommunikation vor einer Verletzung ihrer Privatsphäre durch unerbetene Nachrichten für Zwecke der Direktwerbung zu schützen.[49] Da eine juristische Person keine Privatsphäre in diesem Sinne hat, sind die berechtigten Interessen[50] juristischer Personen lediglich sekundär geschützt.[51]

b) Direktwerbung gegenüber natürlichen Personen

Die E-Datenschutzrichtlinie trifft differenzierte Vorgaben für verschiedene Formen der Direktwerbung.

aa) „Opt-in" für automatische Anrufmaschinen, Fax und elektronische Post

Nach Art. 13 Abs. 1, Abs. 5 E-Datenschutzrichtlinie bedarf es der vorherigen Einwilligung für die Verwendung von automatischen Anrufsystemen ohne menschlichen Eingriff (automatische Anrufmaschinen), Faxgeräten und elektronischer Post zum Zwecke der Direktwerbung gegenüber natürlichen Personen.[52]

Geschäftsverkehr vom 04.05.2000 (2000/31/EG; ABl. EG Nr. L 178/1) und der Richtlinie über den Fernabsatz von Finanzdienstleistungen an Verbraucher vom 23.09.2002 (2002/65/EG; ABl. EG Nr. L 271/16) sind durch Art. 13 E-Datenschutzrichtlinie überholt, vgl. Hefermehl/Köhler/Bornkamm-*Köhler*, § 7 Rn. 8; Köhler/Lettl, WRP 2003, 1019 (1025). Daher soll die Darstellung auf diese Bestimmung beschränkt werden.

47 Zu dem Verhältnis der E-Datenschutzrichtlinie zur UGP-Richtlinie siehe unter C.I.5.

48 Vgl. Art. 13 Abs. 5 E-Datenschutzrichtlinie

49 Dieser Schutzzweck ergibt sich aus dem Titel der E-Datenschutzrichtlinie „Schutz der Privatsphäre" und Erwägungsgrund 12 sowie 40-45 E-Datenschutzrichtlinie.

50 Dieses Tatbestandsmerkmal wird in der Richtlinie nicht näher erläutert. Es wird darunter auch das Interesse an einer nicht übermäßigen Beanspruchung der Ressourcen juristischer Personen zu verstehen sein; so auch Köhler/Lettl, WRP 2003, 1019 (1028, FN 61); Leistner/Pothmann, WRP 2003, 815 (823).

51 Erwägungsgrund 12, Art. 13 Abs. 5 E-Datenschutzrichtlinie.

52 Zwar ist in Art. 13 Abs. 1 E-Datenschutzrichtlinie nicht von natürlichen Personen, sondern von Teilnehmern die Rede, jedoch ergibt sich aus Art. 13 Abs. 5 E-Datenschutzrichtlinie, dass diese Regelung zwingend nur für natürliche Personen gilt.

Für dieses „Opt-in"-Modell sieht Art. 13 E-Datenschutzrichtlinie zwingend eine abschließende Harmonisierung vor. Dies ergibt ein Umkehrschluss aus Art. 15 Abs. 1 E-Datenschutzrichtlinie. Die Mitgliedstaaten dürfen daher keine abweichenden Regelungen erlassen oder aufrechterhalten.

bb) Ausnahmetatbestand für elektronische Post

Art. 13 Abs. 2 E-Datenschutzrichtlinie enthält einen Ausnahmetatbestand für Direktwerbung mittels elektronischer Post. In Abweichung von Art. 13 Abs. 1 E-Datenschutzrichtlinie ist danach die Nutzung von elektronischen Kontaktinformationen – wie die E-Mail-Adresse, Handy- oder Blackberrynummer (als SMS- und MMS-Adressen) – gestattet, auch wenn keine Einwilligung des Adressaten vorliegt. Voraussetzung dafür ist, dass die Werbenden die Kontaktinformationen für die elektronische Post von ihren Kunden im Zusammenhang mit dem Verkauf eines Produktes oder einer Dienstleistung gemäß der Richtlinie 95/46/EG[53] erhalten haben. Dann können sie diese Kontaktdaten zu Direktwerbezwecken für eigene ähnliche Produkte oder Dienstleistungen verwenden, sofern der Kunde klar und deutlich die Möglichkeit erhält, eine solche Nutzung bei der Erhebung und bei jeder Übertragung gebührenfrei und problemlos abzulehnen.[54] Auch für diese Ausnahmeregelung sieht Art. 13 E-Datenschutzrichtlinie eine abschließende Harmonisierung vor.[55]

cc) „Opt-in" oder „Opt-out" für Telefonwerbung

Art. 13 Abs. 3 i.V.m. Art. 13 Abs. 5 E-Datenschutzrichtlinie räumt den Mitgliedstaaten in Bezug auf alle anderen als den in Art. 13 Abs. 1 und 2 E-Datenschutzrichtlinie genannten Fällen unerbetener Nachrichten i.S.d. Art. 2 d) E-Datenschutzrichtlinie[56], d.h. also auch für die Telefonwerbung[57], einen Gestaltungsspielraum

53 Richtlinie 95/46/EG des Europäischen Parlaments und des Rates zum Schutz natürlicher Personen bei der Verarbeitung personenbezogener Daten und zum freien Datenverkehr vom 24. Oktober 1995 (ABl EG Nr. L 281/31).

54 Vgl. Art. 13 Abs. 2 E-Datenschutzrichtlinie.

55 Vgl. Art. 15 Abs. 1 E-Datenschutzrichtlinie.

56 Eine Nachricht ist gem. Art. 2 lit. d E-Datenschutzrichtlinie *„jede Information, die zwischen einer endlichen Zahl von Beteiligten über einen öffentlich zugänglichen elektronischen Kommunikationsdienst ausgetauscht oder weitergeleitet wird. Dies schließt nicht Informationen ein, die als Teil eines Rundfunkdienstes über ein elektronisches Kommunikationsnetz an die Öffentlichkeit weitergeleitet werden, soweit die Informationen nicht mit dem identifizierbaren Teilnehmer oder Nutzer, der sie erhält, in Verbindung gebracht werden können."*

57 Obgleich der telefonische Anruf in Art. 2 lit. e) E-Datenschutzrichtlinie selbst legaldefiniert wird, ist allgemein anerkannt, dass auch der Austausch von Informationen über das Telefonnetz als Nachricht im Sinne des Art. 2 lit d) E-Datenschutzrichtlinie zu qualifizieren ist, und aus der

ein. Insoweit stellt die E-Datenschutzrichtlinie es den Mitgliedstaaten frei, eine „Opt-in"- oder – als Minimalstandard für den Schutz natürlicher Personen – eine „Opt-out"-Regelung zu wählen.[58] Mitgliedstaaten, die – wie Deutschland – bereits einen höheren Standard („Opt-in"-Prinzip) implementiert hatten, sollten diesen nach Erwägungsgrund 42 E-Datenschutzrichtlinie jedoch beibehalten und nicht vermindern, damit das bestehende Niveau des Schutzes der Privatsphäre nicht gesenkt würde.

Nicht von Art. 13 Abs. 3 E-Datenschutzrichtlinie (und der E-Datenschutzrichtlinie allgemein) erfasst werden die Brief- und Briefkastenwerbung, das Ansprechen in der Öffentlichkeit und die Haustürwerbung, da es insoweit an einer Nachricht im Sinne des Art. 2 lit. d) E-Datenschutzrichtlinie mangelt.[59]

c) Direktwerbung gegenüber juristischen Personen

Zu dem Schutz juristischer Personen vor unerbetenen Nachrichten zum Zwecke der Direktwerbung sieht Art 13 Abs. 5 Satz 1 E-Datenschutzrichtlinie lediglich vor, dass die Mitgliedstaaten dafür Sorge zu tragen haben, dass deren berechtigten Interessen in Bezug auf unerbetene Nachrichten ausreichend geschützt werden. Ein ausreichender Schutz wird mit Art. 13 Abs. 5 E-Datenschutzrichtlinie i.V.m. Erwägungsgrund 45 E-Datenschutzrichtlinie mit dem „Opt-out"-Prinzip als erreicht qualifiziert[60], wonach die Mitgliedstaaten die Möglichkeit haben, eine „Opt-out"-Lösung zu wählen und ein Register zu errichten, in das sich juristische Personen eintragen können, die keine Werbenachrichten erhalten möchten.

Damit wird den Mitgliedstaaten die Möglichkeit zur Differenzierung beim Schutz vor unerbetenen Nachrichten zwischen natürlichen und juristischen Personen eingeräumt. Von dieser Möglichkeit muss aber nicht Gebrauch gemacht werden. Mit Art. 13 E-Datenschutzrichtlinie ist es vereinbar, wenn juristischen Personen der gleiche Schutz gewährt wird wie natürlichen Personen.[61]

Regelung in Art. 2 lit. e) E-Datenschutzrichtlinie nicht etwa der Umkehrschluss zu ziehen ist, dass dies nicht der Fall ist. Dies ergibt sich aus Art. 13 Abs. 3 i.V.m. Erwägungsgrund 42 E-Datenschutzrichtlinie: Erwägungsgrund 42 bezieht sich auf den Inhalt der Regelung in Art. 13 Abs. 3 E-Datenschutzrichtlinie. Während Art. 13 Abs. 3 E-Datenschutzrichtlinie von unerbetenen Nachrichten zum Zwecke der Direktwerbung spricht, ist in Erwägungsgrund 42 ausdrücklich von „Anrufen" die Rede.

58 Köhler/Lettl, WRP 2003, 1019 (1028).

59 Köhler/Lettl, WRP 2003, 1019 (1026); MüKoUWG-*Leible*, § 7 Rn. 40.

60 Vgl. Leistner/Pothmann, WRP 2003, 815 (823).

61 So auch Köhler/Lettl, WRP 2003, 1019 (1028); Leistner/Pothmann, WRP 2003, 815 (823); Lettl, WRP 2004, 1079 (1121); Micklitz/Schirmbacher, WRP 2006, 148 (164).

d) *Verbot anonymer Direktwerbung*

Nach Art. 13 Abs. 4 E-Datenschutzrichtlinie ist die Praxis des Versendens elektronischer Nachrichten zum Zwecke der Direktwerbung auf jeden Fall verboten, bei der die Identität des Absenders verschleiert oder verheimlicht wird oder bei der keine gültige IP-Adresse vorhanden ist, an die der Empfänger eine Aufforderung zur Einstellung solcher Nachrichten richten kann. Damit enthält Art. 13 Abs. 4 E-Datenschutzrichtlinie ein Transparenzgebot im Hinblick auf die Identität und Adresse des Absenders elektronischer Nachrichten.[62] Dieses Verbot gilt in Bezug auf die Direktwerbung gegenüber natürlichen und juristischen Personen gleichermaßen.[63]

3. Der Tatbestand der unzumutbaren Belästigungen in § 7 UWG 2004

Unter § 7 UWG 2004 sollten in Anlehnung an die Rechtsprechung zur belästigenden Werbung unter § 1 UWG a.F. solche Handlungen gefasst werden, die bereits wegen ihrer Art und Weise als Belästigung empfunden würden.[64]

a) *§ 7 im Gefüge des UWG 2004*

§ 7 UWG 2004 diente dazu, das Merkmal der Unlauterkeit i.S.v. § 3 UWG 2004 zu konkretisieren. Ein Verstoß gegen § 7 UWG 2004 führte zur Bejahung der Unlauterkeit der Wettbewerbshandlung, nicht jedoch zu ihrer Unzulässigkeit. Hierzu – und demzufolge für ein Verbot der entsprechenden Handlung – mussten grundsätzlich zusätzlich die Voraussetzungen des § 3 UWG 2004 vorliegen.[65]

b) *Systematik des § 7 UWG 2004*

§ 7 Abs. 1 UWG 2004 enthielt eine generalklauselartige Umschreibung einer unzumutbaren Belästigung.[66] § 7 Abs. 2 UWG 2004 konkretisierte die Generalklausel mit einem nicht abschließenden Katalog von Beispielsfällen.[67] Die Prüfung der Unzumutbarkeit einer Belästigung war auch im Rahmen der Beispielsfälle des

---

62 Köhler/Lettl, WRP 2003, 1019 (1028).

63 Art. 13 Abs. 4 i.V.m. Art. 13 Abs. 5 E-Datenschutzrichtlinie.

64 Begründung Regierungsentwurf UWG 2004, BT-Drucksache 15/1487, S. 20 zu § 7 UWG.

65 Begründung Regierungsentwurf UWG 2004, S. 20 zu § 7 UWG. Ob der Verweis auf § 3 UWG 2004 eine zusätzliche Prüfung der Erheblichkeitsschwelle in § 3 UWG 2004 neben der Prüfung der Unzumutbarkeit i.S.d. § 7 Abs. 1 UWG 2004 bedurfte, war in Rechtsprechung und Literatur umstritten. Siehe näher hierzu unter D.V.1.c).

66 § 7 Abs. 1 UWG lautete: *„Unlauter im Sinne von § 3 UWG handelt, wer einen Marktteilnehmer in unzumutbarer Weise belästigt."*

67 Begründung Regierungsentwurf UWG 2004, BT-Drucksache 15/1487, S. 21 zu § 7 UWG.

§ 7 Abs. 2 UWG 2004 vorzunehmen. Dem Vorliegen der Tatbestandmerkmale eines Beispielsfalles kam nur indizielle Bedeutung zu. Die gebotene Abwägung der zu berücksichtigenden widerstreitender Interessen konnte dazu führen, dass aufgrund der besonderen Umstände des konkreten Einzelfalles die von der Erfüllung der Tatbestandsmerkmale ausgehende Indizwirkung für das Vorliegen einer unzumutbaren Belästigung ausnahmsweise entfiel.[68]

c) Materiell-rechtliche Aspekte

aa) Generalklausel des § 7 Abs. 1 UWG 2004

Die Generalklausel des § 7 Abs. 1 UWG 2004 war für Fallkonstellationen der unzumutbar belästigenden Werbung von Bedeutung, die nicht Gegenstand der in § 7 Abs. 2 UWG 2004 aufgeführten Fallgruppen waren, wie etwa das Ansprechen in der Öffentlichkeit und die Hautürwerbung. Darüber hinaus erfasste § 7 Abs. 1 UWG 2004 – anders als § 7 Abs. 2 UWG 2004 – neben der Werbung auch sonstige Wettbewerbshandlungen. Das mit der UWG Novelle 2004 neu eingeführte Merkmal der Unzumutbarkeit sollte „*dem Umstand Rechnung tragen, dass nicht jede geringfügige Beeinträchtigung ausreichen kann*".[69]

bb) Fallgruppen des § 7 Abs. 2 UWG 2004

Ausdrücklich normiert wurden in § 7 Abs. 2 UWG 2004 die erkennbar unerwünschte Werbung (Nr. 1), und – in Umsetzung von Art. 13 E-Datenschutzrichtlinie – die Telefonwerbung (Nr. 2), die Werbung unter Verwendung von automatischen Anrufmaschinen, Faxgeräten oder elektronischer Post (Nr. 3) sowie die Werbung mit anonymen Nachrichten (Nr. 4).

Unter restriktiver Ausnutzung des den Mitgliedstaaten in Art. 13 Abs. 3 E-Datenschutzrichtlinie eröffneten Spielraums für die Fälle der individuellen Telefonwerbung wählte der Gesetzgeber für die Telefonwerbung gegenüber Verbrauchern in Fortschreibung der bisherigen Rechtsprechung[70] das „Opt-in"-Prinzip, d.h. also dass eine Telefonwerbung nur bei Einwilligung des betroffenen Verbrauchers zulässig war. Dabei bestand weitestgehend Einigkeit, dass eine vor-

---

68 MüKoUWG-*Leible*, § 7 Rn. 63; jurisPK-*Koch*, § 7 Rn. 198.

69 Begründung Regierungsentwurf UWG 2004, BT-Drucksache 15/1487, S. 20 zu § 7 UWG.

70 BGH GRUR 1970, 523 – *Telefonwerbung I*; BGH GRUR 1989, 753 – *Telefonwerbung II*; BGH GRUR 1990, 280 – *Telefonwerbung III*; BGH GRUR 1991, 764 – *Telefonwerbung IV*; BGH GRUR 1995, 220 – *Telefonwerbung V*; BGH GRUR 2000, 818 ff – *Telefonwerbung VI;* BGH GRUR 2001, 1181 (1182 ff.) – *Telefonwerbung für Blindenware.*

herige, tatsächliche[71] – ausdrückliche oder konkludente[72] – Einwilligung gemeint war. Die Telefonwerbung gegenüber sonstigen Marktteilnehmern war hingegen – ebenfalls entsprechend der Rechtsprechung unter § 1 UWG a.F.[73] – bereits bei deren mutmaßlicher Einwilligung zulässig.

§ 7 Abs. 2 Nr. 3 UWG 2004 sah ebenfalls für die Werbung unter Verwendung von automatischen Anrufmaschinen, Faxgeräten oder elektronischer Post das „Opt-in"-Prinzip vor und zwar gegenüber jedwedem Adressaten. Damit wurde von der in Art. 13 Abs. 5 E-Datenschutzrichtlinie ermöglichten Differenzierung zwischen Verbrauchern und Unternehmern keinen Gebrauch gemacht. Aus diesem Grunde stellte die Regelung eine Verschärfung gegenüber der Rechtslage unter § 1 UWG a.F. dar, unter der noch zwischen Verbrauchern und Unternehmern als Adressaten unterschieden wurde.[74] Mit § 7 Abs. 2 Nr. 4 UWG 2004 wurde das Verbot anonymer Werbung gemäß Art. 13 Abs. 4 E-Datenschutzrichtlinie umgesetzt.

cc) Ausnahmetatbestand des § 7 Abs. 3 UWG 2004

§ 7 Abs. 3 UWG regelte die Zulässigkeit von Werbung mittels elektronischer Post ohne die Einwilligung des Empfängers und stellt mithin insoweit einen – auf elektronische Post begrenzten – Ausnahmetatbestand zu § 7 Abs. 2 Nr. 3 UWG 2004 dar. Hierdurch wurde Art. 13 Abs. 2 E-Datenschutzrichtlinie umgesetzt.

dd) Normzweck des § 7 UWG 2004

§ 7 UWG 2004 diente – wie die belästigende Werbung unter § 1 UWG a.F. – dem Schutz der Verbraucher und sonstigen Marktteilnehmer vor dem Eindringen des Werbenden in seine private oder berufliche Sphäre.[75] Zudem sollte § 7 UWG 2004 – ebenfalls wie bisher – der Schonung der Ressourcen des Empfängers dienen.[76] Ob und inwieweit darüber hinaus § 7 UWG 2004 – wie die belästigende

71 Dies ergab sich bereits aus dem Umkehrschluss aus § 7 Abs. 2 Nr. 2 2. Alt. UWG 2004, nach dem ausdrücklich eine mutmaßliche Einwilligung bei einer Telefonwerbung gegenüber sonstigen Marktteilnehmern ausreichte.

72 Vgl. BGH GRUR 1989, 753 (754) – *Telefonwerbung II*; BGH GRUR 1994, 380 (381) – *Lexikothek*; BGH GRUR 1995, 220 – *Telefonwerbung V.*

73 BGH GRUR 1970, 523 – *Telefonwerbung I*; BGH GRUR 1989, 753 – *Telefonwerbung II*; BGH GRUR 1990, 280 – *Telefonwerbung III*; BGH GRUR 1991, 764 – *Telefonwerbung IV*; BGH GRUR 1995, 220 – *Telefonwerbung V*; BGH GRUR 2000, 818 ff – *Telefonwerbung VI;* BGH GRUR 2001, 1181 (1182 ff) – *Telefonwerbung für Blindenware;* Engels/Salomon, WRP 2004, 32 (38 f.); Henning-Bodewig, GRUR 2004, 713 (719).

74 Siehe oben unter B.I.2. Nach BGH GRUR 2004, 517 (518) – *E-Mail-Werbung* sollte bei Werbe-E-Mails gegenüber Unternehmern eine mutmaßliche Einwilligung ausreichen.

75 Fezer-*Mankowski*, § 7 Rn. 24; MüKoUWG-*Leible*, § 7 Rn. 1; Steinbeck, WRP 2008, 865 (866).

76 Fezer-*Mankowski*, § 7 Rn. 25; MüKoUWG-*Leible*, § 7 Rn. 1.

Werbung unter § 1 UWG a.F. – auch die Entscheidungsfreiheit des Werbeempfängers schützen sollte, war umstritten.

Nach einer Auffassung würde die Einbeziehung der Entscheidungsfreiheit in den Schutzzweck des § 7 UWG 2004 die Grenzen zu dem neuen § 4 Nr. 1 und 2 UWG 2004 verwischen.[77] Diese Regelungen würden den Schutz der Entscheidungsfreiheit gewährleisten, während § 7 UWG 2004 dem Schutz vor Beeinträchtigung der beruflichen und privaten Sphäre diene.[78] Nach anderer Auffassung würde es – in Anschluss an die Rechtsprechung zu der belästigenden Werbung unter § 1 UWG a.F. – zu den Schutzzwecken von § 7 UWG 2004 zählen zu verhindern, dass sich der Werbeempfänger nur deshalb zum Kauf entschließe, weil er überrumpelt worden ist oder dem als störend empfundenen Auftreten des Werbenden ein Ende bereiten möchte.[79]

Die neue Transparenz des UWG 2004 zwang zwar zu einer gedanklichen Trennung zwischen der unzumutbaren Belästigung im Sinne des § 7 UWG 2004 und den in § 4 UWG 2004 aufgeführten Fallgruppen. Da aber sowohl § 4 UWG 2004 als auch § 7 UWG 2004 auf die Generalklausel des § 3 UWG 2004 verwiesen, war es in der Praxis weiterhin möglich – und üblich[80] –, die Unlauterkeit sowohl mit der Beeinträchtigung der privaten oder beruflichen Sphäre als auch mit den unter § 4 Nr. 1-3 UWG 2004 genannten Aspekten zu begründen und keine klare Differenzierung zwischen den Aspekten vorzunehmen.[81]

Weitestgehende Einigkeit bestand allerdings dahingehend, dass § 7 UWG 2004 für die Tatbestandsmäßigkeit nicht voraussetze, dass der Werbeadressat durch die Wettbewerbshandlung in seiner Entscheidungsfreiheit beeinträchtigt wurde.[82]

---

77 MüKoUWG-*Leible*, § 7 Rn. 1; vgl. Piper/Ohly-*Ohly*, § 7 Rn. 16.

78 Vgl. MüKoUWG-*Leible*, § 7 Rn. 1, 47; Ohly, GRUR 2004, 889 (896 f.); Piper/Ohly-*Piper*, § 7 Rn. 1.

79 So Fezer-*Mankowski*, § 7 Rn. 24; Harte/Henning-*Ubber*, § 7 Rn. 11; Hefermehl/Köhler/ Bornkamm-*Köhler*, 26. Auflage 2008, § 7 Rn. 8, der allerdings an gleicher Stelle einräumt, dass der Gesichtspunkt der Entscheidungsfreiheit vorrangig nach § 4 Nr. 1-3 UWG 2004 zu beurteilen sei.

80 OLG Braunschweig, GRUR-RR 2009, 182 (183) – *Private Zusatzversicherung*; LG Bonn, CR 2007, 671.

81 Vgl. Piper/Ohly-*Piper*, § 7 Rn. 16. Einigkeit bestand allerdings, dass, sofern sich bei getrennter Betrachtung die Unlauterkeit weder mit § 7 Abs. 1 UWG 2004 noch mit § 4 Nr. 1-3 UWG 2004 begründen ließe, die Kombination beider Aspekte nur in Ausnahmefällen das Verdikt der Wettbewerbswidrigkeit stützen könne. Vor diesem Hintergrund wurde auch das Urteil BGH WRP 2006, 577 ff. – *Direktansprache am Arbeitsplatz II* kritisiert, in dem der Senat nur kurz § 4 Nr. 10 UWG 2004 und § 7 Abs. 2 Nr. 2 UWG 2004 erwähnte, um sich mit einem ablehnenden Hinweis, diesen Tatbeständen könnten lediglich Richtlinien für die Abwägung entnommen werden, auf die Generalklausel des § 3 UWG 2004 zu stützen.

82 Vgl. Köhler, GRUR 2008, 841 (842 f.); ders., WRP 2008, 10 (13); MüKoUWG-*Leible*, § 7 Rn. 1; vgl. auch Ohly, GRUR 2004, 889 (896 f); Piper/Ohly-*Ohly*, § 7 Rn. 1, 16; Steinbeck, WRP 2008, 865 (866).

C. UWG Novelle 2008 und das Gesetz gegen unerlaubte Telefonwerbung als Ausgangslage für die Beurteilung des § 7 UWG

Durch das Änderungsgesetz und das Gesetz gegen unerlaubte Telefonwerbung haben das UWG insgesamt, der Tatbestand der unzumutbaren Belästigungen in § 7 UWG sowie die Stellung von § 7 UWG im Gefüge des UWG erhebliche Änderungen erfahren. Als Ausgangslage für die Beurteilung des novellierten Tatbestandes des § 7 UWG werden im Folgenden die wesentlichen Inhalte der UGP-Richtlinie als maßgeblicher gemeinschaftsrechtlicher Hintergrund für die UWG Novelle 2008 dargestellt, ein Überblick über die jüngsten Novellierungen des UWG gegeben und die wichtigsten Inhalte des Gesetzes gegen unerlaubte Telefonwerbung zusammengefasst.

I. Gemeinschaftsrechtlicher Hintergrund der UWG Novelle 2008

Das Änderungsgesetz diente der Umsetzung der UGP-Richtlinie in das deutsche Recht.[83]

1. Anwendungsbereich und Schutzzweck der UGP-Richtlinie

Die UGP-Richtlinie gilt für unlautere Geschäftspraktiken zwischen Unternehmen und Verbrauchern („B2C“) vor, während und nach Vertragsschluss, Art. 3 Nr. 1 UGP-Richtlinie. Zweck der Richtlinie ist es, durch Angleichung der Rechts- und Verwaltungsvorschriften der Mitgliedstaaten über unlautere Geschäftspraktiken, die die wirtschaftlichen Interessen der Verbraucher beeinträchtigen, zu einem reibungslosen Funktionieren des Binnenmarkts und zum Erreichen eines hohen Verbraucherschutzniveaus beizutragen, Art. 1 UGP-Richtlinie. Die UGP-Richtlinie klammert das Verhältnis Unternehmer zu Unternehmer („B2B“) und zu sonstigen

83 Begründung Regierungsentwurf Änderungsgesetz, BT-Drucksache 16/10145, S. 14.

Marktteilnehmern aus. Durch den Schutz der Verbraucher vor unlauteren Geschäftspraktiken schützt die UGP-Richtlinie nach Erwägungsgrund 8 mittelbar auch rechtmäßig handelnde Unternehmen vor Mitbewerbern, die sich nicht an die Regeln der Richtlinie halten, und will dadurch einen lauteren Wettbewerb in dem durch sie koordinierten Bereich gewährleisten.

Der UGP-Richtlinie geht es nur um den Schutz der wirtschaftlichen, nicht aber auch um den Schutz sonstiger Interessen der Verbraucher. Geschäftspraktiken, die nicht jedenfalls dazu geeignet sind, die wirtschaftliche Entscheidungsfreiheit[84] der Verbraucher wesentlich zu beeinträchtigen, werden von der UGP-Richtlinie grundsätzlich nicht erfasst.[85] Nationale Regelungen sind insoweit nicht ausgeschlossen.[86]

Innerhalb ihres Anwendungsbereiches zielt die UGP-Richtlinie auf eine vollständige Rechtsangleichung (Vollharmonisierung).[87] Insoweit dürfen die Mitgliedstaaten den von der UGP-Richtlinie vorgegebenen Schutzstandard weder unter- noch überschreiten.[88]

2. Verbot unlauterer Geschäftspraktiken

Die UGP-Richtlinie verbietet unlautere Geschäftspraktiken durch eine Generalklausel, Art. 5 Abs. 1 UGP Richtlinie. Nach Art. 5 Abs. 2 UGP-Richtlinie ist eine Geschäftspraktik unlauter, wenn sie dem Gebot der beruflichen Sorgfaltspflicht widerspricht und im konkreten Fall unter Würdigung aller tatsächlichen Umstände das wirtschaftliche Verhalten des Durchschnittsverbrauchers, den sie erreicht oder an den sie sich richtet, in Bezug auf das jeweilige Produkt wesent-

84 Vgl. Leistner, ZEuP 2009, 57 (66) und ders., Jb. J. ZivRWiss. 2004, 185 (223 f.), der ebenfalls diese Begrifflichkeit der wirtschaftlichen Entscheidungsfreiheit im Zusammenhang mit der UGP-Richtlinie verwendet.

85 Dies ergibt sich aus Erwägungsgrund 7: *„Diese Richtlinie bezieht sich auf Geschäftspraktiken, die in unmittelbarem Zusammenhang mit der Beeinflussung der geschäftlichen Entscheidung des Verbrauchers in Bezug auf Produkte stehen. Sie bezieht sich nicht auf Geschäftspraktiken, die vorrangig anderen Zielen dienen,[...]. Sie bezieht sich nicht auf die gesetzlichen Anforderungen in Fragen der guten Sitten und des Anstands, [...].“* Weiterhin wird dies bestätigt durch Art. 1, Art. 5 Abs. 2 lit. b) i.V.m. Art. 2 lit. e) UGP-Richtlinie (siehe hierzu sogleich unter C. I. 2.) und Erwägungsgrund 8.

86 Vgl. Erwägungsgrund 7 UGP-Richtlinie.

87 Begründung Regierungsentwurf Änderungsgesetz, BT-Drucksache 16/10145, S. 10; Lettl, GRUR-RR 2009, 41; Sosnitza, WRP 2008, 1014 (1015).

88 Dies folgt aus der Formulierung von Art. 1 („Angleichung“), aus Art. 3 lit. 5 UGP-Richtlinie und ist auch ihren Erwägungsgründen 5 und 6 zu entnehmen. Dies wurde vom EuGH ausdrücklich bestätigt in EuGH, Urteil vom 23.04.2009, Az. C 261/07, C-299/09, WRP 2009, 722 (727, Rz. 51 f.) – *„Total“ und „Sanoma“.*

lich beeinflusst oder dazu geeignet ist. Unter welchen Voraussetzungen die Beeinflussung des wirtschaftlichen Verhaltens des Verbrauchers wesentlich ist, wird durch die Legaldefinition in Art. 2 lit. e) UGP-Richtlinie präzisiert. Eine wesentliche Beeinflussung liegt danach vor bei der *„Anwendung einer Geschäftspraxis, um die Fähigkeit des Verbrauchers, eine informierte Entscheidung zu treffen, spürbar zu beeinträchtigen und damit den Verbraucher zu einer geschäftlichen Entscheidung zu veranlassen, die er andernfalls nicht getroffen hätte"*. Unter den Begriff der unlauteren Geschäftspraktiken i.S.d. Art. 5 Abs. 2 UGP-Richtlinie fallen demnach nur solche Praktiken, die jedenfalls dazu geeignet sind, die wirtschaftliche Entscheidungsfreiheit des Verbrauchers wesentlich zu beeinträchtigen.

Zu den unlauteren Geschäftspraktiken im Sinne von Art. 5 Abs. 1 UGP-Richtlinie gehören nach Art. 5 Abs. 4 UGP-Richtlinie insbesondere die irreführenden Geschäftspraktiken (näher geregelt in Art. 6 und 7 UGP-Richtlinie) und die aggressiven Geschäftspraktiken (näher geregelt in Art. 8 und 9 UGP-Richtlinie).

Art. 5 Abs. 5 UGP-Richtlinie verweist auf einen Anhang I, der eine Liste irreführender und aggressiver Verhaltensweisen aufführt, die unter allen Umständen als unlauter anzusehen und damit per se verboten sind.[89]

3. Belästigung als aggressive Geschäftspraktik

Die UGP-Richtlinie behandelt in Art. 8 neben der Nötigung und der unzulässigen Beeinflussung auch die Belästigung unter gewissen Voraussetzungen als aggressive geschäftliche Handlung. Art. 9 UGP-Richtlinie enthält hierzu einige konkretisierende Kriterien.[90]

---

89 Art. 5 Abs. 4 a), Abs. 5 i.V.m. Anhang I Nr. 1 bis Nr. 23 für irreführende Geschäftspraktiken, Art. 5 Abs. 4 b), Abs. 5 i.V.m. Anhang I Nr. 24 bis Nr. 31 für aggressive Geschäftspraktiken.

90 *„Bei der Feststellung, ob im Rahmen einer Geschäftspraxis die Mittel der Belästigung, der Nötigung, einschließlich der Anwendung körperlicher Gewalt, oder der unzulässigen Beeinflussung eingesetzt werden, ist abzustellen auf: a) Zeitpunkt, Ort, Art oder Dauer des Einsatzes; b) die Verwendung drohender oder beleidigender Formulierungen oder Verhaltensweisen; c) die Ausnutzung durch den Gewerbetreibenden von konkreten Unglückssituationen oder Umständen von solcher Schwere, dass sie das Urteilsvermögen des Verbrauchers beeinträchtigen, worüber sich der Gewerbetreibende bewusst ist, um die Entscheidung des Verbrauchers in Bezug auf dieses Produkt zu beeinflussen; d) belastende oder unverhältnismäßige Hindernisse nichtvertraglicher Art, mit denen der Gewerbetreibende den Verbraucher an der Ausübung seiner vertraglichen Rechte zu verhindern versucht, wozu auch das Recht gehört, den Vertrag zu kündigen oder zu einem anderen Produkt oder einem anderen Gewerbetreibenden zu wechseln; e) Drohung mit rechtlich unzulässigen Handlungen."*

In allen drei Fällen, also auch bei der Belästigung, geht es um Praktiken, die die Entscheidungsfreiheit des Verbrauchers in Bezug auf das Produkt tatsächlich oder voraussichtlich erheblich beeinträchtigen und dieser dadurch tatsächlich oder voraussichtlich dazu veranlasst wird, eine geschäftliche Entscheidung zu treffen, die er andernfalls nicht getroffen hätte.[91]

Demzufolge werden von dem Begriff der Belästigung in der UGP-Richtlinie solche Belästigungen nicht erfasst, die die wirtschaftliche Entscheidungsfreiheit des Verbrauchers nicht beeinträchtigen.[92] Dies bestätigt auch Erwägungsgrund 16, wonach eine Praktik, die sich der Belästigung bedient, als Beispiel für eine die Wahlfreiheit des Verbrauchers wesentlich beeinträchtigende, aggressive Handelspraktik gewertet wird. Weiterhin wird dies auch durch Erwägungsgrund 7 UGP-Richtlinie verdeutlicht, nach welchem sich die UGP-Richtlinie gerade nicht *„auf die gesetzlichen Anforderungen in Fragen der guten Sitten und des Anstands“* bezieht. Beispielhaft nennt die UGP-Richtlinie insoweit das Ansprechen von Personen auf der Straße zu Verkaufszwecken. Erwägungsgrund 7 UGP-Richtlinie erlaubt den Mitgliedstaaten ausdrücklich, solche Geschäftspraktiken *„aus Gründen der guten Sitten und des Anstands zu verbieten, auch wenn sie die Wahlfreiheit des Verbrauchers nicht einschränken“*.

Da § 7 UWG aber – nach wie vor[93] – gerade nicht voraussetzt, dass der Werbeadressat in seiner Entscheidungsfreiheit beeinträchtigt wird[94], entspricht Art. 8 UGP-Richtlinie trotz der begrifflichen Übereinstimmung nicht § 7 UWG.[95]

4. Belästigung und Anhang I UGP-Richtlinie

In Nr. 24 bis Nr. 31 Anhang I UGP-Richtlinie werden per se verbotene aggressive Geschäftspraktiken aufgeführt. Im Zusammenhang mit der Fallgruppe der Belästigung i.S.d. Art. 8 und 9 UGP-Richtlinie stehen dabei Nr. 25, Nr. 26 und Nr. 29

---

91 Vgl. Art. 8 UGP-Richtlinie.

92 So auch Köhler, GRUR 2008, 841 (842); Ohly, WRP 2006, 1401 (1410 f.); Piper/Ohly-*Ohly*, Einf. C, Rn. 44, 56; Steinbeck, WRP 2008, 865.

93 Vgl. B. II. 3. c) dd).

94 Vgl. Köhler, GRUR 2008, 841 (842); MüKoUWG-*Leible*, § 7 Rn. 1; vgl. auch Ohly, GRUR 2004, 889 (896 f); Piper/Ohly-*Ohly*, § 7 Rn. 1, 16; Steinbeck, WRP 2008, 865 (866). Siehe zu der in diesem Zusammenhang stehenden Problematik der Umsetzung von Nr. 26 S. 1 Anhang I UGP-Richtlinie in § 7 Abs. 2 Nr. 1 UWG unter D. III. 4. c).

95 Harte/Henning-*Glöckner*, Einl B, Rn. 331; Köhler, GRUR 2008, 841 (842, FN 6); MüKoUWG-*Micklitz*, EG H, Rn. 21; Piper/Ohly-*Ohly*, Einf. C, Rn 44, 56; Steinbeck, a.a.O., 865; missverständlich Hecker, WRP 2006, 640 (641), a.A. Fezer-*Mankowski,* § 7 Rn. 24.

Anhang I UGP-Richtlinie.[96] Nr. 25 behandelt die Nichtbeachtung der Aufforderung des Verbrauchers zum Verlassen seiner Wohnung bzw. das Verbot der Wiederkehr in seine Wohnung.[97] Nr. 26 betrifft das Direktmarketing über Telefon, Telefax, E-Mail oder sonstige für den Fernabsatz geeignete Medien.[98] Nr. 29 hat die Aufforderung gegenüber dem Verbraucher, unbestellte Ware zu bezahlen, zurückzusenden oder zu verwahren zum Gegenstand.[99]

5. Verhältnis zur E-Datenschutzrichtlinie

Während die UGP-Richtlinie die wirtschaftlichen Interessen und die wirtschaftliche Entscheidungsfreiheit der Verbraucher schützt, steht bei der E-Datenschutzrichtlinie der Schutz der Privatsphäre im Vordergrund.[100]

Nach Erwägungsgrund 14 lässt die UGP-Richtlinie ausdrücklich Art. 13 Abs. 3 E-Datenschutzrichtlinie unberührt.[101] Dasselbe gilt nach Nr. 26 S. 2 Anhang I UGP-Richtlinie auch für Art. 13 E-Datenschutzrichtlinie im Übrigen.[102]

---

96 Hecker, WRP 2006, 640 (644 f.); Harte/Henning-*Ubber*, § 7 Rn. 6, der zusätzlich Nr. 24 (Verbot, den Eindruck zu erwecken, der Verbraucher könne den Geschäftsraum erst nach Vertragsschluss verlassen) im Zusammenhang zur Belästigung sieht; Hefermehl/Köhler/Bornkamm-*Köhler*, § 7 Rn. 9; MüKoUWG-*Micklitz*, EG H, Rn. 34; Steinbeck, WRP 2008, 865 (867).

97 Nr. 25 lautet wortwörtlich: „*Nichtbeachten der Aufforderung des Verbrauchers bei persönlichen Besuchen in dessen Wohnung, diese zu verlassen bzw. nicht zurückzukehren, außer in den Fällen und den Grenzen, in denen dies nach dem nationalen Recht gerechtfertigt ist, um eine vertragliche Verpflichtung durchzusetzen*". Siehe hierzu im Einzelnen unter D. VI. 2.

98 Nr. 26 lautet wortwörtlich: „*Kunden werden durch hartnäckiges und unerwünschtes Ansprechen über Telefon, Fax, E-Mail oder sonstige für den Fernabsatz geeignete Medien geworben, außer in Fällen und in den Grenzen, in denen ein solches Verhalten nach den nationalen Rechtsvorschriften gerechtfertigt ist, um eine vertragliche Verpflichtung durchzusetzen. Dies gilt unbeschadet des Artikels 10 der Richtlinie 97/7/EG sowie der Richtlinien 95/46/EG und 2002/58/EG*". Siehe hierzu im Einzelnen unter D. III. 4.

99 Nr. 29 lautet wortwörtlich: „*Aufforderung des Verbrauchers zur sofortigen oder späteren Bezahlung oder zur Rücksendung oder Verwahrung von Produkten, die der Gewerbetreibende geliefert, der Verbraucher aber nicht bestellt hat (unbestellte Waren oder Dienstleistungen); ausgenommen hiervon sind Produkte, bei denen es sich um Ersatzlieferungen gem. Art. 7 Abs. 3 der Richtlinie 97/7/EG handelt*". Siehe hierzu im Einzelnen unter D. VI. 3.

100 Vgl. B. II. 2. a).

101 Erwägungsgrund 14 UGP-Richtlinie lautet: „*[...]. Diese Richtlinie soll das bestehende Gemeinschaftsrecht unberührt lassen, das den Mitgliedstaaten ausdrücklich die Wahl zwischen mehreren Regelungsoptionen für den Verbraucherschutz auf dem Gebiet der Geschäftspraktiken lässt. Die vorliegende Richtlinie soll insbesondere Art. 13 Abs. 3 der Richtlinie 2002/58/EG [...] unberührt lassen.*"

102 Nr. 26 S. 2 Anhang I UGP-Richtlinie lautet: „*[...]. Dies gilt unbeschadet [...] der Richtlinien 95/46/EG und 2002/58/EG.*"

Demnach bleibt es dabei, dass – wie unter § 7 UWG 2004 – die E-Datenschutzrichtlinie für § 7 Abs. 2 Nr. 2-4, Abs. 3 UWG maßgeblich ist.

6. Ergebnis

Die UGP-Richtlinie gilt für unlautere Geschäftspraktiken im B2C-Bereich vor, während und nach Vertragsschluss. Erfasst werden nur solche Geschäftspraktiken, die jedenfalls dazu geeignet sind, die wirtschaftliche Entscheidungsfreiheit eines Durchschnittsverbrauchers wesentlich zu beeinträchtigen. Sie zielt in ihrem Anwendungsbereich auf Vollharmonisierung.

Die Belästigung i.S.d. Art. 8 und 9 UGP-Richtlinie ist nicht mit der Belästigung in § 7 UWG gleichzusetzen. Die UGP-Richtlinie wertet die Belästigung als aggressive Geschäftspraktik. Eine Geschäftspraktik gilt als aggressiv, wenn sie die wirtschaftliche Entscheidungsfreiheit des Verbrauchers tatsächlich oder voraussichtlich erheblich beeinträchtigt. Die Beeinträchtigung der wirtschaftlichen Entscheidungsfreiheit setzt § 7 UWG aber gerade nicht voraus.

Für § 7 Abs. 2 Nr. 2-4, Abs. 3 UWG bleibt die E-Datenschutzrichtlinie gemeinschaftsrechtlicher Maßstab. Dies ergibt sich aus Nr. 26 S. 2 UGP-Richtlinie und für § 7 Abs. 2 Nr. 2 UWG zusätzlich aus Erwägungsgrund 14 UGP-Richtlinie.

II. Überblick über die UWG Novelle 2008

Die im Rahmen der UWG Novelle 2008 erfolgten Änderungen sind zum Großteil auf die Umsetzungsverpflichtung in Bezug auf die UGP-Richtlinie zurückzuführen. Einige Änderungen wurden aber auch vorgenommen, ohne dass sie der Umsetzung der UGP-Richtlinie geschuldet wären.

1. Gleichbleibender Schutzzweck des UWG

Der Schutzzweck des UWG ist, bis auf eine terminologische Anpassung in § 1 S. 1 UWG[103], gleich geblieben. Es ist unschädlich, dass das UWG gem. § 1 UWG weiterhin neben den Verbrauchern auch Mitbewerber, sonstige Marktteilnehmer und gewisse Interessen der Allgemeinheit schützt und damit über den Anwen-

103 Dabei handelt es sich um die Ersetzung des Begriffes „Wettbewerbshandlung“ durch „geschäftliche Handlung“, siehe hierzu sogleich unter C. II. 2.

dungsbereich der UGP-Richtlinie hinausgeht. Denn der insoweit weitere Schutzbereich des UWG ist nicht Regelungsgegenstand der UGP-Richtlinie.[104]

2. Geschäftliche Handlung statt Wettbewerbshandlung

In Anlehnung an Art. 2 d) UGP-Richtlinie ist der erst mit der UWG Novelle 2004 neu eingeführte Begriff der Wettbewerbshandlung durch den Begriff der geschäftlichen Handlung ersetzt und damit einhergehend auch inhaltlich geändert worden. Dies stellt eine der wichtigsten Neuerungen im Rahmen der UWG Novelle 2008 dar.[105]

Nach § 2 Abs. 1 Nr. 1 UWG ist eine geschäftliche Handlung „jedes Verhalten einer Person zu Gunsten des eigenen oder fremden Unternehmens vor, bei oder nach einem Geschäftsabschluss, das mit der Förderung des Absatzes oder des Bezugs von Waren oder Dienstleistungen oder mit dem Abschluss oder der Durchführung eines Vertrages über Waren und Dienstleistungen objektiv zusammenhängt; [...]“. Anstelle des Zieles der Absatz- oder Bezugsförderungsabsicht (Wettbewerbsabsicht) kommt es demnach nunmehr allein darauf an, dass ein objektiver Zusammenhang zwischen Verhalten und Absatz- oder Bezugsförderung oder mit dem Abschluss oder der Durchführung eines Vertrages besteht. Mit der ausdrücklichen Erfassung des Verhaltens auch während und nach Geschäftsabschluss liegt zudem eine deutliche Erweiterung des Anwendungsbereiches des UWG vor.[106] Denn die bisher herrschende Rechtsprechung zum UWG 2004 ging davon aus, dass aus dem Merkmal der Absatzförderung zu schließen sei, dass eine Wettbewerbshandlung in der Regel mit dem Vertragsschluss beendet sei und daher nur ausnahmsweise auch Handlungen nach Vertragsschluss umfasse.[107]

Wie unter UWG 2004 die Wettbewerbshandlung ist der Begriff der geschäftlichen Handlung der Zentralbegriff des UWG, der nach wie vor einheitlich, d.h. also im B2B- und B2C-Bereich Geltung beansprucht.[108] Er dient dazu, den An-

---

104 Vgl. Begründung Regierungsentwurf Änderungsgesetz, BT-Drucksache 16/10145, S. 21 zu § 2 UWG.

105 Köhler, WRP 2009, 898 (899).

106 Hoeren, BB 2008, 1182 (1184); Lettl, GRUR-RR 2009, 41 (42); Sosnitza, WRP 2008, 1014 (1016).

107 BGH GRUR 1983, 451 f. – *Ausschank unter Eichstrich I*; BGH GRUR 1986, 816 (818 f.) – *Widerrufsbelehrung bei Teilzahlungskauf*; BGH GRUR 2002, 1093 (1094) – *Kontostandsauskunft*; BGH GRUR 2007, 805 (806, Tz 13) – *Irreführender Kontoauszug*. So auch Begründung Regierungsentwurf Änderungsgesetz, BT-Drucksache 16/10145, S. 21 zu § 2 UWG.

108 Begründung Regierungsentwurf Änderungsgesetz, BT-Drucksache 16/10145, S. 21 zu § 2 Abs. 1 Nr. 1. Anders beispielsweise § 1 Abs. 1 ÖstUWG: „Unlautere Geschäftspraktik oder sonstige unlautere Handlung“.

wendungsbereich des Lauterkeitsrechts gegenüber dem allgemeinen Deliktsrecht abzugrenzen.[109]

Zu den Besonderheiten, die sich aus der Substitution des Begriffes der Wettbewerbshandlung durch die geschäftliche Handlung konkret in Bezug auf den Tatbestand der unzumutbaren Belästigungen ergibt, wird auf die Ausführungen unter D. V. 1. b) verwiesen.

3. Neue Generalklausel

An die Stelle der bisherigen Generalklausel mit einem einheitlichen Verbotstatbestand treten in § 3 UWG nunmehr drei Verbotstatbestände.

a) Verbotstatbestand in § 3 Abs. 3 UWG

§ 3 Abs. 3 UWG i.V.m. seinem Anhang dient der Umsetzung von Art. 5 Abs. 5 i.V.m. Anhang I UGP-Richtlinie. Erfüllt ein Verhalten gegenüber einem Verbraucher einen Tatbestand der so genannten Schwarzen Liste im Anhang zu § 3 Abs. 3 UWG, so ist es stets unzulässig (Verbote ohne Wertungsvorbehalt); auf die spürbare Beeinträchtigung von Verbraucherinteressen kommt es nicht an.[110]

Der Anwendungsbereich des Anhangs zu § 3 Abs. 3 UWG ausschließlich für das Verhältnis B2C stellt eine Ausnahme von dem sonst geltenden Grundsatz dar, dass das UWG einheitlich auf Verbraucher, Mitbewerber und sonstige Marktteilnehmer anzuwenden ist. Sie wurde damit begründet, dass die Belastung des kaufmännischen Verkehrs mit solch strengen Regelungen nicht gerechtfertigt sei.[111]

Mit dem Anhang zu § 3 Abs. 3 UWG verfolgt der Gesetzgeber dem Erwägungsgrund 17 UGP-Richtlinie entsprechenden Zweck, Verhaltensweisen zum Nachteil von Verbrauchern, die unter allen Umständen als unlauter einzustufen sind, leichter identifizieren zu können, um auf diese Weise die Rechtssicherheit zu erhöhen.[112]

Der Anhang zu § 3 Abs. 3 umfasst nur 30 Verbote, während die Anhang I UGP-Richtlinie aus 31 Verboten besteht. Nr. 26 S. 1 Anhang I UGP-Richtlinie[113] findet seine Umsetzung – soweit der Gesetzgeber dies im Nachgang zur UWG

---

109 Hefermehl/Köhler/Bornkamm-*Köhler*, § 2 Rn. 3.

110 Begründung Regierungsentwurf Änderungsgesetz, BT-Drucksache 16/10145, S. 22 zu § 3 UWG und S. 30 zu Anhang zu § 3 Abs. 3 UWG.

111 Begründung Regierungsentwurf Änderungsgesetz, BT-Drucksache 16/10145, S. 22 zu § 3 UWG.

112 Vgl. Begründung Regierungsentwurf Änderungsgesetz, BT-Drucksache 16/10145, S. 30 zu Anhang zu § 3 Abs. 3 UWG.

113 Dieser Tatbestand betrifft das Direktmarketing über Telefon, Telefax, E-Mail oder sonstige für den Fernabsatz geeignete Medien.

Reform 2004 überhaupt für erforderlich erachtete – in § 7 Abs. 2 Nr. 1 UWG.[114] Zudem stimmt die Nummerierung des Anhangs zu § 3 Abs. 3 UWG teilweise nicht mit der des Anhang I UGP-Richtlinie überein.[115] Nr. 25 Anhang I UGP-Richtlinie[116] wurde in Nr. 26 Anhang zu § 3 Abs. 3 UWG umgesetzt. Nr. 29 Anhang I UGP-Richtlinie[117] findet sich in Nr. 29 Anhang zu § 3 Abs. 3 UWG.

b) Verbotstatbestände in § 3 Abs. 1 und 2 UWG

Der Verbotstatbestand des § 3 Abs. 1 UWG tritt an die Stelle des früheren § 3 UWG 2004. Er wurde neu gefasst. Danach sind unlautere geschäftliche Handlungen nur dann unzulässig, wenn sie geeignet sind, die Interessen von Mitbewerbern, Verbrauchern oder sonstigen Marktteilnehmern spürbar zu beeinträchtigen. Damit wurde das Erfordernis der Eignung zur nicht unerheblichen Beeinträchtigung des Wettbewerbs zum Nachteil der Mitbewerber, der Verbraucher oder der sonstigen Marktteilnehmer aufgegeben. Inhaltlich ist damit keine Abweichung von der früheren Rechtslage verbunden.[118] Die Generalklausel des § 3 Abs. 1 UWG wird durch einen umfangreichen zweiten Absatz ergänzt, welcher der Umsetzung von Art. 5 Abs. 2 und 3 UGP-Richtlinie dient.

4. Abkopplung von § 3 UWG

Anlässlich der UWG Novelle 2008 wurde die Kopplung der §§ 4-7 UWG 2004 an § 3 UWG 2004 mit der Formulierung *„Unlauter im Sinne von § 3"* beseitigt.

a) Abkopplung der §§ 4-6 UWG

Für §§ 4-6 UWG ist mit dem fehlenden Verweis auf § 3 UWG keine inhaltliche Änderung verbunden.[119] In diesen Tatbeständen ist nach wie vor die Formulierung enthalten *„Unlauter handelt, wer"*; sie enthalten auch weiterhin konkretisierende Beispiele unlauteren Verhaltens. Unzulässig und damit verboten ist das jeweilige Verhalten insoweit auch unter der Geltung des UWG 2008 nur bei dem Vorliegen der Voraussetzungen des § 3 UWG.

---

114 Siehe hierzu unter D. III. 4.

115 Die Ausschüsse-Empfehlungen BR-Drucksache 345/1/08 vom 24.06.2008, S. 7, hatten zu Recht, aber vergeblich, um eine Abstimmung der Nummerierung beider Anhänge gebeten.

116 Dieser Tatbestand behandelt die Nichtbeachtung der Aufforderung des Verbrauchers zum Verlassen seiner Wohnung bzw. das Verbot der Wiederkehr in seine Wohnung.

117 Dieser Tatbestand hat die Aufforderung gegenüber dem Verbraucher, unbestellte Ware zu bezahlen, zurückzusenden oder zu verwahren zum Gegenstand.

118 Lettl, GRUR-RR 2009, 41 (42).

119 Lettl, GRUR-RR 2009, 41 (42).

Die Streichung der Angabe *„im Sinne von § 3"* wurde – wenig überzeugend – damit begründet, dass die Bezugnahme den unzutreffenden Eindruck erweckt habe, § 3 UWG definiere den Begriff der Unlauterkeit.[120]

b) Abkopplung des § 7 UWG

§ 7 UWG wurde im Rahmen der UWG Novelle 2008 zu einem selbständigen Verbotstatbestand umgewandelt, der neben § 3 UWG tritt.[121] Zu dieser erheblichen systematische Neuerung im UWG und seinen Auswirkungen für die Praxis wird auf die Ausführungen unter D. verwiesen.[122]

5. Aggressive geschäftliche Handlungen als Fälle von § 4 Nr. 1 und 2 UWG

Bis auf eine geringfügige Änderung in § 4 Nr. 2 UWG[123] sind die Unlauterkeitstatbestände des § 4 UWG 2004 durch die UWG Novelle 2008 unangetastet geblieben.

Bei der Auslegung von § 4 Nr. 1 und 2 UWG ist allerdings nunmehr zu berücksichtigen, dass die unzulässige Beeinflussung, die Nötigung und auch die Belästigung i.S.d. Art. 8 und 9 UGP-Richtlinie von den Regelungen in § 4 Nr. 1 und 2 UWG erfasst werden sollen.[124] Eine Änderung oder Ergänzung des Gesetzes hat der Gesetzgeber insoweit nicht für erforderlich gehalten.[125]

---

120 Begründung Regierungsentwurf Änderungsgesetz, BT-Drucksache 16/10145, S. 22 zu § 4 UWG. Diese Begründung vermag nicht zu überzeugen. Es ist zwar richtig, dass sich die Unlauterkeit gerade aus anderen UWG-Normen ergeben muss. Allerdings kann nach nahezu 100 Jahren lauterkeitsrechtlicher Generalklausel kaum noch vermutet werden, dass diese Regelungstechnik den Eindruck einer Definition erweckt. Kritisch auch Keßler/Micklitz, VuR 2009, 88 (90, Fn. 24); Sosnitza, WRP 2008, 1014 (1019); Tonner/Reich, VuR 2009, 95 (99 f.).

121 Köhler, WRP 2009, 109 (117); Lettl, GRUR-RR 2009, 41 (44); Schirmbacher, K & R 2009, 433 (437).

122 D. I., D. III. 1. h), D. III. 2. h), D. V. 1. c) und D. VI. 1. f).

123 An die Stelle des Begriffes *„Kinder und Jugendlichen"* wurden die Begriffe *„geistige und körperliche Gebrechen"* und *„Alter"* eingefügt, womit dem Umstand Rechnung getragen werden sollte, dass Art. 5 Abs. 3 UGP-Richtlinie diese Begriffe ausdrücklich nennt, vgl. Begründung Regierungsentwurf Änderungsgesetz, BT-Drucksache 16/10145, S. 22 zu § 4 UWG.

124 Vgl. Begründung Regierungsentwurf Änderungsgesetz, BT-Drucksache 16/10145, S. 18 zu Art. 8 und 9 UGP-Richtlinie; zustimmend Köhler, GRUR 2005, 793 (800); ders. GRUR 2008, 841 (843); Piper/Ohly-*Piper*, Einf. C, Rn. 56 f.; Ohly, GRUR 2004, 889 (896 f.); Steinbeck, WRP 2008, 865 (866 f.). Zu der vor diesem Hintergrund problematischen Umsetzung der von der UGP-Richtlinie als aggressiv im Sinne der Art. 8 und 9 eingestuften Nr. 26 Anhang I UGP-Richtlinie in § 7 Abs. 2 Nr. 1 UWG siehe unter D. III. 4.

125 Vgl. Begründung Regierungsentwurf Änderungsgesetz, BT-Drucksache 16/10145, S. 18 zu Art. 8 und 9 UGP-Richtlinie.

6. Irreführung gem. §§ 5, 5 a UWG

Die bisherige Regelung der irreführenden Werbung in § 5 UWG 2004 wurde in zwei Tatbestände aufgeteilt. Der neue § 5 UWG dient der Umsetzung des Art. 6 UGP-Richtlinie (Irreführende Handlungen). Mit § 5 a UWG hat der Gesetzgeber die Regelung in Art. 7 UGP-Richtlinie (Irreführung durch Unterlassen) im Großen und Ganzen übernommen. Angesichts der Themenstellung dieser Arbeit wird auf diese Tatbestände nachfolgend nicht weiter eingegangen.

III. Überblick über die Gesetzesnovellierungen durch das Gesetz gegen unerlaubte Telefonwerbung

Bemerkenswerterweise hatte der Gesetzgeber neben der Umsetzung der UGP-Richtlinie in das UWG ein zweites Gesetzgebungsprojekt begonnen, welches ebenfalls Änderungen des UWG zu und im Zusammenhang mit § 7 UWG vorsah. Dieses wurde nur wenige Monate nach dem Erlass des Änderungsgesetzes im Juli 2009 abgeschlossen. Mit dem Gesetz gegen unerlaubte Telefonwerbung wurde gleich ein Bündel von Maßnahmen getroffen, um den Verbraucherschutz bei der Telefonwerbung und im Fernabsatz zu verbessern.

1. Änderungen zum UWG

Das Gesetz gegen unerlaubte Telefonwerbung führte zu zwei Änderungen im UWG. Zum einen wurde § 7 Abs. 2 Nr. 2 UWG in der Weise geändert, dass für Telefonwerbung gegenüber einem Verbraucher nunmehr seine vorherige ausdrückliche Einwilligung erforderlich ist.[126] Zugleich ist die unerlaubte Telefonwerbung gegenüber Verbrauchern nunmehr als Ordnungswidrigkeit bußgeldbewehrt; mit § 20 UWG wurde ein entsprechender Ordnungswidrigkeitstatbestand geschaffen.[127]

---

126 Diese Änderung war zunächst auch im Rahmen der UWG Novelle 2008 vorgesehen. Der entsprechende Änderungsvorschlag ist in der Beschlussempfehlung des Rechtsausschusses wieder entfallen, da der Entwurf des Gesetzes gegen unerlaubte Telefonwerbung eingebracht worden war (BT-Drucksache 16/11070, S. 5). Um eine erneute Änderung des § 7 Abs. 2 Nr. 2 UWG innerhalb eines kurzen Zeitraums auszuschließen, sollten die genauen Anforderungen an die Einwilligung eines Verbrauchers in die Werbung durch Telefonanrufe erst bei der Beratung des benannten Gesetzesentwurfes festgelegt werden (BT-Drucksache 16/11070, S. 5). Siehe zu dieser Änderung ausführlich unter D. III. 1. e).

127 Siehe hierzu ausführlich unter E. I.

2. Änderungen zum Telekommunikationsgesetz („TKG“)

Werbende Unternehmen dürfen nicht mehr ihre Rufnummer unterdrücken.[128] Damit soll die Identifizierung der Anrufer ermöglicht werden.[129] Der Verstoß gegen die Rufnummernunterdrückung stellt gem. § 149 Abs. 1 Nr. 17 c. TKG nunmehr ebenfalls eine Ordnungswidrigkeit dar.

3. Änderungen zum Bürgerlichem Recht

Für Fernabsatzverträge zur Lieferung von Zeitungen, Zeitschriften und Illustrierten sowie zur Erbringung von Wett- und Lotteriedienstleistungen wurde dem Verbraucher bei telefonischer Abgabe seiner Vertragserklärung ein Widerrufsrecht eingeräumt.[130] Bei Dienstleistungsverträgen erlischt das Widerrufsrecht erst bei der beiderseitigen vollständigen Vertragserfüllung.[131] Die Kündigung und die Vollmacht zur Kündigung bedürfen der Textform, wenn ein Dauerschuldverhältnis durch ein anderes ersetzt werden soll.[132]

128 § 102 Abs. 2 TKG. Das Verbot der Rufnummernunterdrückung gilt nicht nur bei Werbeanrufen gegenüber Verbrauchern, sondern auch gegenüber sonstigen Marktteilnehmern i.S.d. § 2 Abs. 1 Nr. 2 UWG.

129 Begründung Regierungsentwurf Gesetz gegen unerlaubte Telefonwerbung, BT-Drucksache 16/10734, S. 14.

130 Vgl. § 312 d Abs. 4 Nr. 3 und 4 BGB.

131 Vgl. § 312 d Abs. 3 BGB.

132 Vgl. § 312 f BGB.

D. Der neue Tatbestand des § 7 UWG

Unter Berücksichtigung des Vorhergesagten wird die neue Regelung des § 7 UWG nachfolgend eingehend analysiert. Dabei wird neben den im Rahmen der UWG Novelle 2008 und des Gesetzes gegen unerlaubte Telefonwerbung erfolgten Änderungen auch die jüngste Rechtsprechung des BGH zu § 7 UWG 2004[133] berücksichtigt und daraufhin überprüft, ob sie angesichts der erfolgten Gesetzesänderungen unter der neuen Regelung des § 7 UWG aufrechterhalten werden kann.

I. Neue Stellung des § 7 UWG im Gefüge des UWG

Bei Vorliegen ihrer Tatbestandsmerkmale begründet § 7 UWG nunmehr selbst die Unzulässigkeit einer geschäftlichen Handlung und stellt damit, losgelöst von § 3 UWG, einen eigenständigen Verbotstatbestand dar.[134]

Für die Beurteilung einer unzumutbaren Belästigung i.S.d. § 7 UWG kommt es demnach nicht mehr auf eine Beurteilung nach § 3 UWG an. Vielmehr ist mit der Neuregelung eine materielle Zweiteilung der Unlauterkeitstatbestände vorgenommen worden[135]: Auf der einen Seite steht der Tatbestand des § 3 UWG i.V.m. §§ 4-6 UWG. Insoweit baut die Feststellung der Unzulässigkeit nach § 3 UWG auf der Unlauterkeit der §§ 4-6 UWG auf. Auf der anderen Seite steht die Regelung des § 7 UWG mit ihren Tatbeständen, bei denen die Frage der Unzulässigkeit nach eigenständigen Kriterien zu beantworten ist, ohne dass es eines Rückgriffes auf § 3 UWG bedarf. Der im Zuge der Einführung des § 7 Abs. 1 UWG 2004 entbrannte Streit, ob die Bagatellklausel des § 3 auch auf Fälle der unzumutbaren Belästigung anzuwenden war, ist mit dieser neuen Systematik ausgeräumt.[136]

---

133 BGH WRP 2008, 1330 ff. – *FC Troschenreuth*; BGH WRP 2008, 1328 ff. – *Faxabfrage im Autohandel*; BGH BB 2008, 2426 ff. – *Payback*.

134 Köhler, WRP 2009, 109 (117); Lettl, GRUR-RR 2009, 41 (42); Schirmbacher, K & R 2009, 433 (437); Taxhet/Artz, ZGS 2009, 264 (265).

135 Tonner/Reich, VuR 2009, 95 (99).

136 Siehe zu der Frage, wie sich diese Änderung in der Praxis auswirkt, bei den einzelnen Fallgruppen unter D. III. 1. h), D. III. 2. h), D. V. 1. c) und D. VI. 1. f).

Konsequenterweise knüpfen nunmehr auch die lauterkeitsrechtlichen Rechtsfolgen unzulässigen Verhaltens unmittelbar an § 7 UWG an.[137]

II. Neue Systematik des § 7 UWG

§ 7 UWG hat durch das Änderungsgesetz eine neue Systematik erfahren.

1. Generalklausel und Beispielsfall in § 7 Abs. 1 UWG

§ 7 Abs. 1 S. 1 UWG stellt im System der unzumutbaren Belästigungen eine – tatbestandlich beschränkte – kleine Generalklausel[138] dar. Der allgemeine Grundsatz, dass geschäftliche Handlungen, die unzumutbar belästigen, verboten sind, wird in § 7 Abs. 1 S. 2 UWG um einen Beispielsfall („insbesondere") ergänzt, nämlich die erkennbar unerwünschte Werbung.[139]

2. Per-se-Verbote in § 7 Abs. 2 UWG

Die Fallgruppen in § 7 Abs. 2 UWG sind nunmehr als Per-se-Verbote konzipiert und lassen – anders als § 7 Abs. 1 UWG über das Kriterium der Unzumutbarkeit – keine Wertungen zu.[140] Eine Unzumutbarkeitsprüfung findet im Rahmen der Tatbestände des § 7 Abs. 2 UWG nicht statt.[141]

Entsprechend stellen die Anwendungsfälle des § 7 Abs. 2 UWG jetzt nicht mehr *„insbesondere"*, sondern *„stets"* unzumutbare Belästigungen dar. Liegt also ein Tatbestand des § 7 Abs. 2 UWG vor, ist ohne Wertungsmöglichkeit von einer

---

137 Vgl. §§ 8 Abs. 1, 9 Abs. 1 und 10 Abs. 1 UWG, wo es jeweils heißt: *„Wer [..] eine nach § 3 oder § 7 unzulässige geschäftliche Handlung vornimmt [...]."* Kritisch hierzu Harte/Henning-*Schünemann*, § 3 Rn. 72, der diese Neuerung für rechtstechnisch unglücklich hält, da sie die dogmatischen Strukturen des UWG verdunkele. Dem ist nicht zuzustimmen, da dies gerade die materiell-rechtliche Zweiteilung des UWG konsequent widerspiegelt.

138 So auch Harte/Henning-*Schünemann*, § 3 Rn. 27; Hefermehl/Köhler/Bornkamm-*Köhler*, § 7 Rn. 4.

139 Diese Regelung fand sich zuvor unter § 7 Abs. 2 Nr. 1 UWG 2004.

140 Begründung Regierungsentwurf Änderungsgesetz, BT-Drucksache 16/10145, S. 29 zu § 7 UWG.

141 Begründung Regierungsentwurf Änderungsgesetz, BT-Drucksache 16/10145, S. 29 zu § 7 UWG. Damit ist der Diskussion um die mögliche Gemeinschaftsrechtswidrigkeit der unter § 7 UWG 2004 nach der Begründung des Regierungsentwurfes zu UWG 2004 auch auf die Tatbestände des § 7 Abs. 2 Nr. 2-4 UWG anzuwendende Bagatellklausel ein Ende bereitet. Grund für die Diskussion war, dass die E-Datenschutzrichtlinie, deren Umsetzung bereits § 7 Abs. 2 Nr. 2-4 UWG 2004 diente, keine Bagatellklausel vorsah.

unzumutbaren Belästigung und damit der Unzulässigkeit der geschäftlichen Handlung auszugehen.[142]

3. Auswirkungen auf die systematische Herangehensweise bei der Rechtsanwendung

Die neue Struktur des § 7 UWG (und des UWG insgesamt, insbesondere auch in Bezug auf § 3 Abs. 3 UWG) erfordern eine Korrektur der systematischen Herangehensweise des Rechtsanwenders.[143] Die Neukonzeption fordert folgende Prüfungsreihenfolge: Handelt es sich um eine geschäftliche Handlung gegenüber einem Verbraucher, so ist zwingend als erstes zu untersuchen, ob ein Tatbestand des § 7 Abs. 2 UWG oder des Anhangs zu § 3 Abs. 3 UWG vorliegt. Lässt sich der fragliche Sachverhalt nicht unter § 7 Abs. 2 UWG oder unter § 3 Abs. 3 UWG subsumieren, so ist im nächsten Schritt § 7 Abs. 1 S. 2 i.V.m. S. 1 UWG zu prüfen. Erst danach darf die kleine Generalklausel in § 7 Abs. 1 S. 1 UWG geprüft werden.

Bei geschäftlichen Handlungen gegenüber sonstigen Marktteilnehmern ist zunächst zu untersuchen, ob ein Fall des § 7 Abs. 2 Nr. 2, Nr. 3 oder Nr. 4 UWG vorliegt.[144] Anschließend ist § 7 Abs. 1 S. 2 i.V.m. S. 1 UWG und sodann § 7 Abs. 1 S. 1 UWG zu prüfen.

Die nachfolgende Darstellung folgt dieser Systematik, so dass zunächst die Fallgruppen des § 7 Abs. 2 UWG und anschließend der verbleibende Anwendungsbereich des § 7 Abs. 1 UWG sowie seine Fallgruppen untersucht werden.

III. Per se verbotene unzumutbare Belästigungen

Die Telefonwerbung ist die Fallgruppe der vier per se verbotenen Anwendungsfälle unzumutbarer Belästigungen, die nicht nur von Änderungen durch die UWG Novelle 2008, sondern darüber hinaus auch von dem Gesetz gegen unerlaubte Telefonwerbung betroffen ist. Auch die jüngste höchstrichterliche Rechtsprechung zu dem Begriff der Werbung[145] und zu den Anforderungen an eine

---

142 Begründung Regierungsentwurf Änderungsgesetz, BT-Drucksache 16/10145, S. 29 zu § 7 UWG.

143 Vgl. Harte/Henning-*Henning-Bodewig*, Anh. § 3 Abs. 3, Rn. 4; Keßler/Micklitz, VuR 2009, 88 (90).

144 Der Anhang zu § 3 Abs. 3 UWG sowie § 7 Abs. 2 Nr. 1 UWG finden von vornherein keine Anwendung auf geschäftliche Handlungen gegenüber sonstigen MarktteilnehmeRn.

145 BGH WRP 2008, 1328 ff. – *Faxanfrage im Autohandel*; BGH WRP 2008, 1330 ff. – *FC Troschenreuth.*

Einwilligung[146] wirft in Bezug auf § 7 Abs. 2 Nr. 2 UWG Fragen auf. Daher wird nachfolgend zunächst die Neuregelung des § 7 Abs. 2 Nr. 2 UWG analysiert.

1. Telefonwerbung

§ 7 Abs. 2 Nr. 2 UWG 2004:	*§ 7 Abs. 2 Nr. 2 UWG:*
„Eine unzumutbare Belästigung ist insbesondere anzunehmen, [...] 2. bei einer Werbung mit Telefonanrufen gegenüber Verbrauchern ohne deren Einwilligung oder gegenüber sonstigen Marktteilnehmern ohne deren zumindest mutmaßliche Einwilligung“	*„Eine unzumutbare Belästigung ist stets anzunehmen, [...] 2. bei Werbung mit einem Telefonanruf gegenüber einem Verbraucher ohne dessen vorherige ausdrückliche Einwilligung oder gegenüber einem sonstigen Marktteilnehmer ohne dessen zumindest mutmaßliche Einwilligung“*

a) Wirtschaftliche Relevanz bei fehlender Popularität

Die Telefonwerbung ist in den Ländern, in denen sie grundsätzlich rechtlich zulässig ist, von erheblicher wirtschaftlicher Bedeutung.[147] Deutschland bleibt weit hinter der Entwicklung in anderen europäischen Ländern zurück, die Telefonwerbung hatte aber – bislang – auch hier einen beachtlichen und ständig wachsenden Umfang.[148] Dies ungeachtet dessen, dass die Telefonwerbung in Deutschland weithin als „Landplage“[149] gilt. So wurde auch der Gesetzesentwurf der Bundesregierung zum Gesetz gegen unerlaubte Telefonwerbung damit begründet, dass sich die die unerwünschte Telefonwerbung in der letzten Zeit zu einem die Verbraucher erheblich belästigendem Problem entwickelt habe.[150] Eine *„Flut unerwünschter Werbeanrufe“* störe die Verbraucher massiv in ihrer Privatsphäre.[151] Allein bei den Verbraucherzentralen sollen jährlich etwa 60.000 Be-

146 BGH WRP 2008, 1328 ff. – *Faxanfrage im Autohandel*; BGH WRP 2008, 1330 ff. – *FC Troschenreuth;* BGH BB 2008, 2426 ff. – *Payback.*

147 Hefermehl/Köhler/Bornkamm-*Köhler,* § 7 Rn. 118.

148 Harte/Henning-*Ubber*, § 7 Rn. 144.

149 Köhler, NJW 2009, 2567.

150 Begründung Regierungsentwurf Gesetz gegen unerlaubte Telefonwerbung, BT-Drucksache 16/10734, S. 1.

151 Pressemitteilung des Bundesjustizministeriums vom 26.03.2009 zum Beschluss des Gesetzes durch den Bundestag, abrufbar unter *http://www.bmj.bund.de/cold-calling.*

schwerden über unerwünschte Werbeanrufe eingehen.[152] Im Jahr 2006 wurden in Deutschland circa 300 Millionen unaufgeforderte Werbe- und Verkaufsanrufe getätigt.[153] Nach einer Umfrage des forsa-Instituts von Herbst 2007 fühlen sich 86 Prozent der Bevölkerung durch unlautere Werbeanrufe belästigt; 64 Prozent der Befragten waren in den letzten Monaten vor der Umfrage ohne Einwilligung von einem Unternehmen angerufen worden.[154]

b) Gemeinschaftsrechtlicher Hintergrund

Der Sache nach stellt § 7 Abs. 2 Nr. 2 UWG eine Erweiterung des Anhangs I UGP-Richtlinie dar. Denn die Regelung in § 7 Abs. 2 Nr. 2 UWG lässt einerseits, wie Anhang I UGP-Richtlinie (und – in Umsetzung davon – Anhang zu § 3 Abs. 3 UWG), keine Wertungen zu und geht andererseits in zweifacher Hinsicht noch über die Regelung in Nr. 26 Anhang I UGP-Richtlinie zur Telefonwerbung hinaus: Während die UGP-Richtlinie ein „hartnäckiges", d.h. also ein wiederholtes[155], Ansprechen per Telefon verlangt, reicht nach dem klaren Wortlaut für ein Verbot nach § 7 Abs. 2 Nr. 2 UWG bereits ein einmaliger Anruf aus.[156] Desweiteren stellt § 7 Abs. 2 Nr. 2 UWG ein Per-se-Verbot nicht nur bei einer unerlaubten Telefonwerbung gegenüber Verbrauchern, sondern ebenfalls bei einer solchen Werbung gegenüber sonstigen Marktteilnehmern auf.

Aufgrund der von der UGP-Richtlinie vorgesehenen Vollharmonisierung[157] darf der Anhang I UGP-Richtlinie bei seiner Umsetzung von den Mitgliedstaaten

---

152 Begründung Regierungsentwurf Gesetz gegen unerlaubte Telefonwerbung, BT-Drucksache 16/10734, S. 9.

153 Mielke, Jahel, Rechtsbruch am Telefon (1./2.09.2007), *http://sueddeutsche.de/wirtschaft/artikel/34/130804/article.html* unter Bezugnahme auf eine Gfk-Umfrage.

154 Pressemitteilung des Bundesjustizministeriums vom 26.03.2009 zum Beschluss des Gesetzes durch den Bundestag, abrufbar unter *http://www.bmj.bund.de/cold-calling* unter Bezugnahme auf die Forsa-Umfrage vom August 2007 im Auftrag des Verbraucherzentrale Bundesvorstands unter *http://www.vzbv.de/mediapics/telefonwerbung_forsa_umfrage_31082007.pdf*:
Zahl der Befragten: 1001 (Personen ab 14 Jahren). Verfahren: Mehrstufige systematische Zielauswahl. Erhebungszeitraum: 27.-28. August 2007

- 64 Prozent der Befragten wurden in den letzten Monaten ohne Einwilligung von einem Unternehmen angerufen.
- 86 Prozent fühlen sich durch unaufgeforderte Werbeanrufe belästigt.
- 49 Prozent gaben an, heute mehr Werbeanrufe zu erhalten als vor zwei Jahren.
- 98 Prozent sind der Meinung, dass Verträge, die auf Grund unerlaubter Telefonwerbung geschlossen werden, nicht beziehungsweise nur nach einer schriftlichen Bestätigung gültig sein sollen.

155 Hefermehl/Köhler/Bornkamm-*Köhler*, § 7 Rn. 102.

156 Vgl. Begründung Regierungsentwurf Änderungsgesetz, BT-Drucksache 16/10145, S. 19 zu § 7 UWG.

157 Vgl. C. I. 1.

aber nicht erweitert werden, so dass fraglich ist, ob § 7 Abs. 2 Nr. 2 UWG in seiner Fassung als Per-se-Verbot gemeinschaftsrechtskonform ist. Wie oben unter C.I.5. dargelegt, beruhen die Tatbestände des § 7 Abs. 2 Nr. 2-4 UWG auf Art. 13 E-Datenschutzrichtlinie und stellen keine Umsetzung von Nr. 26 Anhang I UGP-Richtlinie dar. Art. 13 E-Datenschutzrichtline ist von den Regelungen in der UGP-Richtlinie ausdrücklich unberührt geblieben.[158] Für die Telefonwerbung stellt Art. 13 Abs. 3 E-Datenschutzrichtlinie damit die aktuelle gemeinschaftsrechtliche Vorgabe auf dem Gebiet der Telefonwerbung dar. Vor diesem Hintergrund sind die Änderungen des § 7 Abs. 2 Nr. 2 UWG auch nicht an der UGP-Richtlinie, sondern – in seinem Anwendungsbereich – an Art. 13 Abs. 3 E-Datenschutzrichtlinie zu messen.

c) Einzahl- anstelle einer Mehrzahlformulierung

§ 7 Abs. 2 Nr. 2 UWG wurde durch das Änderungsgesetz dahingehend modifiziert, dass an die Stelle von *„Werbung mit Telefonanrufen gegenüber Verbrauchern"* nunmehr *„Werbung mit einem Telefonanruf gegenüber einem Verbraucher"* getreten ist. Diese erfolgte Änderung von der Mehrzahl- zur Einzahlformulierung betrifft nicht nur die Telefonwerbung, sondern alle Fallgruppen des § 7 Abs. 2 UWG. Damit soll klargestellt werden, dass schon eine einzige Handlung eine unzumutbare Belästigung darstellen und zur Unzulässigkeit der Werbung führen kann. Dies war auch schon unter Geltung des UWG 2004 anerkannt, so dass in der Sache damit keine Änderung gegenüber dem bisherigen Rechtszustand verbunden ist.[159]

d) Begriff der Werbung

Werbung wird grundsätzlich dann per Telefon betrieben, wenn der Angerufene unmittelbar zu einem Geschäftsabschluss bestimmt oder wenn eine geschäftliche Verbindung angebahnt oder vorbereitet werden soll.[160] Anrufe zur Fortsetzung oder Erweiterung bereits bestehender Vertragsbeziehungen[161] fallen ebenso darunter, wie die telefonische Ankündigung der Versendung von Broschüren oder eines Vertreterbesuchs.[162] Fraglich ist, ob der Begriff der Werbung i.S.d. § 7 Abs. 2 Nr. 2

158 Siehe hierzu auch oben unter C. I. 5.

159 Begründung Regierungsentwurf Änderungsgesetz, BT-Drucksache 16/10145, S. 29 zu § 7 Abs. 2 UWG.

160 Hefermehl/Köhler/Bornkamm-*Köhler*, § 7 Rn. 130; Harte/Henning-*Ubber,* § 7 Rn. 148.

161 BGH GRUR 1995, 220 (221) – *Telefonwerbung V*; BGH GRUR 1994, 380 (382) – *Lexikothek*; BGH GRUR 2004, 520 (521) – *Telefonwerbung für Zusatzeintrag.*

162 BGH GRUR 1989, 753 (754) – *Telefonwerbung II*; BGH GRUR 1994, 380 (381) – *Lexikothek*; BGH WRP 2000, 722 (723) – *Telefonwerbung VI.*

UWG neben Fällen, die den Absatz von Waren und Dienstleistungen bezwecken, ebenfalls Nachfragehandlungen umfasst. Diese viel diskutierte Frage zur Auslegung des Begriffes der Werbung hatte der BGH im Juli 2008, d.h. also noch kurz vor der UWG Novelle 2008, im Zusammenhang mit einer gewerblichen Telefax[163]- und einer gewerblichen E-Mail[164]-Anfrage für § 7 Abs. 2 UWG 2004 bejaht.

Der BGH veröffentlichte seine Entscheidung *Faxanfrage im Autohandel*[165] u.a. unter dem Leitsatz *„a) § 7 Abs. 2 UWG erfasst als Werbung grundsätzlich auch Nachfragehandlungen. Dies gilt auch dann, wenn sie sich an Gewerbetreibende oder Freiberufler richten"* und bezog sich damit auf alle Fallgruppen des § 7 Abs. 2 UWG 2004 und nicht nur auf die dort streitgegenständliche Fallgruppe des § 7 Abs. 2 Nr. 3 UWG 2004. Auch die Entscheidung *FC Troschenreuth* bezog sich ausweislich seiner Begründung auf alle Fallgruppen des § 7 Abs. 2 UWG 2004.[166] Daraus folgt, dass nach Auffassung des BGH richtigerweise eine einheitliche Auslegung für den Begriff der Werbung in § 7 Abs. 2 UWG 2004 vorzunehmen war[167], so dass auf diese Rechtsprechung, soweit nicht die Besonderheiten des § 7 Abs. 2 Nr. 3 UWG betroffen sind, bereits an dieser Stelle einzugehen ist.[168] Im Folgenden wird überprüft, ob diese Rechtsprechung des BGH auch nach der UWG Novelle 2008 und Inkrafttreten des Gesetzes gegen unerlaubte Telefonwerbung für die Auslegung des Begriffes der Werbung herangezogen werden kann, oder ob sich die Parameter für die Auslegung geändert haben.

Wie auch vor der UWG Novelle 2008 ist der Begriff der Werbung weder im UWG noch in anderen nationalen Gesetzen definiert. Damit ist der Blick zunächst auf die gemeinschaftsrechtlichen Regelungen zu werfen, um anschließend den Begriff der Werbung in § 7 Abs. 2 Nr. 2 UWG – gemeinschaftsrechtskonform – auslegen zu können.[169]

aa) Begriff der Werbung im Gemeinschaftsrecht

Im Gemeinschaftsrecht wird der Begriff der Werbung in verschiedenen Regelungszusammenhängen definiert und umrissen.

---

163 BGH WRP 2008, 1328 ff. – *Faxanfrage im Autohandel.*

164 BGH WRP 2008, 1330 ff. – *FC Troschenreuth.*

165 BGH, WRP 2008, 1328 ff. – *Faxanfrage im Autohandel.*

166 BGH WRP 2008, 1330 (1332, Rz. 15) – *FC Troschenreuth.*

167 Zu der Frage, ob dies vor dem Hintergrund der Umsetzung von Nr. 26 Anhang I UGP-Richtlinie in § 7 Abs. 2 Nr. 1 UWG auch unter der heutigen Rechtslage gilt bzw. gelten kann, siehe unter D. III. 4. e).

168 Vgl. auch Hefermehl/Köhler/Bornkamm-*Köhler*, § 7 Rn. 129; jurisPK-*Koch*, § 7 Rn. 205 i.V.m. Rn 193. Anders offenbar Harte/Henning-*Ubber*, der auf die Thematik der Nachfragewerbung nur unter § 7 Abs. 2 Nr. 3 UWG (Rn. 190) eingeht.

169 Nippe, WRP 2006, 951 (952).

(1) E-Datenschutzrichtlinie

Der E-Datenschutzrichtlinie ist keine Definition des Begriffes der Werbung zu entnehmen. Art. 13 E-Datenschutzrichtlinie verwendet zwar den Begriff Direktwerbung, definiert ihn jedoch nicht.[170]

Entgegen der Auffassung des OLG Düsseldorf[171], Vorinstanz zu BGH *FC Troschenreuth*, geht auch aus Erwägungsgründen 40 f. und Art. 13 Abs. 2 E-Datenschutzrichtlinie nicht hervor, dass mit Direktwerbung zwingend nur die (unmittelbare) Absatzwerbung gemeint ist.[172] Nach Art. 13 Abs. 2 E-Datenschutzrichtlinie, umgesetzt in § 7 Abs. 3 UWG, kann bei bestimmten Produkten die E-Mail-Adresse für eine Direktwerbung genutzt werden, wenn der E-Mail-Versender die E-Mail-Adresse *„in Zusammenhang mit dem Verkauf eines Produktes oder einer Dienstleistung"* erhalten hat. Erwägungsgrund 41 E-Datenschutzrichtlinie, nach dem es im Rahmen einer bestehenden Kundenbeziehung vertretbar ist, *„die Nutzung elektronischer Kontaktinformationen zuzulassen, damit ähnliche Produkte oder Dienstleistungen angeboten werden; [...]"*, bezieht sich ausschließlich auf die in Art. 13 Abs. 2 E-Datenschutzrichtlinie vorgesehene Ausnahme.[173] Zwingende Anhaltspunkte für die Auslegung des Begriffes der Werbung ergeben sich aus diesen Regelungen daher nicht.

(2) UGP-Richtlinie

Auch die UGP-Richtlinie enthält keine Begriffsdefinition der Werbung. Sie enthält nur eine Definition des Begriffes der Geschäftspraktiken in Art. 2 lit. d) UGP-Richtlinie, welche die Werbung als Unterfall der Geschäftspraktiken erwähnt. Danach sind Geschäftspraktiken *„[...] jede Handlung, Unterlassung, Verhaltensweise oder Erklärung, kommerzielle Mitteilung einschließlich Werbung und Marketing eines Gewerbetreibenden, die unmittelbar mit der Absatzförderung, dem Verkauf, oder der Lieferung eines Produkts an Verbraucher zusammenhängt."* Nach der Auffassung des BGH ergebe sich aus dieser Definition, dass der Richt-

---

170 So auch BGH WRP 2008, 1328 (1329, Tz 10) – *Faxanfrage im Autohandel*. Aus dem Sinnzusammenhang der Vorschrift sowie aus Erwägungsgrund 40 ergibt sich allerdings, dass mit dem Ausdruck Direktwerbung die individuelle Ansprache des umworbenen Teilnehmers des Kommunikationsdienstes erfasst werden soll. Der Begriff dient damit der Abgrenzung der individuellen Werbung von der allgemeinen Werbung, beispielsweise in Zeitungsinseraten oder auf Plakatwänden (vgl. Nippe, WRP 2006, 951 (954)).

171 OLG Düsseldorf, MMR 2006, 171 (172).

172 BGH WRP 2008, 1330 (1331 f, Tz 13) – *FC Troschenreuth*; Nippe, WRP 2006, 951 (954). Im Ergebnis so auch BGH WRP 2008, 1328 (1329, Tz 19) – *Faxanfrage im Autohandel*; Schulze zur Wiesche, MMR 2008, 664; Wäßle, K & R 2008, 605.

173 BGH WRP 2008, 1330 (1331 f, Tz 13) – *FC Troschenreuth*; Nippe, WRP 2006, 951 (954).

liniengeber nur die Absatzförderung, nicht aber den Nachfragewettbewerb im Blick hatte.[174]

Hieraus können aber keine zwingenden Rückschlüsse für den Umfang der unter § 7 Abs. 2 Nr. 2-4 UWG zu subsumierende Verhaltensweisen gezogen werden.[175] § 7 Abs. 2 Nr. 2-4 UWG setzen Art. 13 E-Datenschutzrichtlinie um. Die UGP-Richtlinie ist insoweit daher für das Verständnis des Begriffes der Werbung nicht maßgeblich.

(3) Irreführungsrichtlinie[176]

Eine Definition des Begriffes der Werbung findet sich in Art. 2 lit. a) Irreführungsrichtlinie. Danach ist Werbung „jede Äußerung bei der Ausübung eines Handels, Gewerbes, Handwerks oder freien Berufs mit dem Ziel, den Absatz von Waren oder die Erbringung von Dienstleistungen, einschließlich unbeweglicher Sachen, Rechte und Verpflichtungen zu fördern".

Die Irreführungsrichtlinie ist in ihrem sachlichen Anwendungsbereich auf die irreführende und vergleichende Werbung begrenzt. Im Wege richtlinienkonformer Auslegung ist die Definition in Art. 2 lit. a) Irreführungsrichtlinie daher bei der Anwendung des § 6 Abs. 1 UWG zugrunde zu legen[177] und spielt bei der Auslegung der irreführenden geschäftlichen Handlung i.S.d. § 5 UWG auch nach der UWG Novelle 2008 eine zentrale Rolle.[178] Für § 7 Abs. 2 UWG stellt die Irreführungsrichtlinie – wie auch schon vor der UWG Novelle 2008 – jedoch keine zwingenden Kriterien auf, so dass es letztlich nicht darauf ankommt, ob die Definition des Art. 2 lit. a) Irreführungsrichtlinie nur die unmittelbare Absatzwerbung[179] oder auch Nachfragehandlungen als mittelbare Absatzwerbung erfasst[180].

---

174 BGH WRP 2008, 1328 (1329, Rz. 11) – *Faxanfrage im Autohandel*; BGH WRP 2008, 1330 (1332, Rz. 14) – *FC Troschenreuth*.

175 Zu der Frage, ob für den Begriff der Werbung in § 7 Abs. 2 Nr. 1 UWG, der die UGP-Richtlinie umsetzt, etwas anderes gelten muss, siehe unter D.III.4.e).

176 Richtlinie 2006/114/EG des Europäischen Parlaments und des Rates vom 12. Dezember 2006 über irreführende und vergleichende Werbung, ABl. L 376 vom 27.12.2006, S. 21 ff.

177 Vgl. BGH GRUR 2008, 628 (630, Rz. 18) – *Imitationswerbung*; BGH GRUR 2006, 875 (876, Rz. 22) – *Rechtsanwalts-Ranglisten*.

178 Hefermehl/Köhler/Bornkamm-*Bornkamm*, § 5 Rn. 2.23. Seit Inkrafttreten der UGP-Richtlinie ist der Anwendungsbereich der Irreführungsrichtlinie in Bezug auf die irreführende Werbung auf den B2B-Bereich beschränkt. Zudem ist in § 5 UWG nunmehr einheitlich (B2C und B2B) von irreführender geschäftlicher Handlung die Rede, die über den Begriff der irreführenden Werbung erlaubtermaßen hinaus geht.

179 So OLG Düsseldorf, MMR 2006, 171 (172).

180 So Lettl, WRP 2009, 1315 (1321 f.); Nippe, WRP 2006, 951 (954). *Lettl* hält grundsätzlich auch für die Auslegung von § 7 Abs. 2 Nr. 2 1. Alt. UWG die Definition des Art. 2 lit. a Irreführungsrichtlinie für maßgeblich, wobei er dabei aber die Besonderheiten im Hinblick auf den belästigenden Charakter einer Maßnahme berücksichtigen möchte.

(4) Zwischenergebnis

Aus dem Vorhergesagten folgt, dass keine zwingenden gemeinschaftsrechtlichen Vorgaben hinsichtlich der Auslegung des Begriffes Werbung i.S.d. § 7 Abs. 2 Nr. 2 UWG bestehen.

bb) Auslegung des Begriffes der Werbung

Der allgemeine Sprachgebrauch verbindet mit dem Begriff der Werbung in erster Linie Maßnahmen eines Unternehmens, die auf die Förderung des Absatzes seiner Produkte oder Dienstleistungen gerichtet sind.[181] Wie nachfolgend dargelegt wird, gebietet es aber der Schutzzweck von § 7 Abs. 2 Nr. 2 UWG, auch Nachfragehandlungen unter den Begriff der Werbung zu fassen.[182]

(1) Schutzzweck von § 7 Abs. 2 Nr. 2 UWG

Bei der Ermittlung des Schutzzweckes von § 7 Abs. 2 Nr. 2 UWG ist notwendigerweise zwischen der Telefonwerbung gegenüber Verbrauchern und der Telefonwerbung gegenüber sonstigen Marktteilnehmern zu differenzieren.

(a) Telefonwerbung gegenüber Verbrauchern

Der Grund für die Annahme der Wettbewerbswidrigkeit der Telefonwerbung gegenüber Verbrauchern, wenn eine vorherige ausdrückliche Einwilligung nicht vorliegt, ist darin zu sehen, dass mit einem Anruf ein erheblicher Eingriff in die Privatsphäre/Individualsphäre[183] des Anschlussinhabers verbunden ist.[184] Er weiß

181 So ausdrücklich BGH WRP 2008, 1328 (1329, Rz. 11) – *Faxanfrage im Autohandel*; BGH WRP 2008, 1330 (1332, Rz. 14) – *FC Troschenreuth.*

182 Vgl. BGH WRP 2008, 1328 (1329, Rz. 12) – *Faxanfrage im Autohandel* zu § 7 Abs. 2 Nr. 3 UWG 2004; BGH WRP 2008, 1330 (1332, Rz. 15) – *FC Troschenreuth* zu § 7 Abs. 2 Nr. 3 UWG 2004.

183 Sowohl der BGH als auch die Begründung des Regierungsentwurfs zu UWG 2004 verwenden die Begriffe der Individualsphäre und der Privatsphäre synonym: BGH GRUR 1994, 380 (381) – *Lexikothek*: Privatsphäre; BGH GRUR 1990, 280 (281) – *Telefonwerbung III*: Individualsphäre; BGH GRUR 2004, 699 (701) – *Ansprechen in der Öffentlichkeit I* und BGH GRUR 2005, 443 – *Ansprechen in der Öffentlichkeit II*: Individualsphäre; Begründung Regierungsentwurf UWG 2004, BT-Drucksache 15/1487, S. 21: unterschiedslose Verwendung von Individualsphäre und Privatsphäre.

184 Begründung Regierungsentwurf UWG 2004, BT-Drucksache 15/1487, S. 21 zu § 7; so bereits BGH GRUR 1994, 380 (381) – *Lexikothek;* so auch die Pressemitteilung des Bundesjustizministeriums vom 26.03.2009 zum Beschluss des Gesetzes durch den Bundestag, abrufbar unter *http://www.bmj.bund.de/cold-calling.*

zunächst nicht, wer ihn anruft und welchen Zweck der Anrufer verfolgt und ist daher gezwungen, den Anruf zunächst anzunehmen.[185] Sodann ist er – wegen der Ungewissheit über den Zweck des Anrufs – meist genötigt, sich auf das Gespräch einzulassen, z.B. eine Werbung zur Kenntnis zu nehmen, bevor er sich entscheiden kann, ob er das Gespräch fortsetzen will oder nicht.[186] Dadurch wird nicht nur die Ruhe des Angerufenen gestört und dessen Zeit in Anspruch genommen, sondern auch sein Telefonanschluss für andere Telefonanrufe blockiert.[187] Gerade weil sich der Anschlussinhaber gegen das Eindringen in seine Privatsphäre nicht von vornherein wehren kann, ist schon das Anrufen als solches wegen Belästigung anstößig.[188] Der Regelung liegt der Gedanke zugrunde, dass der Schutz der Privatsphäre des Angerufenen gegenüber den berechtigten Interessen des Anrufers, für seine Waren oder Dienstleistungen zu werben, grundsätzlich vorrangig ist; angesichts der Vielfalt der Werbemethoden ist es nicht erforderlich, in die Individualsphäre des Verbrauchers einzudringen.[189]

Für das Schutzbedürfnis des angerufenen Verbrauchers stellt es keinen Unterschied dar, ob er ohne seine vorherige ausdrückliche Einwilligung telefonisch Kaufangebote für Waren oder Dienstleistungen erhält oder aber telefonisch beispielsweise Immobilien oder Antiquitäten nachgefragt werden.[190] Der Anruf stört den Verbraucher gleichermaßen in seiner Privatsphäre. Für die Begriffsbestimmung ist es dabei unerheblich, dass solche Nachfragehandlungen gegenüber Verbrauchern in der Praxis eine geringe Rolle spielen dürften.

Auch die in Bezug auf die notwendige Einwilligung seitens des Verbrauchers erfolgte Änderung durch das Gesetz gegen unerlaubte Telefonwerbung, wonach nunmehr eine ausdrückliche Einwilligung erforderlich ist und eine konkludente Einwilligung nicht mehr ausreicht[191], führt nicht dazu, dass den Begriff der Werbung in seiner Auslegung auf die Absatzwerbung zu beschränken. Die Erstreckung des Begriffes der Werbung auch auf Nachfragehandlungen führt bei der Telefonwerbung gegenüber Verbrauchern nicht zu „abstrusen Ergebnissen“[192],

185 Begründung Regierungsentwurf UWG 2004, BT-Drucksache 15/1487, S. 21 zu § 7.

186 Begründung Regierungsentwurf UWG 2004, BT-Drucksache 15/1487, S. 21 zu § 7.

187 Harte/Henning-*Ubber*, § 7 Rn. 145.

188 Begründung Regierungsentwurf UWG 2004, BT-Drucks. 15/1487, S. 21 zu § 7.

189 Vgl. BGH NJW 1999, 1864 (1865); BGH GRUR 1995, 220 – *Telefonwerbung V*; BGH GRUR 1990, 280 (281) – *Telefonwerbung III*.

190 So auch BGH WRP 2008, 1328 (1329, Rz. 12) – *Faxanfrage im Autohandel* in Bezug auf den Inhaber eines Telefaxanschlusses und BGH WRP 2008, 1330 (1332, Rz. 15) – *FC Troschenreuth* in Bezug auf den Inhaber eines E-Mail-Kontos; Lettl, WRP 2009, 1315 (1322).

191 Hierzu sogleich unter D.III.1.e).

192 So aber das OLG Düsseldorf, MMR 2006, 171 (172) zu § 7 Abs. 2 Nr. 3 UWG und Piper/Ohly-*Ohly*, § 7 Rn. 40 zu § 7 Abs. 2 Nr. 2 UWG 2004.

sondern ist notwendig, um den Verbraucher effektiv vor Belästigungen per Telefon zu schützen.

(b) Telefonwerbung gegenüber sonstigen Marktteilnehmern

Auch im gewerblichen Bereich oder bei der Ausübung eines selbständigen Berufes sind telefonische Anrufe zu Werbezwecken nicht ohne weiteres hinzunehmen, da sie mit Blick auf die Störung der beruflichen Tätigkeit ebenfalls als belästigend empfunden werden können[193], zumal während des Anrufes der Telefonanschluss belegt wird[194]. Allerdings stehen Unternehmer Anrufen durch ihnen bis dahin unbekannte Anrufer in der Regel aufgeschlossener gegenüber als Verbraucher.[195] Denn sie rechnen generell mit Telefonanrufen potentieller Geschäftspartner und sonstiger Personen, die mit ihnen im eigenen geschäftlichen Interesse Kontakt aufnehmen wollen.[196] Daher kann die Interessenlage hier anders sein als beim Verbraucher, wenn der Anruf im konkreten Interessenbereich des Angerufen liegt.[197] Dementsprechend ist die Telefonwerbung bei Vorliegen einer mutmaßlichen Einwilligung zulässig, d.h. wenn aufgrund konkreter tatsächlicher Umstände ein sachliches Interesse des Anzurufenden vom Anrufer erwartet werden kann.[198]

Auch insoweit kann es für das Schutzbedürfnis des angerufenen Marktteilnehmers keinen Unterschied machen, ob der Zweck des Anrufes in dem Absatz oder dem Bezug von Waren oder Dienstleistungen zu sehen ist. Dies gilt auch vor dem Hintergrund, dass für die Zulässigkeit eines Anrufs zu Zwecken des Bezugs der Ware oder Dienstleistungen – anders als bei § 7 Abs. 2 Nr. 3 UWG – eine mutmaßliche Einwilligung ausreicht. Damit steht es nicht zu befürchten, dass bei Erstreckung des Begriffes der Werbung auf Nachfragehandlungen, diese Handlungen dann *„sehr einschränkenden Regelungen“* unterfallen würden[199], was letztlich zu Einschränkungen in dem Tagesgeschäft des Adressaten der Nachfragewerbung führen und daher unerwünscht sein könnte.

---

193 Begründung Regierungsentwurf UWG 2004, BT-Drucksache 15/1487, S. 21 zu § 7.

194 BGH GRUR 1991, 764 (765) – *Telefonwerbung IV*; BGH WRP 2001, 1068 (1070) – *Telefonwerbung für Blindenware*.

195 BGH WRP 2001, 1068 (1071) – *Telefonwerbung für Blindenware*.

196 BGH GRUR 1991, 764 (765) – *Telefonwerbung IV;* BGH WRP 2001, 1068 (1071) – *Telefonwerbung für Blindenware*; BGH GRUR 2004, 520 (521) – *Telefonwerbung für Zusatzeintrag*.

197 Begründung Regierungsentwurf UWG 2004, BT-Drucksache 15/1487 zu § 7, S. 21.

198 Vgl. BGH GRUR 1991, 764 (765) – *Telefonwerbung IV*; BGH GRUR 1995, 220 (221) – *Telefonwerbung V*; BGH WRP 2001, 1068 (1070) – *Telefonwerbung für Blindenwaren*; BGH GRUR 2004, 520 (521) – *Telefonwerbung für Zusatzeintrag*; BGH GRUR 2008, 189 (190) – *Suchmaschineneintrag*.

199 So OLG Düsseldorf, MMR 2006, 171 (172) zur E-Mail-Werbung gem. § 7 Abs. 2 Nr. 3 UWG 2004.

(2) Nachfragemaßnahmen als Absatzhandlungen

Die Einbeziehung von Nachfragehandlungen bei der Telefonwerbung gegenüber einem Verbraucher und einem sonstigen Marktteilnehmer steht auch im Einklang mit einem am Ziel der Absatzförderung orientierten Verständnis des Begriffes der Werbung.[200] Der Förderung des Absatzes von Waren und Dienstleistungen dienen nicht nur Angebotshandlungen, sondern jedenfalls mittelbar auch Nachfragemaßnahmen, die sich auf den Bezug der Waren oder Dienstleistungen richten, die ein Unternehmen für seine eigene Geschäftstätigkeit auf dem Markt benötigt: Für einen Wiederverkäufer ist der Bezug der Handelsware notwendige Voraussetzung ihres Absatzes und damit eine jedenfalls mittelbar auf Absatzförderung gerichtete Handlung, die grundsätzlich eine Werbung i.S.d. § 7 Abs. 2 UWG darstellt.[201]

(3) Werbung als Hauptanwendungsfall der geschäftlichen Handlung

Abschließend spricht für die Erstreckung des Verständnisses von Werbung auf Nachfragehandlungen, dass Werbung der wichtigste Unterfall der geschäftlichen Handlung gem. § 2 Abs. 1 Nr. 1 UWG ist, die wiederum der zentrale Begriff des UWG ist[202] und mit ihrer Definition jedes Verhalten erfasst, das *„mit der Förderung des Absatzes oder des Bezugs von Waren oder Dienstleistungen"* objektiv zusammenhängt. Man könnte argumentieren, dass die geschäftliche Handlung damit den Rahmen dafür vorgibt, auch die Werbung als wichtigsten Anwendungsfall der geschäftlichen Handlung als Maßnahme zur Förderung des Absatzes oder des Bezugs zu begreifen.[203]

---

200 BGH WRP 2008, 1328 (1329, Rz. 13) – *Faxanfrage im Autohandel*; BGH WRP 2008, 1330 (1332, Rz. 16) – *FC Troschenreuth.*

201 BGH WRP 2008, 1328 (1329, Rz. 13) – *Faxanfrage im Autohandel*; BGH WRP 2008, 1330 (1332, Rz. 16) – *FC Troschenreuth*; Lettl, WRP 2009, 1315 (1321 f.); Nippe, WRP 2006, 951 (957); Dembowski, jurisPR-WettbR 10/2008, Anm. 4.

202 Begründung Regierungsentwurf Änderungsgesetz, BT-Drucksache 16/10145, S. 20 zu § 1 UWG.

203 So Köhler, GRUR 2008, 927 (928) zur Wettbewerbshandlung gem. § 2 Abs. 1 Nr. 1 UWG 2004 mit dem Hinweis, dass dies auch für die geschäftliche Handlung gelten müsse. Dieser Schluss ist jedoch nicht zwingend, da die Werbung einen Unterfall der geschäftlichen Handlung darstellt und daher nicht notwendigerweise eine Übereinstimmung der Begrifflichkeiten bestehen muss (so auch OLG Düsseldorf, MMR 2006, 171 (172)).

(4) Ergebnis

Nach all dem unterfallen auch Nachfragehandlung dem Begriff der Werbung in § 7 Abs. 2 Nr. 2 UWG. Damit hat sich der Anwendungsbereich von § 7 Abs. 2 Nr. 2 UWG entsprechend erweitert. Die bezüglich der Telefonwerbung erfolgten Änderungen im Rahmen der UWG Novelle 2008 oder des Gesetzes gegen unerlaubte Telefonwerbung zwingen nicht zu einer anderen als der vom BGH in *FC Troschenreuth* und *Faxanfrage im Autohandel* vorgenommenen Auslegung des Begriffes der Werbung.[204]

e) Anforderungen an die Einwilligung seitens des Verbrauchers

Seit Inkrafttreten des Gesetzes gegen unerlaubte Telefonwerbung ist eine Telefonwerbung gegenüber einem Verbraucher nur noch bei dessen vorheriger und ausdrücklicher Einwilligung zulässig.

aa) Vorherige Einwilligung

Bereits unter § 7 Abs. 2 Nr. 2 UWG 2004 entsprach es der in Rechtsprechung[205] und Literatur[206] herrschenden Meinung, dass es sich bei der erforderlichen Einwilligung um eine vorherige Einwilligung handeln musste.[207] Bei dieser Änderung handelt es sich demnach um eine reine Klarstellung.[208]

bb) Ausdrückliche vorherige Einwilligung

Unter § 7 Abs. 2 Nr. 2 UWG 2004 sollte die erforderliche Einwilligung – entsprechend der durch die Rechtsprechung konkretisierten Rechtslage vor der UWG

---

204 Zu der Frage, ob in Bezug auf die in § 7 Abs. 2 Nr. 1 und 3 UWG geregelten Fallgruppen etwas anderes gelten muss, siehe jeweils dort unter D.III.2.e) und D.III.4.e).

205 BGH GRUR 1989, 753 (754) – *Telefonwerbung II*; BGH GRUR 1994, 380 (381) – *Lexikothek*; BGH GRUR 1995, 220 – *Telefonwerbung V*.

206 Hefermehl/Köhler/Bornkamm-*Köhler*, § 7 Rn. 133; Seichter/Witzmann, WRP 2007, 699 (701).

207 Begründung Regierungsentwurf Gesetz gegen unerlaubte Telefonwerbung, BT-Drucksache 16/10734, S. 12. Zu der Gemeinschaftsrechtskonformität des Erfordernisses der *vorherigen* Einwilligung siehe Lettl, WRP 2009, 1315 (1318 ff.).

208 So auch Köhler, NJW 2009, 2567 (2568); Lettl, WRP 2009, 1315 (1325). In klarstellender Weise hat sich der Gesetzgeber in dem Entwurf zum Gesetz gegen unerlaubte Telefonwerbung, S. 12 f., auch zur Rechtsnatur der Einwilligung i.S.d. § 7 Abs. 2 Nr. 2 UWG 2004 geäußert. Hierbei handelt es sich nach der Gesetzesbegründung richtigerweise nicht um eine Einwilligung i.S.d. § 183 S. 1 BGB (vorherige Zustimmung), da sich diese Vorschrift nur auf Rechtsgeschäfte bezöge, während es bei § 7 Abs. 2 Nr. 2 1. Alt. darum ginge, einen Eingriff in die Privatsphäre zuzulassen. Es handelt sich also um eine geschäftsähnliche Handlung (so auch Seichter/Witzmann, WRP 2007, 699 (701)).

Novelle 2004[209] – nach der herrschenden Meinung sowohl ausdrücklich (aus der Erklärung des Umworbenen ergibt sich unmittelbar das Einverständnis mit einem späteren Anruf zu Werbezwecken[210]) als auch konkludent (aus dem Verhalten des Umworbenen kann mittelbar auf sein Einverständnis mit einem späteren Anruf zu Werbezwecken geschlossen werden[211]) erfolgen können.[212] Dies wurde damit begründet, dass der Gesetzgeber der UWG Novelle 2004 keine Verschärfung der Regelungen zur Telefonwerbung gegenüber der vor der Reform geltenden Rechtslage beabsichtigt habe.[213] Zwar hieß es in der Begründung zum Gesetzesentwurf UWG 2004 – insoweit in sich widersprüchlich und damit missverständlich –, dass die Neuregelung des § 7 Abs. 2 Nr. 2 UWG der Rechtsprechung zu § 1 UWG a.F. entspreche, wonach gegenüber Privatpersonen die Werbung durch telefonische Anrufe grundsätzlich als wettbewerbswidrig erachtet würde, es sei denn, dass der Angerufene zuvor ausdrücklich seine Einwilligung erklärt habe, zu Werbezwecken angerufen zu werden.[214] In ihrer Gegenäußerung zu den Vorschlägen des Bundesrates hatte die Bundesregierung jedoch eindeutig zum Ausdruck gebracht, dass eine Verschärfung des unter § 1 UWG a.F. geltenden Rechts zur Telefonwerbung gegenüber Verbrauchern nicht beabsichtigt sei.[215]

„Zur besseren Bekämpfung unerlaubter Telefonwerbung“[216] wurde nunmehr *„ausdrücklich“*[217] das Erfordernis der ausdrücklichen Einwilligung in § 7 Abs. 2 Nr. 2 1. Alt. UWG installiert. Es sorge dafür, dass sowohl der einwilligende Verbraucher als auch das Unternehmen, das aufgrund dieser Einwilligung anrufen will, von vornherein im Klaren darüber seien, dass ein Anruf zu Werbezwecken im konkreten Fall erlaubt sei. Umgekehrt seien sowohl dem Verbraucher als auch dem Unternehmer bewusst, dass ein Anruf zu Werbezwecken ohne eine ausdrückliche Einwilligungserklärung nicht gestattet sei. Diese Ergänzung sei zudem erforderlich, um den neuen Bußgeldtatbestand in § 20 UWG so zu formulieren, dass er

---

209 Siehe hierzu oben unter B.II.3.c).

210 Hefermehl/Köhler/Bornkamm-*Köhler*, § 7 Rn. 148.

211 Hefermehl/Köhler/Bornkamm-*Köhler*, § 7 Rn. 149.

212 Begründung Regierungsentwurf Gesetz gegen unerlaubte Telefonwerbung, BT-Drucksache 16/10734, S. 12; OLG Frankfurt a.M., GRUR 2005, 964 – *Telefonisches Versicherungsangebot;* OLG Köln, NJW 2005, 2786 – *Neue Tarife*.

213 So ausdrücklich OLG Frankfurt a.M., GRUR 2005, 964 – *Telefonisches Versicherungsangebot*; Begründung Regierungsentwurf Gesetz gegen unerlaubte Telefonwerbung, BT-Drucksache 16/10734, S. 13.

214 Vgl. Begründung Regierungsentwurf UWG 2004, BT-Drucksache 15/1487, S. 21 zu § 7 UWG.

215 Begründung Regierungsentwurf UWG 2004, BT-Drucksache 15/1487, S. 42: *„[...], so dass damit keine Verschärfung des geltenden Rechts verbunden ist.“*

216 Begründung Regierungsentwurf Gesetz gegen unerlaubte Telefonwerbung, BT-Drucksache 16/10734, S. 13.

217 Begründung Regierungsentwurf Gesetz gegen unerlaubte Telefonwerbung, BT-Drucksache 16/10734, S. 13.

dem straf- und bußgeldrechtlichen Bestimmtheitsgebot gem. § 103 Abs. 2 GG genüge.[218]

Bevor diese Änderung und ihre Begründung kritisch bewertet werden ((6)), ist zunächst zu prüfen, ob sie mit dem Gemeinschaftsrecht vereinbar ist. Hierzu wird in der Begründung zum Regierungsentwurf bemerkenswerter Weise mit keinem Wort Stellung genommen.[219] Bemerkenswert deswegen, weil die Vereinbarkeit dieser Änderung mit der E-Datenschutzrichtlinie unter zwei verschiedenen Aspekten in Frage steht: Zunächst ist fraglich, ob das Erfordernis der ausdrücklichen Einwilligung mit dem auch für die Telefonwerbung maßgeblichen gemeinschaftsrechtlichem Begriff der Einwilligung[220] und der unter der UWG 2004 herrschenden Meinung zu der Auslegung des Begriffes der Einwilligung in Übereinstimmung zu bringen ist ((1) bis (4)). Anschließend ist zu prüfen, ob die ausdrückliche Einwilligung der Verbraucher als eine verschärfte „Opt-in"-Lösung auch von Art. 13 Abs. 3 E-Datenschutzrichtlinie gedeckt ist (5)).

(1) Maßgeblicher gemeinschaftsrechtlicher Begriff der Einwilligung

Da mit § 7 Abs. 2 Nr. 2 1. Alt. UWG 2004 Art. 13 Abs. 3 E-Datenschutzrichtlinie umgesetzt wurde und Art. 13 Abs. 3 E-Datenschutzrichtlinie auch nach der UWG Novelle 2008 Maßstab für § 7 Abs. 2 Nr. 2 1. Alt. UWG bleibt, ist zur richtlinienkonformen Auslegung dieses Begriffes die Definition der Einwilligung in Art. 2 S. 2 lit. f) E-Datenschutzrichtlinie heranzuziehen. Diese Definition ist auch für die Telefonwerbung gegenüber Verbrauchern maßgeblich[221], da sich der Gesetzgeber im Rahmen der UWG Novelle 2004 für die „Opt-in"-Regelung in Art. 13 Abs. 3 1. Alt. E-Datenschutzrichtlinie entschieden hatte.[222]

Art. 2 lit. f) E-Datenschutzrichtlinie verweist für die Definition der Einwilligung auf Art. 2 lit. h) Richtlinie 95/46/EG[223]. Nach Art. 2 lit. h) Richtlinie

218 Vgl. Begründung Regierungsentwurf Gesetz gegen unerlaubte Telefonwerbung, BT-Drucksache 16/10734, S. 13.

219 Auch die Begründung Regierungsentwurf UWG 2004, BT-Drucksache 15/1487, enthält hierzu keine Ausführungen.

220 Vgl. Art. 2 lit. f) E-Datenschutzrichtlinie i.V.m. Art. 2 lit. h) Richtlinie 95/46/EG des Europäischen Parlaments und des Rates vom 24.10.1995 zum Schutz natürlicher Personen bei der Verarbeitung personenbezogener Daten und zum freien Datenverkehr, Amtsblatt Nr. L 281 vom 23.11.1995, S. 31 ff. Siehe hierzu sogleich unter (1).

221 So auch Köhler, NJW 2009, 2567 (2568); Lettl, WRP 2009, 1315 (1324 f.); v. Nussbaum/Krienke, MMR 2009, 372 (375); Tonner/Reich, VuR 2009, 95 (101).

222 Im Rahmen der „Opt-out"- Regelung spielt die Einwilligung keine Rolle, da sie eben gerade nicht erforderlich ist.

223 Richtlinie 95/46/EG vom 24.10.1995 zum Schutz natürlicher Personen bei der Verarbeitung personenbezogener Daten und den Schutz der Privatsphäre in der elektronischen Kommunikation, ABl. EG v. 23.11.1995, Nr. L 281/31.

95/46/EG ist Einwilligung *„jede Willensbekundung, die ohne Zwang, für den konkreten Fall und in Kenntnis der Sachlage erfolgt"*. Dazu stellt Erwägungsgrund 17 E-Datenschutzrichtlinie klar, dass die Einwilligung *„in jeder geeigneten Weise"* gegeben werden kann, *„wodurch der Wunsch des Nutzers in einer spezifischen Angabe zum Ausdruck kommt, die sachkundig und in freier Entscheidung erfolgt; hierzu zählt auch das Markieren eines Feldes auf einer Internet-Website."*

(2) Richtlinienkonforme Auslegung

Aufgrund des Gebots der richtlinienkonformen Auslegung dürfen mittels des Erfordernisses der ausdrücklichen Einwilligung keine strengeren Anforderungen an die Einwilligung aufgestellt werden, als sie die E-Datenschutzrichtlinie aufstellt.[224] Dies ist vor dem Hintergrund problematisch, dass nach der unter UWG 2004 herrschenden Meinung die maßgebliche gemeinschaftsrechtliche Definition der Einwilligung sowohl die ausdrückliche als auch die konkludente Einwilligung umfassen sollte.[225]

Mit dem Erfordernis der Ausdrücklichkeit der Einwilligung werden aber keine strengeren Anforderungen an die Einwilligung gestellt als sie das Gemeinschaftsrecht selbst aufstellt.[226] Vielmehr ergibt eine nähere Betrachtung der Anforderungen des Gemeinschaftsrechts an die Einwilligung, dass, wenn diese Anforderungen erfüllt sind, in aller Regel auch die geforderte Ausdrücklichkeit der Einwilligung in dem oben benannten Sinne gegeben sein dürfte, ohne zu-

224 So auch Hefermehl/Köhler/Bornkamm-*Köhler*, § 7 Rn. 185 zu der vom Wortlaut her identischen Neuregelung in § 7 Abs. 2 Nr. 3 UWG. Nicht nachvollziehbar ist hingegen der Hinweis in § 7 Rn. 147 zu den Anforderungen an die Einwilligung im Zusammenhang mit der Kommentierung zur Telefonwerbung gegenüber Verbrauchern, dass es dem Gesetzgeber freistünde, strengere Anforderungen an die Einwilligung zu stellen, als es die gemeinschaftsrechtliche Definition verlangt, weil er sich damit noch innerhalb des ihm gewährten Gestaltungsspielraumes bewege. Vor dem Hintergrund, dass sich der nationale Gesetzgeber im Rahmen des ihm in Art. 13 Abs. 3 Datenschutzrichtlinie eingeräumten Gestaltungsspielraumes für das „Opt-in"-Prinzip entschieden hat, müssen für § 7 Abs. 2 Nr. 2 1. Alt UWG Datenschutzrichtlinie hinsichtlich der Anforderungen an die Einwilligung dieselben Maßstäbe gelten wie für § 7 Abs. 2 Nr. 3 UWG.

225 Zuletzt ausdrücklich BGH WRP 2008, 1328 (1329 Rz. 16) – *Faxanfrage im Autohandel* zu § 7 Abs. 2 Nr. 3 UWG 2004; OLG Bamberg, GRUR 2007, 167 (168) zu § 7 Abs. 2 Nr. 3 UWG 2004; OLG Stuttgart, WRP 2007, 854 zu § 7 Abs. 2 Nr. 2 und 3 UWG 2004; OLG Frankfurt a.M., GRUR 2005, 964 – *Telefonisches Versicherungsangebot;* OLG Köln, NJW 2005, 2786 (2787) – *Neue Tarife*; OLG Düsseldorf, MMR 2004, 820 zu § 7 Abs. 2 Nr. 3 UWG 2004; Harte/Henning-*Ubber*, § 7 Rn. 152; Hefermehl/Köhler/Bornkamm-*Köhler*, § 7 Rn. 132; Leistner/Pothmann, WRP 2003, 815 (827); Lettl, WRP 2004, 1079 (1122); MükoUWG-*Leible*, § 7 Rn. 108; Tonner/Reich, VuR 2009, 95 (102).

226 Zu der Vereinbarkeit mit der unter UWG 2004 herrschenden Meinung siehe sogleich unter (3).

gleich den Wortsinn von „Ausdrücklichkeit" zu überspannen. Denn nach den gemeinschaftsrechtlichen Vorgaben muss die erforderliche Einwilligung in einer Weise gegeben werden, wodurch der Wunsch des Nutzers in einer *spezifischen Angabe* zum Ausdruck kommt, die sachkundig und in freier Entscheidung erfolgt.[227] Eine diesen Anforderungen entsprechende Erklärung kann durch zusätzliche Unterschrift, individuelles Markieren eines entsprechenden Feldes, oder eine sonst vergleichbare eindeutige Erklärung erfolgen.[228] Liegt aber eine solche spezifische Angabe vor, wird aber in aller Regel auch eine ausdrückliche Einwilligung gegeben sein. Denn der Begriff der spezifischen Angabe bedeutet, dass der Verbraucher etwas explizit im Hinblick auf die Einwilligung in Werbung mit einem Telefonanruf äußert. Dies ist konkludent nicht möglich.[229]

Diese gemeinschaftsrechtlichen Anforderungen ergeben sich zum einen unmittelbar aus Erwägungsgrund 17 E-Datenschutzrichtlinie, der – anders als Art. 2 lit. h) Richtlinie 95/46/EG in der deutschen Fassung – ausdrücklich von einer spezifischen Angabe spricht. Darüber hinaus ergibt sich dieses Erfordernis aber auch aus einem Vergleich mit der englischen und französischen Sprachfassung der Definition der Einwilligung gem. Art. 2 lit. h) Richtlinie 95/46/EG einerseits und Erwägungsgrund 17 E-Datenschutzrichtlinie in deutscher, englischer und französischer Sprachfassung andererseits. Insoweit wird übereinstimmend eine spezifische Angabe gefordert: In der englischen Fassung von Art. 2 lit. h) Richtlinie 95/46/EG ist von *„any freely given <u>specific</u> and informed indication of wishes"*[230] die Rede und die französische Fassung von Art. 2 lit. h) Richtlinie 95/46/EG fordert ebenfalls *„toute manifestation de volonté, libre, <u>spécifique</u> et informé"*[231]. Exakt diese Anforderungen an die Einwilligung in der Richtlinie 95/46/EG finden sich nicht nur in der englischen und französischen Sprachfassung, sondern auch in der deutschen Sprachfassung von Erwägungsgrund 17 E-Datenschutzrichtlinie wieder. Hier ist von *„freely given"*, *„<u>specific</u>"* und *„informed"*[232]

---

227 Erwägungsgrund 17 E-Datenschutzrichtlinie. Vgl. auch BGH BB 2008, 2426 (2428 f, Rz. 28 f.) – *Payback*. Die Entscheidung bezieht sich auf eine vorformulierte Einwilligungserklärung in Bezug auf Werbung unter Verwendung elektronischer Post, siehe hierzu ausführlich unter D.III.1.f). Der BGH leitet das Erfordernis einer gesonderten Erklärung der Einwilligung aus Erwägungsgrund 17 E-Datenschutzrichtlinie (*„spezifische Angabe"*) ab.

228 Vgl. BGH BB 2008, 2426 (2429 Rz. 29 und 31) – *Payback*.

229 So ausdrücklich auch Lettl, WRP 2009, 1315 (1326).

230 *"the data subject's consent" shall mean any freely given specific and informed indication of his wishes [...]."*

231 *"consentement de la personne concernée: toute manifestation de volonté, libre, spécifique et informée [...]."*

232 *"Consent may be given by any appropriate method enabling a freely given specific and informed indication of the user's wishes, [...]."*

bzw. *„librement"*, *„de manière spécifique"* und *„informée"*[233] bzw. *„in freier Entscheidung"*, *„spezifische Angabe"* und *„sachkundig"*[234] die Rede. Inkohärent ist insoweit nur die deutsche Sprachfassung von Art. 2 lit h) Richtlinie 95/46/EG, die von *„ohne Zwang"*, *„für den konkreten Fall"* und *„in Kenntnis der Sachlage"* und nicht von spezifischer Angabe spricht.[235]

Diesen gemeinschaftsrechtlichen Kriterien entsprechend ist die „ausdrückliche Einwilligung" auszulegen. Wie dargelegt, wird aber in der Regel mit dem Vorliegen einer spezifischen Angabe auch das Kriterium der Ausdrücklichkeit bejaht werden können.

(3) Vereinbarkeit mit der unter UWG 2004 herrschenden Meinung

Fraglich ist, wie dieses Ergebnis mit der unter UWG 2004 herrschenden Meinung in Übereinstimmung zu bringen ist, nach der eine Einwilligung im Sinne des § 7 Abs. 2 Nr. 2 1. Alt. UWG richtlinienkonform sowohl ausdrücklich als auch konkludent erfolgen können sollte, obgleich unter UWG 2004 dieselben gemeinschaftsrechtlichen Vorgaben maßgeblich waren. Zur Beantwortung dieser Frage ist die unter § 7 Abs. 2 Nr. 2 1. Alt. UWG 2004 ergangene Rechtsprechung zu analysieren und anschließend mit der heutigen Rechtslage zu vergleichen. Dabei geht es insbesondere darum herauszufinden, ob ein unter § 7 Abs. 2 Nr. 2 UWG 2004 als konkludente Einwilligung gewertetes Verhalten heute auch als ausdrückliche Einwilligung gewertet werden kann. Die Bewertung eines Verhaltens als konkludente Einwilligung unter UWG 2004 steht der Bewertung als ausdrückliche Einwilligung unter der heutigen Rechtslage nicht unbedingt entgegen.[236] Diese Abgrenzungsfrage war unter UWG 2004 aufgrund des insoweit offenen Gesetzestextes in § 7 Abs. 2 Nr. 2 1. Alt. UWG 2004 nicht entscheidungserheblich.

(a) Analyse der Rechtsprechung zu § 7 Abs. 2 Nr. 2 1. Alt. UWG 2004

Die Rechtsprechung verfuhr mit der Bejahung konkludent erteilter Einwilligungserklärungen in der Vergangenheit sehr restriktiv.[237] Soweit ersichtlich,

---

233 *„Le consentement peut être donné selon toute modalité appropriée permettant à l'utilisateur d'indiquer ses souhaits librement, de manière spécifique et informée, [...]."*

234 *"Die Einwilligung kann in jeder geeigneten Weise gegeben werden, wodurch der Wunsch des Nutzers in einer spezifischen Angabe zum Ausdruck kommt, die sachkundig und in freier Entscheidung erfolgt; [...]."*

235 Vgl. Hanloser, CR 2008, 713 (717).

236 jurisPK-*Koch*, § 7 Rn. 261 zu § 7 Abs. 2 Nr. 3; vgl. Köhler, GRUR 2008, 927 (928).

237 Nippe, WRP 2007, 19 (22); *Ohly, Ansgar*, Stellungnahme zum Entwurf eines Gesetzes zur Bekämpfung unerlaubter Telefonwerbung und zur Verbesserung des Verbraucherschutzes bei

wurde unter UWG 2004 in keinem rechtskräftig entschiedenen Fall das Vorliegen einer konkludenten Einwilligung eines Verbrauchers in Telefonwerbung angenommen und damit der Ausschluss der Wettbewerbswidrigkeit begründet.[238] In nur wenigen Fällen wurde das Vorliegen einer konkludenten Einwilligung überhaupt diskutiert und – unter Bezugnahme auf die ebenfalls sehr restriktive Rechtsprechung unter § 1 UWG a.F.[239] –abgelehnt.[240] Dabei wurde das Vorliegen einer konkludenten Einwilligung i.S.d. § 7 Abs. 2 Nr. 2 1. Alt. UWG 2004 – soweit ersichtlich – jeweils im Zusammenhang mit Telefonanrufen bei laufenden Geschäftsbeziehungen erörtert.[241] Insoweit hatte der BGH unter § 1 UWG a.F. in einem obiter dictum ausgeführt, dass Anrufe bei Angabe der Telefonnummer bei Abschluss des Vertrages im Rahmen der bestehenden Vertragsbeziehungen betreffend das konkrete Vertragsverhältnis von einer konkludenten Einwilligung gedeckt seien.[242] Anrufe, die nicht den Bereich des konkreten Vertragsverhältnisses, sondern weitergehende Zwecke betreffen würden, seien demgegenüber in aller Regel nicht von einer konkludenten Einwilligungserklärung gedeckt.[243] Hierzu würden etwa Anrufe zur Vertragserweiterung oder -ergänzung zählen.[244] Mit dieser Argumentation wurde auch in den drei unter UWG 2004 oberlandes-

---

besonderen Vertriebsformen vom 22.01.2009, *http://www.bundestag.de/ausschuesse/a06/anhoerungen/44_unerlaubte_telefonwerbung/04_SV-Stellungnahmen/Stellungnahme_Ohly.pdf*, S. 6 Rn. 19; Seichter/Witzmann, WRP 2007, 699 (702).

238 Allerdings hat der BGH in BGH WRP 2008, 1328 (1330) – *Faxanfrage im Autohandel* unter Verweis auf BGH GRUR 1995, 220 – *Telefonwerbung V* und BGH GRUR 1996, 208 (209) – *Telefaxwerbung* ohne nähere Begründung eine konkludente Einwilligung eines Gewerbetreibenden in Telefaxwerbung durch die Angabe der Telefaxnummer in einer Werbeanzeige angenommen. Siehe hierzu unter D. III. 2. f).

239 Unter § 1 UWG a.F. wurde beispielsweise in Bezug auf folgende Fallgestaltungen das Vorliegen einer konkludenten Einwilligung abgelehnt: Eintrag in das Telefonbuch (BGH WRP 1990, 169 – *Telefonwerbung II);* schriftliche Bitte um Übersendung von Informationsmaterial (BGH WRP 1990, 288 – *Telefonwerbung III)*, Einwilligung gegenüber einem anderen in der Branche tätigen Unternehmen (BGH WRP 1994, 262 – *Lexikothek)*; Schweigen auf eine schriftliche Ankündigung eines Werbeanrufes (BGH WRP 2000, 722 – *Telefonwerbung VI;* BGH WRP 1990, 169 (170) – *Telefonwerbung II)* oder das Unterhalten geschäftlicher Beziehungen (BGH GRUR 1990, 280 (281) – *Telefonwerbung II).*

240 OLG Frankfurt a.M., GRUR 2005, 964 – *Telefonisches Versicherungsangebot;* OLG Köln, NJW 2005, 2786 (2787) – *Neue Tarife;* OLG Stuttgart, WRP 2007, 854 – *Einwilligung zu Telefon- und Telefaxwerbung.*

241 OLG Frankfurt a.M., GRUR 2005, 964 – *Telefonisches Versicherungsangebot;* OLG Köln, NJW 2005, 2786 (2787) – *Neue Tarife;* OLG Stuttgart, WRP 2007, 854 – *Einwilligung zu Telefon- und Telefaxwerbung.*

242 Vgl. BGH GRUR 1995, 220 (221) – *Telefonwerbung V*; vgl. auch BGH WRP 1990, 169 (170) – *Telefonwerbung II.*

243 Vgl. BGH GRUR 1995, 220 (221) – *Telefonwerbung V*; vgl. auch BGH WRP 1990, 169 (170) – *Telefonwerbung II.*

244 Vgl. BGH GRUR 1995, 220 (221) – *Telefonwerbung V.*

gerichtlich entschiedenen Fällen jeweils das Vorliegen einer konkludenten Einwilligung abgelehnt.[245]

Damit ist nachfolgend zu prüfen, wie diese praktisch relevante Fallgruppe möglicher konkludenter Einwilligungserklärungen bei der Angabe einer Telefonnummer auf einem Vertrags- oder Bestellformular unter der heutigen Rechtslage zu beurteilen wäre.

(b) Beurteilung unter § 7 Abs. 2 Nr. 2 UWG

Fraglich ist, ob die Angabe der Telefonnummer auf einem Vertrags- oder Bestellformular ohne weitere Zusätze durch einen Verbraucher grundsätzlich auch als ausdrückliche Einwilligung in die telefonische Kontaktaufnahme des Unternehmers gewertet werden könnte.

Dazu müsste in richtlinienkonformer Auslegung die erforderliche Einwilligung in einer Weise gegeben werden, wodurch der Wunsch des Verbrauchers in diesen Telefonanruf in einer spezifischen Angabe zum Ausdruck kommt, die sachkundig und in freier Entscheidung erfolgt. Die Angabe der Telefonnummer stellt sich als eine mit einer zusätzlichen Unterschrift oder dem individuellen Markieren eines entsprechenden Feldes vergleichbare eindeutige Erklärung der Zustimmung zur telefonischen Kontaktaufnahme dar und erfüllt damit das Erfordernis einer spezifischen Angabe. Aus dem *Payback*-Urteil des BGH geht hervor, dass die Angabe der Mobilfunknummer oder der E-Mail-Adresse in Allgemeinen Geschäftsbedingungen eine – den gemeinschaftsrechtlichen Anforderungen genügende – Einwilligung in den Erhalt von Werbung per SMS oder E-Mail darstellen kann.[246] Dies muss für die Angabe der Telefonnummer in Individualverträgen oder auf individuellen Bestellformularen erst Recht gelten. Eine solche Einwilligung kann auch als ausdrucklich qualifiziert werden[247], ohne den Wortsinn der Ausdrücklichkeit zu überspannen. Aus der Angabe der Telefonnummer geht unmittelbar hervor, dass ein Einverständnis mit telefonischer Kontaktaufnahme durch den (potentiellen) Vertragspartner besteht. Welche Reichweite diese ausdrückliche Einwilligung dann hat, ist eine hiervon zu trennende Frage, die im nächsten Schritt zu erörtern ist.

---

245 OLG Stuttgart, WRP 2007, 854 – *Einwilligung zu Telefon- und Telefaxwerbung*: Angabe Telefonnummer auf Bestellformular kein konkludentes Einverständnis in die „Nachbearbeitung“ von Kunden; OLG Frankfurt a.M., GRUR 2005, 964 – *Telefonisches Versicherungsangebot:* Angabe Telefonnummer bei Vertragsschluss ohne nähere Erläuterung keine konkludente Einwilligung für Anrufe zum Zwecke von Änderungs- oder Ergänzungsangeboten oder der Vertragsverlängerung; OLG Köln, NJW 2005, 2786 (2787) – *Neue Tarife:* Unterhaltung geschäftlicher Beziehungen keine konkludente Einwilligung zum telefonischen Angebot einer Vertragserweiterung.

246 Vgl. BGH BB 2008, 2426 (2429 Rz. 29 und 31) – *Payback.* So auch Grapentin, MMR 2008, 735 (735).

247 So auch Hefermehl/Köhler/Bornkamm-*Köhler*, § 7 Rn. 148.

Auch die Reichweite der Erklärung muss sich unmittelbar aus der Erklärung selbst ergeben. Besteht die Einwilligung allein in der Angabe der Telefonnummer, ist die Reichweite der Einwilligung in die Telefonwerbung zum Schutz des Verbrauchers auf den Gegenstand des konkreten Vertragsverhältnisses bzw. der konkreten Bestellung beschränkt.[248] Betrifft der Anruf andere Zwecke als die konkrete Vertragsbeziehung, wäre dieser nicht von der ausdrücklichen (aber ebenso wenig von einer konkludenten) Einwilligung gedeckt. Vielmehr wären hierzu im Einklang mit den gemeinschaftsrechtlichen Anforderungen und der bisherigen Rechtsprechung erforderlich, die werbenden Unternehmen sowie die zu bewerbenden Produkte und Dienstleistungen konkret zu benennen.[249]

(c) Bewertung und Zwischenergebnis

Die Analyse zeigt zum einen anschaulich, dass der praktische Anwendungsbereich der konkludenten Einwilligungserklärung sehr gering war. Aufgrund der insoweit – vor dem Hintergrund der gemeinschaftsrechtlichen Vorgaben richtigen – äußerst restriktiven Handhabung, spielte die konkludente Einwilligung in der wettbewerbsrechtlichen Praxis eine nur sehr geringe und damit eine eher theoretische Rolle. Grund hierfür war neben der strikten Handhabung durch die Rechtsprechung nicht zuletzt auch die Beweispflicht des Unternehmers in Bezug auf das Vorliegen der Einwilligung.

Zum anderen zeigt die Analyse, dass in Bezug auf diese praktisch relevante Fallgruppe von der Rechtsprechung zwar von einer konkludenten Einwilligung die Rede war, in diesen Fällen aber mit guten Gründen auch eine ausdrückliche Einwilligung hätte angenommen werden können. Insoweit bedarf es nunmehr ein Umdenken in der Weise, dass die Begriffe konkludent und ausdrücklich in diesem Zusammenhang nicht als Gegensatzpaar begriffen werden dürfen.[250] Die Übergänge zwischen ausdrücklicher und konkludenter Einwilligung sind fließend.[251] Auf diese Weise lässt sich auch der – vermeintliche – Widerspruch mit der unter UWG 2004 herrschenden Auffassung lösen.

(4) Ausdrücklichkeitserfordernis als Präzisierung oder als materiell-rechtliche Verschärfung?

Vor dem Hintergrund, dass der maßgebliche gemeinschaftsrechtliche Rahmen für die Telefonwerbung gegenüber Verbrauchern derselbe geblieben ist, und sich

248 So auch Lettl, WRP 2009, 1315 (1327).

249 Vgl. auch Hefermehl/Köhler/Bornkamm-*Köhler*, § 7 Rn. 186; vgl. Lettl, WRP 2009, 1315 (1327).

250 Die Begriffe stammen aus dem Bürgerlichen Recht und haben in das Gemeinschaftsrecht (bislang) keinen Eingang gefunden.

251 Köhler, GRUR 2008, 927 (928); jurisPK-*Koch*, § 7 Rn. 261.

die unter UWG 2004 praktisch relevanten Fälle konkludenter Einwilligungserklärungen auch als ausdrückliche Einwilligungserklärungen qualifizieren lassen, ist die Einführung des Ausdrücklichkeitserfordernisses als Präzisierung und nicht als materiell-rechtliche Verschärfung zu begreifen.[252]

Dieses Ergebnis deckt sich auch mit dem Willen des Gesetzgebers. Aus der Begründung des Regierungsentwurfes zu dem Gesetz gegen unerlaubte Telefonwerbung geht nicht hervor, dass der Gesetzgeber eine Verschärfung der geltenden Rechtslage beabsichtigte.[253] In der Begründung zu dem Gesetz gegen unerlaubte Telefonwerbung heißt es zu dem Erfordernis der Ausdrücklichkeit daher auch, dass Anrufe im Rahmen der Erfüllung vertraglicher Nebenpflichten weiterhin möglich sein sollen.[254] Ebenfalls deckt sich dieses Ergebnis mit der Stellungnahme des Bundesrates zu dem Gesetzesvorschlag, in welcher das Änderungsvorhaben als „*Präzisierung*" der Anforderungen an die Einwilligung bezeichnet wird.[255] Auch in der Begründung des Regierungsentwurfes zu dem Änderungsgesetz, in welches die Änderung in § 7 Abs. 2 Nr. 2 1. Alt. UWG zunächst hätte aufgenommen werden sollen[256], ist im Hinblick auf die Installation des Erfordernisses der ausdrücklichen Einwilligung von Präzision der Zulässigkeitsvoraussetzungen für Werbeanrufe gegenüber einem Verbraucher die Rede.[257]

252 A.A. Köhler, NJW 2009, 2567 (2568), allerdings mit dem Zusatz, dass die materiell-rechtliche Verschärfung für die Praxis weitgehend bedeutungslos sein würde; Ufer, K&R 2008, 493 (497); von Wallenberg, BB 2009, 1768 (1769).

253 So auch Ufer, K & R 2008, 493 (497), der aber dennoch meint, dass es sich bei dem Ausdrücklichkeitserfordernis um eine deutliche Steigerung der Voraussetzungen für zulässige Telefonwerbung handelt.

254 Begründung Regierungsentwurf Gesetz gegen unerlaubte Telefonwerbung, BT-Drucksache 16/10734, S. 13: „*Hiervon unberührt bleibt ein Anruf eines Unternehmers oder einer Unternehmerin bei einem Kunden oder einer Kundin, um im Rahmen eines bestehenden Vertragsverhältnisses eine vertragliche Nebenpflicht zu erfüllen.*" Der Grund dafür liegt aber nicht etwa darin begründet, dass es sich bei einem solchen Anruf nicht um Werbung handeln würde. Dies suggeriert die Begründung des Regierungsentwurfes („*Ein solcher Anruf – bei dem es sich nicht um Werbung handelt – bleibt auch weiterhin möglich.*"). Denn würden einem Werkstattkunden beispielsweise unerwartete Mängel an seinem Auto telefonisch mitgeteilt, würde es sich um eine Äußerung mit dem Ziel, eine weitere Dienstleistung zu erbringen, und mithin um Werbung handeln (vgl. *Ohly,* Stellungnahme zum Entwurf eines Gesetzes zur Bekämpfung unerlaubter Telefonwerbung und zur Verbesserung des Verbraucherschutzes bei besonderen Vertriebsformen vom 22.01.2009, a.a.O., S. 7 Rz. 20).

255 BT-Drucksache 16/10734, Anlage 3, S. 19 f.

256 Siehe hierzu oben unter C. III. 1.

257 Begründung Regierungsentwurf Änderungsgesetz, BT-Drucksache 16/10145, S. 30 zu § 7 UWG.

(5) Vereinbarkeit mit Art. 13 Abs. 3 E-Datenschutzrichtlinie

Die Gemeinschaftsrechtskonformität der Neuregelung in § 7 Abs. 2 Nr. 2 1. Alt. UWG könnte des Weiteren vor Erwägungsgrund 42 E-Datenschutzrichtlinie fraglich sein, in dem der Richtliniengeber den für die Telefonwerbung in Art. 13 Abs. 3 E-Datenschutzrichtlinie eingeräumten Gestaltungsspielraum erläutert. Hiernach *„sollten die Mitgliedstaaten [...] einzelstaatliche Systeme beibehalten können, bei denen solche an Teilnehmer und Nutzer gerichtete Anrufe nur gestattet werden, wenn diese vorher ihre Einwilligung gegeben haben"*, damit *„das bestehende Niveau des Schutzes der Privatsphäre nicht gesenkt wird"*. Nimmt man *„beibehalten"* und den dahinter stehenden Gedanken der Liberalisierung der Telefonwerbung in der Europäischen Gemeinschaft ernst, so könnte demnach die Präzisierung der Anforderungen an die Zulässigkeit der Telefonwerbung nach nationalem Recht nicht zulässig sein.[258]

Die erforderliche Einwilligung der Verbraucher ist – wie bereits unter UWG 2004 – gemeinschaftsrechtskonform auszulegen. Wie oben dargelegt, handelt es sich vor diesem Hintergrund und auch bei näherer Betrachtung der zu § 7 Abs. 2 Nr. 2 1. Alt. UWG ergangenen Rechtsprechung um eine Präzisierung und nicht um eine Verschärfung der Anforderungen an die Einwilligung, so dass vor diesem Hintergrund eine Gemeinschaftsrechtswidrigkeit ausscheidet.

(6) Bewertung

Die Einführung des Ausdrücklichkeitserfordernisses ist insbesondere vor den in der Begründung zum Regierungsentwurf des Gesetzes gegen unerlaubte Telefonwerbung benannten ursprünglichen Zielen sehr kritisch zu bewerten, wonach die Durchsetzung des geltenden Rechts verbessert und zudem bei Verbrauchern und Unternehmen gleichermaßen für Rechtsklarheit gesorgt werden sollte.[259] Es steht nicht zu erwarten, dass diese beiden Ziele mit der Einführung des Ausdrücklichkeitserfordernisses erreicht werden.

Ein Gewinn an Rechtssicherheit und Rechtsklarheit ist nicht ersichtlich.[260] Die ausdrückliche Einwilligung kann – mangels Anordnung einer Textform[261] –

---

258 Tonner/Reich, VuR 2009, 95 (102).

259 Begründung Regierungsentwurf Gesetze gegen unerlaubte Telefonwerbung, BT-Drucksache 16/10734, S. 13.

260 So auch *Ohly,* Stellungnahme zum Entwurf eines Gesetzes zur Bekämpfung unerlaubter Telefonwerbung und zur Verbesserung des Verbraucherschutzes bei besonderen Vertriebsformen vom 22.01.2009, a.a.O., S. 7 Rn. 21.

261 Diese Lösung hatte der Bundesrat vorgeschlagen, BT-Drucksache 16/10734, Anlage 3, S. 19 f. Die vorgeschlagene Ergänzung hatte der Bundesrat aus dem Beschluss des Bundesrates zum Änderungsgesetz, BR-Drucksache 345/08, übernommen, welche mit dem Änderungsgesetz – wie oben dargelegt – nicht weiter verfolgt worden war.

auch weiterhin schriftlich und mündlich erteilt werden mit der Folge, dass eine verbesserte Rechtsdurchsetzung bei unerlaubter Telefonwerbung gegenüber Verbrauchern nicht zu erwarten ist.[262] Vielmehr ist damit zu rechnen, dass das Ausdrücklichkeitserfordernis die Rechtsunsicherheit in Einzelfällen noch weiter erhöht. Denn, wie der obige Begründungsaufwand zur Richtlinienkonformität der ausdrücklichen Einwilligung und der Vereinbarkeit mit der unter UWG 2004 herrschenden Auffassung zeigt, gibt es bislang keine einheitliche, gefestigte Rechtsauffassung darüber, wann eine Einwilligung dem Ausdrücklichkeitserfordernis entspricht. Dies muss sich in Zukunft erst noch herausbilden.

Vor dem Hintergrund der bestehenden Unsicherheiten hinsichtlich der Anforderungen an eine Einwilligungserklärung wäre es sinnvoll gewesen, statt des Begriffes Ausdrücklichkeit die (gemeinschaftsrechtlichen) Kriterien mit in den Gesetzestext aufzunehmen, um damit näher zu konkretisieren, welche Form und welchen Inhalt die Einwilligungserklärung haben darf bzw. muss.[263]

Diese Ergänzung ist auch nicht erforderlich, um den neuen Bußgeldtatbestand in § 20 UWG so zu formulieren, dass er dem straf- und bußgeldrechtlichen Bestimmtheitsgebot genügt.[264] Dieses erfordert keine Ausdrücklichkeit der Einwilligung, zumal es keine gefestigte Auffassung darüber gibt, was diesen Anforderungen entspricht.

(7) Zusammenfassung der Ergebnisse

Mit dem Ausdrücklichkeitserfordernis stellt § 7 Abs. 2 Nr. 2 1. Alt. UWG keine strengeren Kriterien auf als die E-Datenschutzrichtlinie vorsieht und ist richtlinienkonform. Denn die E-Datenschutzrichtlinie fordert eine spezifische Angabe. Liegt eine solche vor, wird in aller Regel auch die geforderte Ausdrücklichkeit gegeben sein. Dieses Ergebnis ist auch mit der unter UWG 2004 herrschenden Meinung zu vereinbaren, nach der die Einwilligung sowohl konkludent als auch ausdrücklich erfolgen können sollte. Denn eine Analyse der Rechtsprechung unter UWG 2004 zeigt, dass die konkludente Einwilligung nur äußerst restriktiv gehandhabt wurde und in diesen Fällen auch eine ausdrückliche Einwilligung hätte angenommen werden können. Die Übergänge zwischen ausdrücklich und konkludent sind fließend; sie stellen kein Gegensatzpaar dar. Vor diesem Hintergrund stellt sich die Einführung des Ausdrücklichkeitserfordernisses auch nicht als materiell-rechtliche Verschärfung, sondern als Präzisierung der Rechtslage dar.

---

262 So auch der Bundesrat in seiner Stellungnahme zum Regierungsentwurf des Gesetzes gegen unerlaubte Telefonwerbung, BT-Drucksache 16/10734, S. 19 f.

263 Ähnlich auch Ufer, K & R 2008, 493 (497).

264 So aber die Begründung Regierungsentwurf Gesetz gegen unerlaubte Telefonwerbung, BT-Drucksache 16/10734, S. 13.

f) *Einwilligung des Verbrauchers in Telefonwerbung durch eine vorformulierte Einwilligungserklärung*

Die Fragestellung, ob die erforderliche Einwilligung des Verbrauchers auch wirksam formularmäßig erteilt werden kann, ist für Telefonwerbung betreibende Unternehmen von erheblicher praktischer Relevanz. Denn für das Massengeschäft kommt als einzig praktikabler Weg letztlich nur eine vom Unternehmer vorformulierte Einwilligung in Betracht.[265] Anlass zur näheren Betrachtung dieses Punktes im Rahmen dieser Arbeit gibt – neben der Einführung des Ausdrücklichkeitserfordernisses – das *Payback*-Urteil des BGH[266], mit dem der BGH in einem obiter dictum zu den Anforderungen des § 7 Abs. 2 Nr. 3 UWG 2004 an eine vorformulierte Einwilligungserklärung in den Erhalt von Werbung per E-Mail und SMS einerseits sowie Briefpost andererseits Stellung genommen hat.[267] Wie nachfolgend dargestellt wird, ist diese Rechtsprechung des BGH durch die UWG Novelle 2008 und das Gesetz gegen unerlaubte Telefonwerbung nicht in Frage gestellt worden. Vielmehr entspricht die Linie des BGH den neuen Anforderungen des § 7 Abs. 2 Nr. 3 UWG (und § 7 Abs. 2 Nr. 2 UWG) in Bezug auf die Ausdrücklichkeit der Einwilligung.[268]

Der BGH musste sich im *Payback*-Urteil nicht mit den Voraussetzungen der telefonischen Werbung auseinandersetzen, da diese nicht streitgegenständlich war. Somit gilt es nachfolgend zu erörtern, ob und inwieweit die im *Payback*-Urteil des BGH postulierten Voraussetzungen für eine wirksame formularmäßige Einwilligung auf die Telefonwerbung übertragbar sind. Dies ist vor dem Hintergrund besonders relevant, als dass nach den bisherigen Entscheidungen des BGH zu formularmäßigen Einwilligungserklärungen in Telefonwerbung[269] davon ausgegangen werden musste, dass eine wirksame Einwilligung per AGB nicht möglich ist[270].[271] Bevor dieser Punkt diskutiert wird, werden nachfolgend als Ausgangslage

265 Vgl. Köhler, NJW 2009, 2567 (2568); Pauli, WRP 2009, 1192 (1193); Seichter, jurisPR-WettbR 7/2009, Anm. 5.

266 BGH BB 2008, 2426 ff. – *Payback.*

267 Es gilt zu berücksichtigen, dass es sich bei der durch den BGH zu bewertenden Klausel auch um eine datenschutzrechtliche Einwilligung handelte, und der BGH diese Klausel somit auch unter datenschutzrechtlichen Aspekten prüfte. Hierauf soll angesichts des Themas dieser Arbeit sogleich nur kurz unter D. III. 1. f) dd) (5) eingegangen werden.

268 So auch Lettl, WRP 2009, 1315 (1329); v. Nussbaum/Krienke, MMR 2009, 372.

269 BGH MMR 1999, 477 (478) – *Formularmäßige Einverständniserklärung zur Telefonwerbung*; BGH WRP 1999, 847 (851) – *Private Vorsorge bei Arbeitslosigkeit*; BGH NJW 2000, 2677 – *Telefonwerbung VI.*

270 So zuletzt auch die Bundesregierung in ihrer Gegenäußerung zu der Stellungnahme des Bundesrates zu dem Entwurf eines Gesetzes gegen unerlaubte Telefonwerbung, BT-Drucksache 16/10734, S. 24, wo es ausdrücklich heißt: *„Eine Einwilligung in Telefonwerbung kann nach*

zunächst die Gründe für die Anwendbarkeit der §§ 305 ff. BGB kurz dargelegt sowie die bisherige Rechtsprechung zu formularmäßig erteilten Einwilligungserklärungen in Telefonwerbung vorgestellt.

aa) Anwendung der §§ 305 ff. BGB

Eine vom Werbenden vorformulierte Einwilligungserklärung, die im Zusammenhang mit einem Vertragsverhältnis steht, unterliegt der AGB-Kontrolle nach den §§ 305 ff. BGB.[272] Die Anwendbarkeit dieser Regelungen ist nicht ganz unproblematisch, weil eine Einwilligung aufgrund ihrer Rechtsnatur und der darin liegenden Einseitigkeit nicht ohne Weiteres als Vertragsbedingung anzusehen ist.[273] Nach der Rechtsprechung findet eine AGB-Kontrolle aber nach den §§ 305 ff. BGB mit der Begründung statt, dass der Verwender einseitig seine rechtsgeschäftliche Gestaltungsfreiheit für sich in Anspruch nehme und der Kunde auf ihren Inhalt keinen Einfluss habe.[274] Dies gelte auch dann, wenn der Verwender dem Kunden die Wahl zwischen mehreren Alternativen lässt.[275]

bb) Bisherige Rechtsprechung des BGH

Nach der Rechtsprechung des XI. und IV. Senats des BGH stellt eine vorformulierte Einwilligung in Telefonwerbung generell eine unangemessene Benachteiligung des Kunden dar.[276] Das Erfordernis eines ausdrücklichen oder konkludenten Einverständnisses schließe eine Herbeiführung der Einverständniserklärung durch AGB aus. Jede andere Sicht der Dinge würde zur Nachahmung ermuntern

---

derzeitiger Rechtslage nicht wirksam durch eine vom Unternehmer vorformulierte und vom Verbraucher unterschriebene Erklärung abgegeben werden. […].“

271 Angemerkt sei insoweit allerdings, dass vorformulierte Einwilligungserklärungen – jedenfalls vor Inkrafttreten des Gesetzes gegen unerlaubte Telefonwerbung – dennoch gängige Praxis waren. Es bestand und besteht jedoch erhebliche Rechtsunsicherheit.

272 So ausdrücklich BGH, Urteil vom 11.11.2009, Az. VIII ZR 12/08 – *Happy Digits*; BGH BB 2008, 2426 ff. – Payback; BGH MMR 1999, 477 – *Formularmäßige Einverständniserklärung zur Telefonwerbung*; BGH NJW 2000, 2677 – *Telefonwerbung VI*; OLG Hamburg, MMR 2009, 557; OLG Köln, WRP 2008, 1130 ff.; OLG Hamm, VuR 2008, 54 f.; OLG Köln, MMR 2009, 470 f.

273 Seichter/Witzmann, WRP 2007, 699 (704).

274 BGH NJW 2000, 2677 – *Telefonwerbung VI;* BGH MMR 1999, 477 – *Formularmäßige Einverständniserklärung zur Telefonwerbung*; OLG Köln, MMR 2009, 470.

275 BGH NJW 2000, 2677 – *Telefonwerbung VI*; BGH MMR 1999, 477; v. Nussbaum/Krienke, MMR 2009, 372 (376).

276 BGH MMR 1999, 477 (478) – *Formularmäßige Einverständniserklärung zur Telefonwerbung*: Vorformulierte Klausel auf einem Kontoeröffnungsformular mit gesonderter Unterschrift; BGH WRP 1999, 847 (851) – *Private Vorsorge bei Arbeitslosigkeit*: Einwilligungsklausel unter „Erläuterungen“ auf der Rückseite des Vertragsformulars.

und zu eben der massiven Belästigung führen, der das Erfordernis der ausdrücklichen oder konkludenten Einwilligung entgegenwirken solle.[277] Nach der Rechtsprechung des I. Zivilsenats[278] führt eine vorformulierte Einwilligungserklärung jedenfalls dann zu einer unangemessenen Benachteiligung, wenn sie sich nicht auf Werbung des Vertragspartners im Rahmen des angebahnten konkreten Vertragsverhältnisses beschränke.[279]

Diese höchstrichterliche Rechtsprechung entsprach den zu dem Zeitpunkt der Rechtsprechung maßgeblichen gemeinschaftsrechtlichen Vorgaben. Insoweit erwähnte der I. Zivilsenat in seinem Urteil auch ausdrücklich, dass seine Beurteilung der streitgegenständlichen Telefonwerbung als wettbewerbswidrig der Fernabsatzrichtlinie[280] nicht entgegenstünde.[281] Diese Richtlinie enthielt nur eine Mindestregelung, die den Mitgliedstaaten grundsätzlich einen weitergehenden Schutz der Verbraucher freistellte (Art. 14 Fernabsatzrichtlinie[282]).[283]

cc) Bewertung der bisherigen Rechtsprechung

Die Rechtsprechung des IV. und XI. Zivilsenats ist in der Literatur zu Recht heftig kritisiert worden.[284] Dass jede formularmäßige Einwilligungserklärung zur Telefonwerbung mit dem wesentlichen Grundgedanken von § 7 Abs. 2 Nr. 2 1. Alt. UWG nicht zu vereinbaren ist, kann gerade nicht angenommen werden. Eine „automatisierte" Abweichung von der geltenden Rechtslage kann bereits deswegen nicht überzeugen, da Art. 13 Abs. 3 E-Datenschutzrichtlinie und § 7 Abs. 2

277 BGH MMR 1999, 477 (478) – *Formularmäßige Einverständniserklärung zur Telefonwerbung*; BGH WRP 1999, 847 (851) – *Private Vorsorge bei Arbeitslosigkeit*.

278 BGH NJW 2000, 2677 – *Telefonwerbung VI:* in Antragsformular vorformulierte Einwilligung mit Ankreuzkästchen und Wahlmöglichkeit. Dieser Rechtsprechung folgend OLG Köln, WRP 2008, 1130 (1131) und OLG Hamm, VuR 2008, 54 (55).

279 Die Rechtsprechung des I. Zivilsenats des BGH ist nicht ganz eindeutig und wird daher teilweise in einem Atemzug mit der Rechtsprechung des IV. und XI. Zivilsenats genannt, teilweise aber auch als Beleg für eine differenziertere Auffassung angeführt, wie zuletzt durch das OLG Köln, WRP 2008, 1130 (1131).

280 Siehe oben unter B.II.2. Wie dort dargelegt, sind die Regelungen zu unerbetenen Nachrichten zum Zwecke der Direktwerbung in der Fernabsatzrichtlinie durch Art. 13 E-Datenschutzrichtlinie überholt worden.

281 BGH NJW 2000, 2677 (2678) – *Telefonwerbung VI.*

282 Art. 14 Fernabsatzrichtlinie: *„Die Mitgliedstaaten können in dem unter diese Richtlinie fallenden Bereich mit dem EG-Vertrag in Einklang stehende strengere Bestimmungen erlassen oder aufrechterhalten, um ein höheres Schutzniveau für die Verbraucher sicherzustellen. [...]."*

283 BGH NJW 2000, 2677 (2678) – *Telefonwerbung VI;* so auch Schmittmann, MMR 1999, 478 (479).

284 Ayad/Schafft, BB 2002, 1711 (1713); Engels/Stulz-Herrnstadt, WRP 2005, 1218 (1222); Piper/Ohly-*Ohly*, § 7 Rn. 51; Seichter/Witzmann, WRP 2007, 699 (704).

Nr. 2 1. Alt. UWG (sowie auch die Rechtsprechung) die Telefonwerbung im Falle der Einwilligung ausdrücklich billigt.[285]

Würden in der Praxis die Grundsätze des BGH strikt befolgt, würde diese Rechtsprechung praktisch zu einem vollständigen Verbot der Telefonwerbung führen.[286] Denn im Hinblick darauf, dass Unternehmen eine Einwilligung in der Praxis fast nur durch AGB einholen können und der BGH hierin grundsätzlich eine unangemessene Benachteiligung i.S.d. § 307 Abs. 1 BGB sieht, ist es danach für Telefonwerbung betreibende Unternehmen so gut wie unmöglich, wirksam eine Einwilligungserklärung für die Telefonwerbung zu erhalten.[287] Ein praktisch völliges Verbot der Telefonwerbung im privaten Bereich steht aber nicht im Einklang mit dem europäischen Recht, da nach Art. 13 Abs. 3 E-Datenschutzrichtlinie die Telefonwerbung zumindest bei Vorliegen einer Einwilligung möglich sein muss. Anders als die Fernabsatzrichtlinie sieht die E-Datenschutzrichtlinie nicht nur einen Mindest-, sondern zugleich auch den zulässigen Höchststandard in Bezug auf die Telefonwerbung vor.[288] Auch dies ist bei der AGB-rechtlichen Beurteilung zu berücksichtigen.[289]

Zudem entspricht die benannte höchstrichterliche Rechtsprechung nicht dem Schutzbedürfnis eines durchschnittlich informierten und verständigen Verbrauchers, der durchaus auch ein Interesse an telefonischer Information haben kann. Er muss nicht per se vor Telefonwerbung bewahrt werden.[290] Vielmehr wird seinem Schutzbedürfnis durch das Transparenzgebot i.S.d. § 307 Abs. 1 BGB und dem Verbot überraschender Klauseln i.S.d. § 305 c BGB Rechnung getragen.[291]

Es ist dringend notwendig, diesbezüglich Rechtssicherheit zu erlangen. Im Folgenden wird daher geprüft, ob bis zu einem Urteil des BGH zu vorformulierten Einwilligungserklärungen zur Telefonwerbung die in dem *Payback*-Urteil aufgestellten Grundsätze auch entsprechend für die Telefonwerbung angewendet werden können, und – wenn ja – welche Kriterien eine vorformulierte Einwilligung zur Telefonwerbung nach dem *Payback*-Urteil erfüllen müsste.

---

285 Vgl. Pauli, WRP 2009, 1192 (1193); Seichter, jurisPR-WettbR 7/2009, Anm. 5.

286 Vgl. Ayad/Schafft, BB 2002, 1711 (1713); Engels/Stulz-Herrnstadt, WRP 2005, 1218 (1222); v. Nussbaum/Krienke, MMR 2009, 372 (376); Seichter/Witzmann, WRP 2007, 699 (704); vgl. Seichter, jurisPR-WettbR 7/2009, Anm. 5.

287 Vgl. Ayad/Schafft, BB 2002, 1711 (1713); Engels/Stulz-Herrnstadt, WRP 2005, 1218 (1222); v. Nussbaum/Krienke, MMR 2009, 372 (376); Seichter/Witzmann, WRP 2007, 699 (704).

288 Vgl. Hanloser, CR 2008, 713 (718) zur E-Mail- und SMS-Werbung.

289 Vgl. BGH NJW-RR 2005, 1161 (1162); Engels/Stulz-Herrnstadt, WRP 2005, 1218 (1222); Seichter/Witzmann, WRP 2007, 699 (704).

290 So auch Pauli, WRP 2009, 1192 (1193).

291 So auch Pauli, WRP 2009, 1192 (1193). Siehe hierzu auch sogleich unter dd)(4).

dd) Payback-Urteil des BGH

Der BGH hat in seinem *Payback*-Urteil in einem obiter dictum ausgeführt, dass eine vorformulierte Einwilligung zur E-Mail- und SMS-Werbung im Wege einer – gewissen Kriterien entsprechenden – „Opt-in"-Erklärung im Sinne des *Payback*-Urteils[292] den Anforderungen des § 7 Abs. 2 Nr. 3 UWG 2004 genügen kann.[293]

(1) Klarstellung der verwendeten Begrifflichkeiten „Opt-in" und „Opt-out"

Zunächst sind klarstellend die vom BGH in dem Urteil verwendeten Begrifflichkeiten Opt-in" und „Opt-out" im Sinne des *Payback*-Urteils zu definieren, da er diese Begrifflichkeiten nicht im Sinne der Einwilligungs- oder Widerspruchslösung verwendet[294], sondern mit diesen Begrifflichkeiten unterschiedliche Gestaltungsformen der vorformulierten Einwilligungsklausel beschreibt.[295] Eine „Opt-in"-Erklärung definiert der BGH dabei als *„gesonderte Erklärung"*[296] der Einwilligung *„durch zusätzliche Unterschrift oder individuelles Markieren eine entsprechenden Feldes"*[297]. Als – eine den Anforderungen des § 7 Abs. 2 Nr. 3 UWG nicht genügende – „Opt-out"-Erklärung bezeichnet der BGH demgegenüber *„Einwilligungsklauseln, die so gestaltet sind, dass der Kunde tätig werden und ein Kästchen ankreuzen muss, wenn er seine Einwilligung in die Zusendung von Werbung unter Verwendung von elektronischer Post nicht erteilen will"*.[298] Mit „Opt-in"-Erklärung ist demnach eine Ankreuzlösung[299] und mit der „Opt-out"-Erklärung eine Auskreuzlösung[300] gemeint.[301]

---

292 Siehe zur Begriffsbestimmung sogleich unter (1).

293 Dies wurde mit BGH, Urteil vom 11.11.2009, Az. VIII ZR 12/08 – *Happy Digits* bestätigt. Dies kann der Pressemitteilung des BGH Nr. 228/09 vom 11.11.2009 entnommen werden. Die Urteilsgründe wurden bislang nicht veröffentlicht.

294 Siehe hierzu oben unter B. I. 2.

295 Hanloser, CR 2008, 713 (714) spricht insoweit von „Opt-in" im weiten Sinne als Einwilligungslösung und „Opt-in" im engen Sinne als Gestaltungsform im Rahmen der Einwilligungslösung.

296 BGH BB 2008, 2426 (2428, Rz. 27) – *Payback*.

297 BGH BB 2008, 2426 (2428, Rz. 28) – *Payback*.

298 Dass eine solche Klausel den Anforderungen des § 7 Abs. 2 Nr. 3 UWG nicht genügt, hat der BGH mit Urteil vom 11.11.2009, Az. VIII ZR 12/08 – *Happy Digits* bestätigt, vgl. Pressemitteilung des BGH Nr. 228/09 vom 11.11.2009.

299 *„Bitte hier ankreuzen/anklicken, wenn die Einwilligung für [...] erteilt wird."*

300 *„Bitte hier ankreuzen/anklicken, wenn die Einwilligung für [...] nicht erteilt wird."*

301 So auch Hanloser, CR 2008, 713 (714); vgl. Grapentin, MMR 2008, 735 f.

(2) Übertragbarkeit der Grundsätze auf die Telefonwerbung?

Nach dem *Payback*-Urteil kann eine vorformulierte Einwilligung (nur) dann den Anforderungen des § 7 Abs. 2 Nr. 3 UWG 2004 genügen, wenn sie als „Opt-in"-Erklärung in dem oben dargestellten Sinne gestaltet ist. Der BGH leitet die Anforderungen an eine formularmäßige Einwilligungserklärung in den Erhalt von E-Mail- und SMS-Werbung aus der Definition der Einwilligung gem. Art. 2 lit. f) E-Datenschutzrichtlinie i.V.m. Art. 2 lit. h) Richtlinie 95/46/EG und Erwägungsgrund 17 E-Datenschutzrichtlinie ab.[302] In Bezug auf die Definition der Einwilligung im Rahmen von § 7 Abs. 2 Nr. 2 und 3 UWG gelten dieselben Anforderungen, da sich der Gesetzgeber, wie dargelegt, auch in § 7 Abs. 2 Nr. 2 UWG in Umsetzung von Art. 13 Abs. 3 E-Datenschutzrichtlinie für die „Opt-in"-Lösung i.S.d. Einwilligungslösung entschieden hat. Der Begriff der Einwilligung in § 7 Abs. 2 Nr. 2 und 3 UWG geht auf dieselben gemeinschaftsrechtlichen Vorgaben zurück, so dass er grundsätzlich auch in derselben Weise richtlinienkonform auszulegen ist. Vor diesem gemeinschaftsrechtlichen Hintergrund können demnach diesbezüglich für die Telefonwerbung keine anderen Anforderungen gelten als für die Werbung unter Verwendung elektronischer Post. Ist eine vorformulierte Einwilligung zur E-Mail- oder SMS-Werbung unter Berücksichtigung des Gemeinschaftsrechts unter den näher bezeichneten Anforderungen zulässig, so muss dies auch für die Telefonwerbung gelten.

Dafür spricht auch, dass der BGH in dieser Entscheidung unter Bezugnahme auf die Gesetzesmaterialien zu § 7 Abs. 2 Nr. 2 UWG 2004 die „Opt-in"-Lösung i.S.d. Einwilligungslösung[303] der Regelung zu § 7 Abs. 2 Nr. 3 UWG 2004 gleichsetzt.[304] Aus dieser Bezugnahme des BGH geht hervor, dass auch nach seiner Ansicht die jeweils in § 7 Abs. 2 Nr. 2 UWG 2004 und § 7 Abs. 2 Nr. 3 UWG 2004 gewählte „Opt-in"-Lösung i.S.d. Einwilligungslösung denselben – gemeinschaftsrechtlichen – Anforderungen unterliegen, und in diesem Rahmen der gewählten „Opt-in"-Lösung dementsprechend auch die „Opt-in"-Erklärung denselben Anforderungen unterliegt.

Fraglich ist, ob sich Unterschiede für die Bewertung daraus ergeben können, dass der BGH die Anforderung einer gesonderten Erklärung für eine wirksame vorformulierte Einwilligungserklärung unter Bezugnahme auf Erwägungsgründe 5 und 6 E-Datenschutzrichtlinie auch mit den neuen Risiken für die Privatsphäre durch öffentliche Kommunikationsnetze begründet.[305] Dies könnte dazu führen,

302 BGH BB 2008, 2426 (2428, Rz. 28) – *Payback*.

303 Vgl. Grapentin, MMR 2008, 735; Hanloser, CR 2008, 713 (714).

304 BGH BB 2008, 2426 (2428, Rz. 30) – *Payback* unter Bezugnahme auf die Begründung des Regierungsentwurfes UWG 2004, BT-Drucksache 15/1487, S. 21 zu § 7 UWG.

305 BGH BB 2008, 2426 (2429, Rz. 28) – *Payback*.

dass weniger strenge Kriterien an vorformulierte Einwilligungen in Telefonwerbung zu stellen sein könnten. Denn die Möglichkeit der telefonischen Ansprache besteht seit Jahrzehnten, wie nicht zuletzt das bereits im Jahr 1970 zur Telefonwerbung ergangene Urteil des BGH zeigt.[306] Auch in Bezug auf die Telefonwerbung haben die modernen Möglichkeiten der Datenspeicherung und des Datenabgleichs neue Risiken für den Verbraucher geschaffen, massiv auch telefonisch im Wege des Direktmarketings in seiner Privatsphäre beeinträchtigt zu werden.[307] Daher ist die Telefonwerbung auch in der E-Datenschutzrichtlinie geregelt worden, wenn dem nationalen Gesetzgeber in Art. 13 Abs. 3 E-Datenschutzrichtlinie auch – anders als in Bezug auf die E-Mail-Werbung gegenüber Verbrauchern – die Wahl zwischen der Widerspruchs- und der Einwilligungslösung gelassen wurde.

Zudem ist auch angesichts der bisherigen Rechtsprechung des BGH nicht damit zur rechnen, dass er die Telefonwerbung weniger strengen Kriterien als die E-Mail-Werbung unterwerfen würde. Zuletzt in 2004 hat der BGH betont, dass vor dem Hintergrund, dass, anders als der Telefonteilnehmer, der E-Mail-Empfänger selbst entscheiden könne, wann er die an ihn gesandten E-Mails abrufen wolle, die unverlangte Zusendung von E-Mails nicht mit der Beeinträchtigung der Privatsphäre vergleichbar sei, wie sie bei unerbetener Telefonwerbung eintrete.[308]

Weiterhin ist zu berücksichtigen, dass der Verbraucher die Zustimmung in den Erhalt von telefonischer Werbung ebenso wie die Zustimmung in den Erhalt elektronischer Werbung teils in schriftlicher teils in elektronischer Form erteilt. Auch in Bezug auf den Weg der Einwilligung ergeben sich daher keine Wertungsunterschiede bei der Einwilligung in Telefon- und E-Mail-Werbung.[309]

Nach all dem ist davon auszugehen, dass eine vorformulierte Einwilligung zur Telefonwerbung im Wege einer „Opt-in"-Erklärung im oben genannten Sinne ebenfalls den Anforderungen des § 7 Abs. 2 Nr. 2 UWG genügen können müsste.[310]

---

306 BGH GRUR 1970, 523 – *Telefonwerbung I.*

307 v. Nussbaum/Krienke, MMR 2009, 372 (375).

308 BGH GRUR 2004, 517 (518) – *E-Mail-Werbung.* Daraus ist jedoch wiederum auch nicht zu schließen, dass an die Telefonwerbung strengere Kriterien zu stellen sind als an die E-Mail-Werbung. In demselben Urteil hat der BGH angenommen, dass dem Empfänger durch die Zusendung von E-Mails zu Werbezwecken *„gleichwohl"* eine Belästigung entstünde, die dieser – wie bei die Telefonwerbung – nicht hinzunehmen brauche, wenn er nicht ausdrücklich oder konkludent sein Einverständnis erklärt habe. In diesem Zusammenhang nimmt der BGH auch auf Art. 13 E-Datenschutzrichtlinie Bezug, wonach eine vorherige Zustimmung des Empfängers für die Zusendung von E-Mail-Werbung erforderlich ist. Letztlich sind an die Telefon- und E-Mail-Werbung dieselben Kriterien zu stellen.

309 v. Nussbaum/Krienke, MMR 2009, 372 (376).

310 So im Ergebnis auch Klinger, jurisPR-ITR 22/2008, Anm. 2; v. Nussbaum/Krienke, MMR 2009, 372 (376); *Ohly,* Stellungnahme zum Entwurf eines Gesetzes zur Bekämpfung unerlaubter Telefonwerbung und zur Verbesserung des Verbraucherschutzes bei besonderen Vertriebsformen vom 22.01.2009, a.a.O., S. 6 Rn. 17.

Nach dem *Payback*-Urteil besteht daher guter Grund für die Annahme, dass der BGH bei nächster Gelegenheit auch eine Abkehr von seiner bisherigen strengen Rechtsprechung zur vorformulierten Einwilligungserklärung in Telefonwerbung vornehmen wird.[311] Bis dahin können Unternehmen die Kriterien aus dem *Payback*-Urteil als Anhaltspunkte für eine wirksame vorformulierte Einwilligungserklärung dienen.

(3) Kriterien nach dem Payback-Urteil

Nach den Grundsätzen des *Payback*-Urteils sind folgende Kriterien bei einer vorformulierten Einwilligungserklärung zur Telefonwerbung i.S.d. § 7 Abs. 2 Nr. 2 UWG zu berücksichtigen[312]:

- *Gesonderte Erklärung* der Einwilligung, d.h. eine Zustimmungserklärung, die sich nur auf die Einwilligung in Telefonwerbung bezieht.[313] Die gesonderte Erklärung kann durch *zusätzliche Unterschrift* oder *individuelles Markieren* eines entsprechenden Feldes erfolgen.[314]
- Die gesonderte Erklärung darf nicht in Textpassagen enthalten sein, die auch andere Erklärungen oder Hinweise enthalten[315] („Trennungsgebot"[316]);
- *Keine* gesonderte Erklärung der Einwilligung im oben genannten Sinne
  - liegt in der Unterschrift des Verbrauchers unter den Vertrag, in welchen die die vorformulierte Einwilligungserklärung enthaltenen AGB einbezogen werden[317];
  - ist die Angabe der Telefonnummer in einer anderen, nicht auf Telefonwerbung bezogene Klausel.[318]

---

311 So auch v. Nussbaum/Krienke, MMR 2009, 372 (376); Plath/Frey, BB 2009, 1762 (1766); von Wallenberg, BB 2009, 1768 (1789), nach der die BGH-Rechtsprechung zu vorformulierten Einwilligungserklärungen zur Telefonwerbung nach dem *Payback*-Urteil *„in der Radikalität"* nicht mehr gelten könne. A.A. noch Pauli, WRP 2009, 245 (248), der eine Abkehr vor dem Hintergrund für fraglich hielt, dass das Gesetz gegen unerlaubte Telefonwerbung weitere Verschärfungen hinsichtlich der Telefonwerbung vorsehe. *Pauli* vermutet in WRP 2009, 1192 (1194) nunmehr aber auch, dass der IV. und XI. BGH-Senat ihre bisherige Rechtsprechung angesichts des gewandelten Verbraucherleitbildes und der neuen gesetzlichen Vorgaben aufgeben werden.

312 Zu möglichen weiteren bei einer vorformulierten Einwilligungserklärung zu berücksichtigenden Kriterien siehe sogleich unter (4).

313 Vgl. BGH BB 2008, 2426 (2428, Rz. 27 f.) – *Payback.*

314 Vgl. BGH BB 2008, 2426 (2428, Rz. 29) – *Payback.*

315 Vgl. BGH BB 2008, 2426 (2428, Rz. 29) – *Payback.*

316 So Hanloser, CR 2008, 713 (717).

317 Vgl. BGH BB 2008, 2426 (2428, Rz. 29) – *Payback.*

318 Vgl. BGH BB 2008, 2426 (2428, Rz. 31) – *Payback.* Im Umkehrschluss ergibt sich daraus, dass eine gesonderte Erklärung bei Angabe der Telefonnummer in einer Klausel mit guten Gründen angenommen werden kann, wenn sich diese Klausel konkret auf Telefonwerbung bezieht, so auch Grapentin, MMR 2008, 735 (737) zu Werbung per E-Mail und SMS.

Indem eine gesonderte Erklärung der Einwilligung verlangt wird, werden die aufgestellten Kriterien dem durch die UWG Novelle 2008 zu § 7 Abs. 2 Nr. 3 UWG und durch das Gesetz gegen unerlaubte Telefonwerbung zu § 7 Abs. 2 Nr. 2 UWG eingeführten Erfordernis der Ausdrücklichkeit der Einwilligung gerecht.[319]

(4) Weitere zwingende Kriterien?

AGB-rechtlich unwirksam wäre eine vorformulierte Einwilligungserklärung bei einem Verstoß gegen §§ 305 ff. BGB, z.B. bei einem Verstoß gegen § 305 c BGB (überraschende oder mehrdeutige Klauseln) oder gegen das Transparenzgebot des § 307 Abs. 1 S. 2 BGB. Ein Verstoß gegen das Transparenzverbot liegt dann vor, wenn die Bestimmung nicht klar und verständlich ist. Dies ist jedenfalls dann der Fall, wenn der Gegenstand möglicher Werbung offen bleibt und damit für den Verbraucher nicht erkennbar ist, für welche Produkte oder Dienstleistungen die Telefonwerbung zulässig ist oder nicht.[320]

In inhaltlicher Hinsicht ist fraglich, ob mit der Rechtsprechung des I. Zivilsenats des BGH zu vorformulierten Einwilligungserklärungen in Telefonwerbung[321] weiterhin von einer unangemessenen Benachteiligung des Verbrauchers i.S.v. § 307 Abs. 2 Nr. 1 BGB oder § 307 Abs. 1 S. 1 BGB auszugehen ist, wenn die Einwilligungserklärung Werbung durch andere Unternehmen oder für sonstige Vertragsschlüsse ermöglichen soll.[322] In dem *Payback*-Urteil hat der BGH zu diesem Aspekt nicht Stellung genommen, obgleich sich die streitgegenständliche Klausel auf *„Werbung sowie zu Zwecken der Marktforschung ausschließlich von der L. GmbH und den Partnerunternehmen gem. Nr. 2 der beiliegenden Hinweise zum Datenschutz […]“* bezog und damit nach der Rechtsprechung des I. Zivilsenats des BGH auch aus dem Grunde unwirksam gewesen wäre, da sie Werbung

319 Vgl. Lettl, WRP 2009, 1315 (1329); v. Nussbaum/Krienke, MMR 2009, 372 (376); vgl. auch van Raay/Meyer-van Raay, VuR 2009, 103 (106). Auch der I. Zivilsenat des BGH hat in seiner Antwort auf eine Anfrage des VIII. Zivilsenats im Rahmen des *Payback*-Verfahrens zu den benannten Anforderungen an eine vorformulierte Einwilligungserklärung erklärt, dass nach seiner Auffassung dem von § 7 Abs. 2 Nr. 3 UWG 2004 geforderten bewussten Einverständnis in Allgemeinen Geschäftsbedingungen nur durch eine *ausdrückliche Erklärung* Rechnung getragen werden könne (vgl. BGH BB 2008, 2426 (2428, Rz. 33) – *Payback*).

320 So jüngst OLG Hamburg, MMR 2009, 557 (558), welches bei der Formulierung *„weitere interessante Angebote der Z-GmbH aus dem Abonnementbereich“* einen Verstoß gegen das Transparenzgebot angenommen hat.

321 BGH NJW 2000, 2677 f. – *Telefonwerbung VI*; so auch OLG Köln, WRP 2008, 1130 (1131); OLG Hamburg, MMR 2009, 557 (558).

322 OLG Köln, MMR 2009, 470 (471); so nach wie vor auch Hefermehl/Köhler/Bornkamm-*Köhler*, § 7 Rn. 140.

durch Partnerunternehmen ermöglichen sollte.[323] Allerdings lässt sich hieraus nicht der zwingende Schluss ziehen, dass der BGH die Klausel in dieser Hinsicht als wirksam deklarieren würde. Denn die Klausel war bereits aus dem Grunde unwirksam, da sie als „Opt-out"-Erklärung formuliert war.

Entspricht die vorformulierte Einwilligungserklärung den oben aufgeführten, dem *Payback*-Urteil entnommenen Kriterien und ist das Transparenzgebot gewahrt, ist auch insoweit eine Abkehr von der strengen Rechtsprechung des BGH geboten. Andernfalls würde ein Festhalten an dieser Rechtsprechung zu einer Bevormundung des Verbrauchers führen[324], der nach dem heute geltenden Verbraucherleitbild durchschnittlich informiert und verständig ist und einer vorformulierten Einwilligungserklärung die der Situation angemessene Aufmerksamkeit entgegenbringt.[325] Bei Einhaltung des Transparenzgebotes wird dem Schutz und dem Interesse des Verbrauchers durch das Erfordernis einer „Opt-in"-Erklärung im oben benannten Sinne ausreichend Rechnung getragen. Der verständige Verbraucher liest die Klausel und kann demnach – in Ausübung seines selbstbestimmten Informationsinteresses – auch selbst entscheiden, ob ihm das Ausmaß der Werbung zu weit geht oder nicht.

(5) Exkurs: Einwilligung i.S.d. § 4 a BDSG und i.S.d. § 7 Abs. 2 Nr. 2 und 3 UWG

Dem BGH ist zuzustimmen, dass ein umfassender Schutz der Privatsphäre vor unverlangt zugesandter elektronischer Werbung (sowie unverlangter Telefonwerbung) im Falle der Einwilligung per AGB am besten bei einer „Opt-in"-Erklärung im oben genannten Sinne gewährleistet wird. Nicht überzeugend ist hingegen die Begründung, mit der der BGH in demselben Urteil im Hinblick auf die datenschutzrechtliche Einwilligung i.S.d. § 4 a BDSG einen demgegenüber weniger strengen Maßstab anlegt und eine „Opt-out"-Erklärung für ausreichend hält.[326]

Wie dargelegt, leitet der BGH das Erfordernis der „Opt-in"-Erklärung im oben benannten Sinne in Bezug auf § 7 Abs. 2 Nr. 3 UWG aus Erwägungsgrund 17 E-Datenschutzrichtlinie ab. Die darin enthaltene Formulierung „spezifische Angabe" mache deutlich, dass eine gesonderte, nur auf die Einwilligung in

---

323 So auch OLG Köln, WRP 2008, 1130 (1131), das die Unwirksamkeit der vorformulierten Einwilligungsklausel mit der Begründung abgelehnt hat, dass die Einwilligung nicht nur im Hinblick auf den Vertragspartner, sondern auch im Hinblick auf die übrigen Unternehmen des Konzerns gelten sollte, dem der Vertragspartner angehörte.

324 Engels/Stulz-Herrnstadt, WRP 2005, 1218 (1222); Pauli, WRP 2009, 1192 (1196); Seichter, jurisPR-WettbR 7/2009, Anm. 5.

325 Vgl. BGH BB 2008, 2426 (2428, Rz. 24) – *Payback* unter Verweis auf BGHZ 156, 250 (252 f.) – *Marktführerschaft*; BGH GRUR 2005, 438 ff. – *Epson-Tinte.*

326 BGH BB 2008, 2426 (2428, Rz. 21) – *Payback*; bestätigt durch BGH, Urteil vom 11.11.2009, Az. VIII ZR 12/08 – *Happy Digits*, vgl. Pressemitteilung des BGH Nr. 228/09 vom 11.11.2009.

die Zusendung von Werbung mittels elektronischer Post bezogene Zustimmungserklärung des Betroffenen erforderlich sei. Anders als bei § 4 a BDSG genüge es für die Einwilligung nach § 7 Abs. 2 Nr. 3 UWG daher auch nicht, wenn die Einwilligungserklärung zusammen mit anderen Erklärungen abgegeben würde.[327]

Diese Begründung des BGH vermag nicht zu überzeugen, da für die richtlinienkonforme Auslegung beider Regelungen jeweils Art. 2 lit. h) Richtlinie 95/46/EG maßgeblich ist.[328] Die Vorschrift § 4 a BDSG setzt Art. 2 lit. h) Richtlinie 95/46/EG um[329] und – wie dargelegt – verweist Art. 2 lit. f) E-Datenschutzrichtlinie zur Begriffsbestimmung der Einwilligung ebenfalls auf Art. 2 lit. h) Richtlinie 95/46/EG. Dennoch kommt der BGH mit einer Wortlautargumentation („spezifische Angabe" i.S.d. Erwägungsgrundes 17 E-Datenschutzrichtlinie) zu dem Schluss, dass nur für die Einwilligung nach § 7 Abs. 2 Nr. 3 UWG 2004 gesteigerte Anforderungen gelten und eine gesonderte Erklärung im oben genannten Sinne erforderlich sei.

Bei der Heranziehung des Erfordernisses der spezifischen Angabe i.S.d. Erwägungsgrundes 17 E-Datenschutzrichtlinie in Abgrenzung zu *„für den konkreten Fall"*, i.S.d. Art. 2 lit. h) Richtlinie 95/46/EG ist der BGH – wie bereits oben unter D.III.1.e)bb) in einem anderen Zusammenhang ausführlich dargelegt – einer ungenauen Übersetzung des Art. 2 lit. h) Richtlinie 95/46/EG aufgesessen. Wie sich aus dem Vergleich mit den englischen und französischen Sprachfassungen des Art. 2 lit. h) Richtlinie 95/46/EG einerseits und Erwägungsgrund 17 E-Datenschutzrichtlinie andererseits ergibt, wiederholt Erwägungsgrund 17 E-Datenschutzrichtlinie lediglich die Definition der Einwilligung aus Art. 2 lit. h) Richtlinie 95/46/EG. Eine sachliche Differenzierung ist mit der in Richtlinientext und Erwägungsgrund unterschiedlich ausfallenden deutschen Übersetzung desselben Ausdrucks daher wohl nicht verbunden gewesen.[330] Aus dem Vergleich mit den englischen und französischen Sprachfassungen der benannten Richtlinien ergibt sich, dass die Anforderung der spezifischen Angabe auch für Art. 2 lit. h) Richtlinie 95/46/EG gilt. Folgert der BGH aus dieser Begrifflichkeit, dass eine gesonderte Erklärung erforderlich ist, dann sollte dies auch für die datenschutzrechtliche Einwilligung gem. § 4 a BDSG gelten.[331]

Wenn auch das BDSG und das UWG unterschiedliche Regelungsgegenstände betreffen – das Datenschutzrecht als Frage des „Ob" und „Wie" der Erhebung

327 BGH BB 2008, 2426 (2428, Rz. 28) – *Payback*.

328 Vgl. Brisch/Laue, CR 2008, 724 (726); Hanloser, CR 2008, 713 (717); van Raay/Meyer-van Raay, VuR 2009, 103 (108).

329 BGH BB 2008, 2426 (2428, Rz. 21) – *Payback*.

330 Hanloser, CR 2008, 713 (717).

331 So auch Brisch/Laue, CR 2008, 724 (726); van Raay/Meyer-van Raay, VuR 2009, 103 (108). A.A. Hanloser, CR 2008, 713 (717).

und Verwendung personenbezogener Daten für Werbezwecke, das Lauterkeitsrecht als Frage des „Ob“ einer bestimmten Art von Werbung[332] – so wirkt doch das Argument richtlinienkonformer Auslegung schwer zugunsten eines einheitlichen Einwilligungsbegriffes.[333] Demnach sollten im Datenschutz- und Lauterkeitsrecht im Hinblick auf die Einwilligungserklärung identische Maßstäbe gelten.[334] Dies gilt auch vor dem Hintergrund, dass sowohl der Privatsphäre (§ 7 UWG) als auch die informationelle Selbstbestimmung (§ 4 a BDSG) umfassenden Schutz verdienen. Dieser Schutz ist am besten bei einer „Opt-in“-Erklärung gewährleistet.[335]

Im Ergebnis wäre es nach all dem angezeigt gewesen, sowohl die (vorformulierte) Einwilligung nach § 4 a BDSG als auch die (vorformulierte) Einwilligung nach § 7 Abs. 2 Nr. 3 UWG in gleicher Weise dem „Opt-in“-Prinzip zu unterwerfen.

ee) Zusammenfassung der Ergebnisse

Von der bisherigen strikten Rechtsprechung des BGH zu der Wirksamkeit vorformulierter Einwilligungserklärungen in Telefonwerbung ist eine Abkehr geboten. Art. 13 Abs. 3 E-Datenschutzrichtlinie und § 7 Abs. 2 Nr. 2 UWG erlauben Telefonwerbung, sofern die erforderliche Einwilligung des Adressaten vorliegt. In einem obiter dictum hat der BGH in dem *Payback*-Urteil nunmehr festgehalten, dass eine vorformulierte Einwilligungserklärung zu E-Mail- und SMS-Werbung wirksam sein kann, wenn sie als „Opt-in“-Erklärung ausgestaltet ist. Diese Rechtsprechung lässt sich auf die Telefonwerbung übertragen. Die in dem *Payback*-Urteil benannten Kriterien können demnach als Anhaltspunkte für die Formulierung einer wirksamen vorformulierten Einwilligungserklärung in Telefonwerbung dienen. Denn für die Auslegung des Begriffes der Einwilligung gelten für die E-Mail- und SMS-Werbung dieselben maßgeblichen gemeinschaftsrechtlichen Vorgaben wie für die Telefonwerbung, und auch im Übrigen besteht insoweit kein sachlicher Grund für eine Differenzierung. Danach ist eine gesonderte Erklärung erforderlich, die sich nur auf die Einwilligung in die Telefonwerbung bezieht, die durch zusätzliche Unterschrift oder individuelles Markieren eines entsprechenden Feldes erfolgen kann und die nicht in Textpassagen enthalten sein darf, die auch andere Erklärungen oder Hinweise enthalten.

---

332 Klinger, jurisPR-ITR 22/2008, Anm. 2.

333 van Raay/Meyer-van Raay, VuR 2009, 103 (108).

334 van Raay/Meyer-van Raay, VuR 2009, 103 (108 f.).

335 So auch Brisch/Laue, CR 2008, 724 (726). A.A. Hanloser, CR 2008, 713 (717), der in einem starren „Opt-out“-Verbot einen Verstoß gegen das Gemeinschaftsrecht sieht und diese Lösung als dem Verbraucherleitbild widersprechend ansieht.

Erfüllt die Klausel neben den benannten Kriterien darüber hinaus das Transparenzgebot, ist es in Abkehr der bisherigen höchstrichterlichen Rechtsprechung nach der hier vertretenen Auffassung nicht erforderlich, die Klausel inhaltlich auf Werbemaßnahmen nur in Bezug auf bestimmte Produkte oder Dienstleistungen durch den Vertragspartner selbst zu beschränken.

g) Mutmaßliche Einwilligung seitens sonstiger Marktteilnehmer

Im Hinblick auf die Anforderungen an eine Einwilligung seitens sonstiger Marktteilnehmer in Telefonwerbung sind durch die UWG Novelle 2008 und das Gesetz gegen unerlaubte Telefonwerbung keine Änderungen vorgenommen worden. Nach wie vor ist eine mutmaßliche Einwilligung für den Ausschluss der Wettbewerbswidrigkeit ausreichend.[336] Vor dem Hintergrund der Themenstellung dieser Dissertation und der insoweit bereits zahlreich erschienenen Publikationen sind weitergehende Ausführungen hierzu entbehrlich.

h) Auswirkungen der Konzeption als Per-se-Verbot

Liegt eine Telefonwerbung ohne die erforderliche Einwilligung des Adressaten vor, ist der Tatbestand des § 7 Abs. 2 Nr. 2 UWG aufgrund der im Rahmen der UWG Novelle 2008 vorgenommenen Änderung nunmehr stets erfüllt. Im Folgenden gilt es zu analysieren, ob und inwieweit diese Konzeption des § 7 Abs. 2 Nr. 2 UWG als Per-se-Verbot sich als materiell-rechtliche Verschärfung darstellt. Hierzu ist zwischen dem Wegfall der Bagatellschwelle in § 3 UWG einerseits und dem Wegfall der Unzumutbarkeitsschwelle in § 7 Abs. 1 UWG andererseits zu differenzieren.

aa) Wegfall der Bagatellschwelle

Der BGH hat für die Telefonwerbung ausdrücklich noch zur alten Rechtslage unter Geltung des UWG 2004 entschieden, dass eine Prüfung der Bagatellklausel nicht mehr erforderlich sei.[337] In Bezug auf die Telefonwerbung ist demnach durch die Abkopplung von § 3 UWG gesetzlich festgeschrieben worden, was der

---

336 Siehe hierzu ausführlich Hefermehl/Köhler/Bornkamm-*Köhler*, § 7 Rn. 158 ff.; Harte/Henning-*Ubber*, § 7 Rn. 162 ff.; jurisPK-*Koch*, § 7 Rn. 234 ff.

337 BGH GRUR 2007, 607 Rz. 23 – *Telefonwerbung für Individualverträge*: *„Bei Bejahung einer unzumutbaren Belästigung im Sinne des § 7 UWG ist eine gesonderte Prüfung des Verhaltens auf seine Eignung zur nicht nur unerheblichen Beeinträchtigung der Interessen des Betroffenen nicht mehr veranlasst"*; BGH GRUR 2008, 189 Rz. 23 – *Suchmaschineneintrag:* Unter Verweis auf BGH GRUR 2007, 607 Rz. 23: *„Eine unzumutbare Belästigung im Sinne des § 7 UWG ist zugleich geeignet, die Interessen der Marktteilnehmer i.S.d. § 3 UWG erheblich zu beeinträchtigen"*.

höchstrichterlichen Rechtsprechung bereits unter UWG 2004 entsprach. Demnach ist es unter diesem Gesichtspunkt nicht zu einer Verschärfung der Anforderungen an eine zulässige Telefonwerbung gekommen.

In praktischer Hinsicht führt die Abkopplung von § 3 UWG allerdings dazu, dass das typische Verteidigungsargument des einmaligen Ausreißers (gerade das konkret der Klage zugrunde gelegte Verhalten, gerade das Anrufen dieses Adressaten sei ein „Ausreißer", ein bedauerliches Versehen und werde so bestimmt nicht mehr vorkommen[338]) wegfällt. Dieses Argument, das rechtlich darauf zielte, dass der beanstandete Werbeanruf noch unterhalb der Bagatellschwelle des § 3 UWG 2004 bliebe, kann in Zukunft von vornherein keinen Erfolg haben, da es nunmehr bereits systematisch Fehl geht.

bb) Wegfall der Unzumutbarkeitsprüfung

Lagen die Voraussetzungen des § 7 Abs. 2 UWG 2004 vor, so folgte hieraus noch nicht in jedem Fall zwingend, dass das Verhalten als unzumutbare Belästigung unlauter war.[339] Allerdings war bei Vorliegen der Voraussetzungen einer Fallgruppe nach § 7 Abs. 2 UWG 2004 zu vermuten, dass eine unzumutbare Belästigung gegeben wäre. Die Abwägung widerstreitender Interessen, die der Begriff der Unzumutbarkeit in § 7 Abs. 1 UWG 2004 erforderlich machte, konnte aber dazu führen, dass aufgrund der besonderen Umstände des Einzelfalles die von der Erfüllung der Tatbestandsmerkmale eines Regelbeispiels ausgehende Indizwirkung für das Vorliegen einer unzumutbaren Belästigung ausnahmsweise entfiel.[340] Die bloße Vermutungswirkung folgte aus dem Wortlaut des Eingangssatzes des § 7 Abs. 2 UWG 2004, wo es lediglich hieß, dass eine unzumutbare Belästigung *„anzunehmen"* sei; die systematische Gegenüberstellung zu den in den §§ 4 und 5 UWG 2004 gewählten Formulierungen *(„unlauter [...] handelt")* verdeutlichte, dass § 7 Abs. 2 UWG 2004 nur eine indizielle Bedeutung haben sollte.[341] Demnach stellt der Wegfall der Möglichkeit der Abwägung widerstreitender Interessen eine materiell-rechtliche Verschärfung dar.

Für wettbewerbsrechtliche Streitigkeiten ist diese Verschärfung allerdings weitestgehend bedeutungslos. Soweit ersichtlich, ist in der Praxis in keinem Fall die Wettbewerbswidrigkeit aufgrund fehlender Unzumutbarkeit bei Vorliegen der übrigen Voraussetzungen einer Fallgruppe des § 7 Abs. 2 UWG 2004 verneint worden. Dies entsprach dem Willen des Gesetzgebers, wonach das Tatbestandsmerkmal der Unzumutbarkeit dem Umstand Rechnung tragen sollte, dass

338 Vgl. Mankowski, WRP 2008, 15 (16).

339 Vgl. jurisPK-*Koch*, § 7 Rn. 198; MüKoUWG-*Leible*, § 7 Rn. 63.

340 jurisPK-*Koch*, § 7 Rn. 198; MüKoUWG-*Leible*, § 7 Rn. 63.

341 Harte/Henning-*Ubber*, 1. Auflage 2004, § 7 Rn. 77.

nicht jede geringfügige Belästigung ausreichen könne, mit Blick auf die vielfältigen Erscheinungsformen von belästigenden Wettbewerbshandlungen die Schwelle indes nicht zu hoch anzusetzen sei.[342]

cc) Grundsatz der Verhältnismäßigkeit

Fraglich ist, ob diese vorgenommene Verschärfung durch den allgemeinen Grundsatz der Verhältnismäßigkeit neutralisiert wird. Nach dem Willen des Gesetzgebers soll nämlich *„auch hier"* der allgemeine Grundsatz der Verhältnismäßigkeit gelten, *„weshalb es auch künftig Fallgestaltungen geben kann, bei denen ein nach § 3 Abs. 3 UWG oder § 7 UWG unlauteres Verhalten gleichwohl keine wettbewerbsrechtlichen Sanktionen auslöst"*[343].

Diese Formulierung darf nicht zu dem Missverständnis verleiten, dass bei geschäftlichen Handlungen, die den Tatbestand des § 7 Abs. 2 UWG (bzw. § 3 Abs. 3 UWG) erfüllen, stets noch die ungeschriebene Voraussetzung der allgemeinen Verhältnismäßigkeit zu prüfen wäre und damit letztlich doch eine Wertungsmöglichkeit bestünde.[344]

Das allgemeine Verhältnismäßigkeitsprinzip ist Ausfluss des allgemeinen Rechtsstaatsprinzips und damit stets Grundlage allen staatlichen Handelns. Es kann also in absoluten Ausnahmefällen zu einer Korrektur der gesetzlichen Entscheidung in Bezug auf § 7 Abs. 2 Nr. 2 UWG als Per-se-Verbot führen.[345]

Anzumerken ist an dieser Stelle, dass diese Interpretation für die Tatbestände des Anhangs zu § 3 Abs. 3 UWG und für § 7 Abs. 2 Nr. 1 UWG aufgrund der Vorgabe in Art. 5 Abs. 5 UGP-Richtlinie zwingend ist. Denn dieser spricht davon, dass die im Anhang genannten Verhaltensweisen *„unter allen Umständen"* als unlauter anzusehen seien. Eine „versteckte" Bagatellklausel würde diesen Vorgaben nicht entsprechen und damit dem Ziel der Vollharmonisierung widersprechen.[346] Gemeinschaftsrechtlicher Maßstab für § 7 Abs. 2 Nr. 2 (und Nr. 3-4) UWG ist jedoch die E-Datenschutzrichtlinie und nicht die UGP-Richtlinie.

---

342 Begründung Regierungsentwurf UWG 2004, BT-Drucksache 15/1487, S. 20 f. zu § 7 UWG.

343 Begründung Regierungsentwurf Änderungsgesetz, BT-Drucksache 16/10145, S. 30 zu Anhang zu § 3 Abs. 3 UWG. Diesbezüglich besteht dieselbe Problematik wie bei § 7 Abs. 2 UWG.

344 Im Ergebnis so auch Harte/Henning-*Henning-Bodewig*, Anh. § 3 Abs. 3, Rn. 17.

345 Vgl. Tonner/Reich, VuR 2009, 95 (100).

346 Sosnitza, WRP 2008, 1014 (1021); Harte/Henning-*Henning-Bodewig*, Anh. § 3 Abs. 3, Rn. 17. Harte/Henning-*Glöckner*, Einl. B, Rn 346 meint, dass ein allgemeines Verhältnismäßigkeitsprinzip in diesem Zusammenhang nur durch die Anwendung Europäischer Grundrechte begründet werden könne, zu welchen sich auch Erwägungsgrund 25 UGP-Richtlinie ausdrücklich bekenne. Auch Keßler/Micklitz, VuR 2009, 88 (91) will hier einen gemeinschaftsrechtlich verorteten Verhältnismäßigkeitsgrundsatz zugrunde legen, der gegebenenfalls der Konkretisierung des EuGH bedürfe.

i) Zusammenfassung der Ergebnisse

Im Spiegel der Änderungen durch das Gesetz gegen unerlaubte Telefonwerbung und die UWG Novelle 2008 einerseits sowie der noch kurz vor den Gesetzesänderungen ergangenen jüngsten Rechtsprechung des BGH zu § 7 UWG 2004 andererseits ergibt sich folgendes Bild für den neuen § 7 Abs. 2 Nr. 2 UWG:

- Das mit dem Gesetz gegen unerlaubte Telefonwerbung neu eingeführte Erfordernis der Ausdrücklichkeit der Einwilligung bei der Telefonwerbung gegenüber Verbrauchern stellt sich nicht als materiell-rechtliche Verschärfung, sondern als eine Präzisierung der Rechtslage dar. Dies ergibt sich in richtlinienkonformer Auslegung des Begriffes der ausdrücklichen Einwilligung sowie aus einer Analyse der zu § 7 Abs. 2 Nr. 2 UWG 2004 ergangenen Rechtsprechung. Demenentsprechend ist nach der hier vertretenen Rechtsauffassung nicht damit zu rechnen, dass es durch die vorgenommene Änderung in der Praxis zu merklichen Änderungen zugunsten des Verbrauchers, der keine Telefonwerbung wünscht, kommen wird.
- Von hoher praktischer Relevanz ist hingegen die noch zu § 7 Abs. 2 Nr. 3 UWG 2004 zu vorformulierten Einwilligungserklärungen ergangene Rechtsprechung des BGH (*Payback*-Urteil). Nach der hier vertretenen Auffassung müssen für die Einwilligung in die Telefonwerbung und die Einwilligung i.S.d. § 7 Abs. 2 Nr. 3 UWG dieselben Anforderungen gelten, so dass sich die in dem Urteil in einem obiter dictum aufgestellten Kriterien auf vorformulierte Einwilligungserklärungen in die Telefonwerbung übertragen lassen. Eine Abkehr von der bisherigen strikten Rechtsprechung zu vorformulierten Einwilligungserklärungen in die Telefonwerbung ist geboten. Bis in diesem Punkt Rechtssicherheit besteht, sollten Unternehmen die von dem BGH in dem *Payback*-Urteil zugrunde gelegten Kriterien bei der Konzeption von vorformulierten Einwilligungserklärungen berücksichtigen.
- Der Tatbestand des § 7 Abs. 2 Nr. 2 UWG erstreckt sich auch nach den erfolgten Gesetzesänderungen auf Nachfragehandlungen. Dies gebietet Sinn und Zweck der Regelung. Das neue Ausdrücklichkeitserfordernis zwingt nicht zu einer Abkehr dieser von dem BGH vorgenommenen Auslegung des Begriffes der Werbung.
- Die Konzeption des § 7 Abs. 2 Nr. 2 UWG als Per-se-Verbot ist in Bezug auf den Wegfall der Prüfung der Bagatellklausel als Klarstellung zu bewerten. Der Wegfall der Unzumutbarkeitsprüfung hat hingegen zu einer materiell-rechtlichen Verschärfung geführt, wobei auch insoweit nur mit geringen Auswirkungen für wettbewerbsrechtliche Streitigkeiten in der Praxis zu rechnen ist.

2. Werbung unter Verwendung einer automatischen Anrufmaschine, eines Faxgerätes oder elektronischer Post

§ 7 Abs. 2 Nr. 3 UWG 2004:	*§ 7 Abs. 2 Nr. 3 UWG:*
„Eine unzumutbare Belästigung ist insbesondere anzunehmen [...] 3. bei einer Werbung unter Verwendung von automatischen Anrufmaschinen, Faxgeräten oder elektronischer Post, ohne dass eine Einwilligung der Adressaten vorliegt“	*„Eine unzumutbare Belästigung ist stets anzunehmen [...] 3. bei Werbung unter Verwendung einer automatischen Anrufmaschine, eines Faxgerätes oder elektronischer Post, ohne dass eine vorherige ausdrückliche Einwilligung des Adressaten vorliegt“*

a) Gemeinschaftsrechtlicher Hintergrund

Mit § 7 Abs. 2 Nr. 3 und 4 UWG 2004 ist Art. 13 Abs. 1 und Abs. 4 E-Datenschutzrichtlinie umgesetzt worden. Wie für die Telefonwerbung gilt auch für die Werbung unter Verwendung einer automatischen Anrufmaschine, eines Faxgerätes oder elektronischer Post, dass die Vorschrift des § 7 Abs. 2 Nr. 3 UWG vor diesem Hintergrund mit ihrer Konzeption als Per-se-Verbot nicht im Widerspruch zu Nr. 26 Anhang I UGP-Richtlinie steht, da Art. 13 E-Datenschutzrichtlinie von Nr. 26 Anhang I UGP-Richtlinie unberührt geblieben ist.[347] Auch § 7 Abs. 2 Nr. 3 UWG stellt demnach keine gemeinschaftsrechtswidrige Erweiterung des Anhang I UGP-Richtlinie dar.[348]

b) Werbung per elektronischer Post – Begriffsbestimmung und wirtschaftliche Relevanz

Der Begriff der elektronischen Post umfasst in richtlinienkonformer Auslegung neben E-Mail auch SMS und MMS, Art. 2 S. 2 lit. h)[349] und Erwägungsgrund 40 E-Datenschutzrichtlinie. Insbesondere die E-Mail-Werbung eignet sich für die massenhafte Versendung von Botschaften und damit in besonderer Weise für die Werbung. Sie ist im Vergleich zu anderen Werbemitteln billiger, schneller, arbeits-

347 Siehe hierzu unter C. I. 5.

348 Begründung Regierungsentwurf Änderungsgesetz, BT-Drucksache 16/10145, S. 29 zu § 7 UWG.

349 Nach der Legaldefinition in Art. 2 lit. h) E-Datenschutzrichtlinie ist elektronische Post *„jede über ein öffentliches Kommunikationsnetz verschickte Text-, Sprach-, Ton- oder Bildnachricht, die im Netz oder im Endgerät des Empfängers gespeichert werden kann, bis sie von diesem abgerufen wird.“*

sparender und gezielter einsetzbar.[350] Die Versendung von Werbe-E-Mails ohne die erforderliche Einwilligung der Empfänger (sog. Spamming) ist eine regelrechte Landplage, die bereits mehr als 70 Prozent des globalen E-Mail-Verkehrs ausmachen soll.[351] Schätzungen zufolge waren von 97 Milliarden E-Mails, die im Jahr 2007 im Schnitt pro Tag über das Internet verschickt wurden, allein 40 Milliarden Spam.[352]

c) Werbung unter Verwendung eines Faxgerätes – Begriffsbestimmung und wirtschaftliche Relevanz

Telefax-Werbung ist eine elektronisch übermittelte, beim Adressaten originalgetreu ausgedruckte Werbung. Per Telefax können ebenfalls mit geringem Kostenaufwand, heutzutage auch computergesteuert, rasch und sicher eine erhebliche Stückzahl an Werbebotschaften an eine Vielzahl von Empfängern übermittelt werden.[353] Die Kosten des Empfangs – Strom, Toner, Papier, und Wartung des Empfangsgerätes – müssen von dem Adressaten getragen werden.[354] Telefax-Mitteilungen werden i.d.R. eine größere Aufmerksamkeit zuteil als andere Werbeformen. Im Hinblick auf die große Zahl von Telefax-Anschlüssen und die noch immer sinkenden Telekommunikationsgebühren kommt der Werbung unter Verwendung von Telefaxgeräten große wirtschaftliche Bedeutung zu.[355]

d) Werbung unter Verwendung einer automatischen Anrufmaschine – Begriffsbestimmung und wirtschaftliche Relevanz

Bei automatischen Anrufmaschinen handelt es sich um Voice-Mail-Systeme, die den Werbeadressaten in einem automatisierten Verfahren auf seinem Telefon anrufen. Nachdem der Adressat den Hörer abgenommen hat, wird er mit einem aufgezeichneten Werbespot konfrontiert. Diese Werbeform stößt in Deutschland auf wenig Akzeptanz und wird demzufolge eher selten praktiziert.[356] Sie tritt bei so genannten Gewinnbenachrichtigungen auf, die den Verbraucher dazu verleiten sollen, teure Mehrwertdienste anzurufen.[357] Spezielle Rechtsfragen dazu sind im Zusammenhang mit dem Änderungsgesetz, dem Gesetz gegen unerlaubte Tele-

---

350 Vgl. BGH WRP 2009, 1246 (1247) – *E-Mail-Werbung II.*

351 Brömmelmeyer, GRUR 2006, 285.

352 Harte/Henning-*Ubber*, § 7 Rn. 180 unter Bezugnahme auf eine Studie des Marktforschungsunternehmens IDC, www.idc.com.

353 Vgl. BGH GRUR 2007, 164 f. – *Telefax-Werbung II.*

354 Vgl. BGH GRUR 1996, 207 (208) – *Telefax-Werbung.*

355 Vgl. Hefermehl/Köhler/Bornkamm-*Köhler*, § 7 Rn. 191.

356 Harte/Henning-*Ubber,* § 7 Rn. 178.

357 Hefermehl/Köhler/Bornkamm-*Köhler*, § 7 Rn. 190.

fonwerbung oder der jüngeren BGH Rechtsprechung nicht aufgetreten, so dass nachfolgend auf diese Werbeform nicht weiter eingegangen wird.

e) Begriff der Werbung

Wie bereits oben unter D. III. 1. d) dargelegt, hat der BGH entschieden, dass der Begriff der Werbung in § 7 Abs. 2 Nr. 3 UWG 2004 auch Nachfragehandlungen umfassen soll.[358] Zur Vermeidung von Wiederholungen und vor dem Hintergrund der weitestgehend vergleichbar gelagerten Problematik[359], soll im Folgenden nur auf die Punkte eingegangen werden, in denen Unterschiede zur Telefonwerbung bestehen und aus denen sich grundsätzlich eine andere Bewertung in Bezug auf die Begriffsbestimmung der Werbung ergeben könnte. Solche Unterschiede bestehen zum einen in dem Schutzzweck von § 7 Abs. 2 Nr. 3 UWG und zum anderen darin, dass für diese Werbeformen nunmehr eine vorherige ausdrückliche Einwilligung von jedwedem Adressaten vorliegen muss.

aa) Schutzzweck von § 7 Abs. 2 Nr. 3 UWG

Das Verbot der Telefax- und E-Mailwerbung, wenn eine vorherige ausdrückliche Einwilligung des Empfängers nicht vorliegt, dient – in richtlinienkonformer Auslegung – dem Schutz der Privatsphäre vor unerbetenen Nachrichten.[360] Der Grund für das Verbot ergibt sich zudem aus dem Kostenaufwand des Empfängers. Die Zusendung von Telefax-Werbung verursacht bei dem Empfänger Kosten für Papier, Toner, Strom und Wartung[361] und bei dem Empfänger einer E-Mail Telefonkosten und ggf. Nutzungsgebühren[362]. Hinzukommt, dass der Empfänger Mühe und Zeit für die Sortierung der eingehenden Telefaxmitteilungen und E-Mails aufwenden und sich dabei ohne seinen Willen mit dem Inhalt der Werbung auseinandersetzen muss.[363] Außerdem wird bei einer Telefaxwerbung für die Dauer der Übertragung das Gerät blockiert, die Ressourcen des Anschlussinhabers also auch insoweit eigenmächtig in Anspruch genommen.[364] Handelt es sich bei dem

358 BGH WRP 2008, 1328 ff. – *Faxanfrage im Autohandel*; BGH WRP 2008, 1330 ff. – *FC Troschenreuth*.

359 Dies gilt vor allem in Bezug auf mögliche gemeinschaftsrechtliche Vorgaben bezüglich der Auslegung des Begriffes der Werbung. Genau wie für die Telefonwerbung ergeben sich auch für § 7 Abs. 2 Nr. 3 UWG keine zwingenden Kriterien für die Auslegung des Begriffes der Werbung. Siehe hierzu oben unter D. III. 1. d) aa).

360 Siehe hierzu oben unter B. II. 2. a).

361 Vgl. BGH GRUR 1996, 207 (208) – *Telefax-Werbung*.

362 Vgl. BGH WRP 2009, 1246 (1247) – *E-Mail-Werbung II*.

363 Vgl. BGH WRP 2009, 1246 (1247) – *E-Mail-Werbung II*; BGH GRUR 2004, 517 (518) – *E-Mail-Werbung*; BGH GRUR 1996, 208 (209) – *Telefax-Werbung*.

364 Vgl. BGH GRUR 1996, 208 (209) – *Telefax-Werbung*.

Empfänger um einen Unternehmer (oder einer sonstigen Organisation) kommt der Gesichtspunkt der Störung des Betriebsablaufes hinzu.[365] Gerade in Unternehmen haben diese Werbeformen einen stark belästigenden Charakter, so dass der Gesetzgeber eine einheitliche Regelung für Verbraucher und sonstige Marktteilnehmer geschaffen und bewusst nicht von der in Art. 13 Abs. 5 E-Datenschutzrichtlinie eröffneten Möglichkeit der Differenzierung Gebrauch gemacht hat.[366]

bb) Schutzbedürfnis des Empfängers

Vor diesem Hintergrund stellt es für das Schutzbedürfnis eines Inhabers eines Telefaxanschlusses oder eines E-Mail-Kontos – wie für den Inhaber eines Telefonanschlusses – keinen Unterschied dar, ob er unaufgefordert Kaufangebote für Waren oder Dienstleistungen per Telefax oder E-Mail erhält, oder ihm Kaufanfragen zugehen bzw. Dienstleistungen nachgefragt werden.[367] Daher sind mit dem BGH grundsätzlich auch Nachfragehandlungen unter den Begriff der Werbung zu fassen.[368]

cc) Begriff der Werbung und Erfordernis einer ausdrücklichen Einwilligung

Fraglich ist, ob das neue Erfordernis der vorherigen ausdrücklichen Einwilligung seitens jedweden Adressaten eine Beschränkung des Begriffes der Werbung auf Absatzwerbung gebietet. Das OLG Düsseldorf[369], Vorinstanz zu BGH *FC Troschenreuth*, hatte (bereits) zu § 7 Abs. 2 Nr. 3 UWG 2004 ausgeführt, dass sich aus den sehr eingeschränkten Regelungen, unter welchen Voraussetzungen die E-Mail-Werbung zulässig sein soll, ergebe, dass Nachfragehandlungen nicht als Werbung i.S.d. § 7 Abs. 2 Nr. 3 UWG 2004 zu qualifizieren wären.[370] Es befürchtete *„abstruse Ergebnisse"*, wende man die Vorschrift auch auf die Nachfragewerbung an.[371]

Wie dargestellt, gebietet es die Schutzrichtung von § 7 Abs. 2 Nr. 3 UWG, auch Nachfragehandlungen als von dem Begriff der Werbung erfasst anzusehen.

---

365 Vgl. BGH GRUR 2007, 164 (165) – *Telefaxwerbung II;* vgl. BGH WRP 2009, 1246 (1247) – *E-Mail-Werbung II.*

366 Begründung Regierungsentwurf UWG 2004, BT-Drucksache 15/1487, S. 29 zu § 7 UWG 2004. Zu der umfangreichen Kritik an dieser gesetzgeberischen Entscheidung siehe statt vieler nur Brömmelmeyer, GRUR 2006, 285 ff.

367 So ausdrücklich BGH WRP 2008, 1328 (1329, Rz. 12) – *Faxanfrage im Autohandel*; BGH WRP 2008, 1330 (1332, Rz. 15) – *FC Troschenreuth.*

368 So ausdrücklich BGH WRP 2008, 1328 (1329, Rz. 12) – *Faxanfrage im Autohandel*; BGH WRP 2008, 1330 (1332, Rz. 15) – *FC Troschenreuth.*

369 OLG Düsseldorf, MMR 2006, 171 ff.

370 OLG Düsseldorf, MMR 2006, 171 (172, Rz. 38).

371 OLG Düsseldorf, MMR 2006, 171 (172, Rz. 38).

An der Schutzrichtung des § 7 Abs. 2 Nr. 3 UWG hat sich durch die Installation des Ausdrücklichkeitserfordernisses nichts geändert. Insofern wäre es auch der falsche Ansatz, Nachfragewerbung generell aus dem Anwendungsbereich von § 7 Abs. 2 Nr. 3 UWG auszunehmen. Ggf. notwendige Korrekturen müssten über den im Zusammenhang mit Nachfragehandlungen wiederum auslegungsbedürftigen Begriff der vorherigen ausdrücklichen Einwilligung erfolgen.[372]

f) Vorherige ausdrückliche Einwilligung des Werbeadressaten

Wie auch schon unter UWG 2004 differenzierte der Gesetzgeber bei der Einführung des Ausdrücklichkeitserfordernisses im Rahmen der UWG Novelle 2008[373] nicht zwischen Verbrauchern und sonstigen Marktteilnehmern. Bei der Auslegung dieser Tatbestandsvoraussetzung ist dennoch zu berücksichtigen, ob es sich bei dem Werbeadressaten um einen Verbraucher oder um einen sonstigen Marktteilnehmer handelt.[374] Derselbe Sachverhalt kann insoweit unterschiedlichen Bewertungen unterliegen. Daher wird in der nachfolgenden Darstellung zwischen einer Werbung gegenüber einem Verbraucher und einer Werbung gegenüber einem sonstigen Marktteilnehmer differenziert.

aa) Vorherige ausdrückliche Einwilligung seitens des Verbrauchers

Auch in Bezug auf die E-Mail- und Telefaxwerbung war unter UWG 2004 anerkannt, dass die – vorherige[375] – Einwilligung ausdrücklich oder konkludent erfolgen konnte.[376] Wie bei der Telefonwerbung gegenüber Verbrauchern stellt sich daher auch hier die Frage, ob das Erfordernis der Ausdrücklichkeit mit dem Gemeinschaftsrecht vereinbar und mit der der unter UWG 2004 herrschenden Meinung in Übereinstimmung zu bringen ist.

---

372 So im Ergebnis auch Schirmbacher, K & R 2009, 433 (438), der vorschlägt, § 7 Abs. 2 UWG dahingehend einschränkend auszulegen, dass jedenfalls die Nachfragewerbung, die sich auf das typische Betätigungsfeld des Unternehmens bezieht, keiner ausdrücklichen Einwilligung bedarf. Siehe zu dieser Thematik sogleich unter D. III. 2. f) bb).

373 Diese Änderung war nicht der Umsetzung der UGP-Richtlinie geschuldet, sondern wurde anlässlich ihrer Umsetzung in § 7 Abs. 2 Nr. 3 UWG aufgenommen.

374 Dass der Gesetzgeber in § 7 Abs. 2 Nr. 3 UWG 2004 – anders als bei der Telefonwerbung – nicht zwischen Verbrauchern und sonstigen Marktteilnehmern differenziert hat, wurde vielfach kritisiert. Siehe hierzu statt vieler nur Brömmelmeyer, GRUR 2006, 285 ff.

375 Im Hinblick auf das Erfordernis der vorherigen Einwilligung handelt es sich um eine Klarstellung. Das zur Telefonwerbung unter D. III. 1. e) aa) Gesagte gilt entsprechend.

376 BGH WRP 2008, 1328 (1329, Rz. 16) – *Faxanfrage im Autohandel*; BGH WRP 2008, 1330 (1332, Rz. 20) – *FC Troschenreuth*; BGH GRUR 2007, 164 (165) – *Telefaxwerbung II;* BGH GRUR 1996, 208 (209) – *Telefaxwerbung I;* BGH GRUR 2004, 517 (518) – *E-Mail-Werbung.*

Für die E-Mail- und Telefaxwerbung gegenüber Verbrauchern ist ebenfalls der Begriff der Einwilligung in Art. 2 lit. f) E-Datenschutzrichtlinie i.V.m. Art. 2 lit. h) Richtlinie 95/46/EG maßgeblich.[377] Zur Vermeidung von Wiederholungen und aufgrund der auch in Bezug auf diesen Punkt parallel gelagerten Problematik kann für die ebenfalls notwendige richtlinienkonforme Auslegung der vorherigen ausdrücklichen Einwilligung seitens des adressierten Verbrauchers in den Erhalt von Werbung per E-Mail, SMS, MMS, Telefax und automatischer Anrufmaschine nach oben verwiesen werden.[378] In der Praxis spielte auch in Bezug auf § 7 Abs. 2 Nr. 3 UWG die konkludente Einwilligung seitens eines Verbrauchers eine eher theoretische Rolle. Soweit erkennbar, ist insoweit von der Rechtsprechung in keinem Fall das Vorliegen einer konkludenten Einwilligung seitens eines Verbrauchers in Bezug auf diese Werbeformen angenommen worden.

Auch hier stellt sich die Einführung des Ausdrücklichkeitserfordernisses als Präzisierung und nicht als materiell-rechtliche Verschärfung dar.

bb) Vorherige ausdrückliche Einwilligung seitens sonstiger Marktteilnehmer

Auch bei der Werbeform des § 7 Abs. 2 Nr. 3 UWG gegenüber einem sonstigen Marktteilnehmer ist für die Zulässigkeit dessen vorherige[379] ausdrückliche Einwilligung erforderlich.

(1) Richtlinienkonforme Auslegung

Fraglich ist, ob auch bei einer Werbung i.S.d. § 7 Abs. 2 Nr. 3 UWG gegenüber sonstigen Marktteilnehmern der Begriff der Einwilligung richtlinienkonform auszulegen ist. Denn bezüglich der Werbung gegenüber sonstigen Marktteilnehmern sieht die E-Datenschutzrichtlinie keine zwingenden Regelungen vor.

Der deutsche Gesetzgeber hat das Schutzniveau der E-Datenschutzrichtlinie für Verbraucher auch auf Gewerbetreibende erstreckt und von der nach Art. 13 Abs. 5 E-Datenschutzrichtlinie möglichen Differenzierung bewusst keinen Gebrauch gemacht.[380] Daher ist der Begriff der Einwilligung auch bei einer Werbung gegenüber sonstigen Marktteilnehmern richtlinienkonform und damit ein-

377 Vgl. BGH WRP 2008, 1328 (1329, Rz. 16) – *Faxanfrage im Autohandel*; BGH WRP 2008, 1330 (1332, Rz. 20) – *FC Troschenreuth;* BGH BB 2008, 2426 ff. – *Payback.*

378 Siehe hierzu D. III. 1. e) bb). Die Problematik im Zusammenhang mit Art. 13 Abs. 3 i.V.m. EG 42 E-Datenschutzrichtlinie stellt sich in Bezug auf § 7 Abs. 2 Nr. 3 UWG nicht, da sich diese Vorgabe nur auf die Telefonwerbung bezieht.

379 Im Hinblick auf das Erfordernis der vorherigen Einwilligung handelt es sich um eine Klarstellung. Das zur Telefonwerbung unter D. III. 1. e) aa) Gesagte gilt entsprechend.

380 Vgl. Begründung Regierungsentwurf UWG 2004, BT-Drucksache 15/1487, S. 21 zu § 7 UWG.

heitlich zu bestimmen.[381] Grundsätzlich gelten daher auch bei einer Werbung gem. § 7 Abs. 2 Nr. 3 UWG gegenüber einem sonstigen Marktteilnehmer die obigen Ausführungen unter D. III. 1. e) bb) entsprechend.

(2) Vereinbarkeit mit der unter UWG 2004 herrschenden Auffassung

Anders als in Bezug auf die Telefonwerbung und einer Werbung per E-Mail, Telefax oder automatischer Anrufmaschine gegenüber einem Verbraucher, ist erst kürzlich vom BGH das Vorliegen einer konkludenten Einwilligung in Telefaxwerbung gegenüber einem sonstigen Marktteilnehmer in Bezug auf eine gewerbliche Nachfrage unter § 7 Abs. 2 Nr. 3 UWG 2004 angenommen worden.[382] Insoweit stellt sich also ganz konkret die Frage, wie sich das Ausdrücklichkeitserfordernis bei einer Werbung gegenüber sonstigen Marktteilnehmern in der Praxis in Bezug auf die vom BGH entschiedenen Sachverhaltskonstellationen auswirkt.

Im Folgenden soll hierzu zunächst die einschlägige jüngste Rechtsprechung des BGH vorgestellt werden, um anschließend zu untersuchen, wie die Sachverhalte unter der heutigen Rechtslage zu beurteilen wären.

(a) Konkludente Einwilligung in der BGH-Rechtsprechung

Der BGH hat gleich in zwei Entscheidungen[383] dargelegt, unter welchen Voraussetzungen eine konkludenten Einwilligung seitens eines sonstigen Marktteilnehmers in gewerbliche Nachfragewerbung anzunehmen wäre. Dabei hat der BGH in dem Fall *Faxanfrage im Autohandel* das Vorliegen einer konkludenten Einwilligung bejaht[384] und in dem Fall *FC Troschenreuth* verneint[385].

In dem Fall *Faxanfrage im Autohandel* hatte der BGH darüber zu befinden, was es bedeutet, wenn ein Unternehmer seine Telefaxnummer in einer Werbeanzeige veröffentlicht. Der BGH entschied, dass ein Unternehmer in der Veröffentlichung seiner Telefaxnummer in allgemein zugänglichen Verzeichnissen sein konkludentes Einverständnis dahingehend erkläre, dass potentielle Kunden seinen Telefaxanschluss bestimmungsgemäß nutzen und ihm auf diesem Wege insbesondere Kaufanfragen im Rahmen seiner üblichen Verkaufstätigkeit übermitteln

381 So ausdrücklich BGH WRP 2008, 1328 (1330, Rz. 16) – *Faxanfrage im Autohandel;* OLG Düsseldorf, MMR 2006, 171 (172).

382 BGH WRP 2008, 1328 ff. – *Faxanfrage im Autohandel.*

383 BGH WRP 2008, 1328 ff. – *Faxanfrage im Autohandel*; BGH WRP 2008, 1330 ff – *FC Troschenreuth.*

384 BGH WRP 2008, 1328 ff. – *Faxanfrage im Autohandel.*

385 BGH WRP 2008, 1330 ff. – *FC Troschenreuth.*

könnten.[386] Dieses Einverständnis erstrecke sich auch auf Kaufanfragen von gewerblichen Wiederverkäufern im Rahmen der unmittelbaren geschäftlichen Bestimmung des Unternehmers. Mit dieser Begründung sah der BGH die Faxanfrage mit einem Kaufgesuch für bestimmte Neu- und Gebrauchtwagen eines Kfz-Händlers bei einem Toyota-Händler, der seine Telefaxnummer in einer Werbeanzeige angegeben hatte, als zulässig an.[387]

In dem Fall *FC Troschenreuth* ging es um die Frage, ob ein Sportverein, der auf seiner Website seine E-Mail-Adresse angibt, damit zugleich seine (konkludente) Einwilligung in gewerbliche Anfragen nach Dienstleistungen (vorliegend: Bannerwerbung auf der Website) erteilt.[388] Dies verneinte der BGH mit der Begründung, dass der Verein mit der Angabe der E-Mail-Adresse nur den an seiner Arbeit Interessierten eine einfache Kontaktaufnahme ermöglichen wolle. In diesem Zusammenhang führte der BGH aber in einem obiter dictum aus, dass die Angabe einer E-Mail-Adresse auf der Internetseite eines Unternehmers demgegenüber – anders als die Angabe einer E-Mail-Adresse auf der Internetseite eines Sportvereins – dessen konkludentes Einverständnis damit zum Ausdruck bringe, Anfragen potentieller Kunden zu dem üblichen Waren- und Dienstleistungsangebot des Unternehmens zu empfangen.[389]

Zusammenfassend ist nach der Rechtsprechung des BGH demnach eine konkludente Einwilligung eines Unternehmers in gewerbliche Nachfragehandlungen betreffend die übliche Verkaufstätigkeit anzunehmen (1) bei der Angabe der Telefaxnummer (oder E-Mail-Adresse) in öffentlich zugänglichen Verzeichnissen wie einer Werbeanzeige und (2) bei der Angabe der E-Mail-Adresse auf der Website. Dabei nahm der BGH nicht weiter erklärend Stellung dazu, warum er eine konkludente Einwilligung und nicht eine ausdrückliche Einwilligung als vorliegend ansah.

(b) BGH-Rechtsprechung im Spiegel der heutigen Rechtslage

Für die Beurteilung dieser Fallkonstellationen unter der heutigen Rechtslage ist entscheidend, ob die Angabe der Telefaxnummer in einem öffentlich zugänglichen Verzeichnis bzw. die Angabe einer E-Mail-Adresse oder Telefaxnummer auf der Website eines Unternehmens auch als eine ausdrückliche Einwilligung in die Nachfragewerbung per Telefax bzw. E-Mail i.S.d. § 7 Abs. 2 Nr. 3 UWG gewertet werden kann. Dazu müsste in richtlinienkonformer Auslegung die erforderliche

386 BGH WRP 2008, 1328 (1330 Rz. 18) – *Faxanfrage im Autohandel.*

387 BGH WRP 2008, 1328 (1330 Rz. 19) – *Faxanfrage im Autohandel.*

388 BGH WRP 2008, 1330 ff. – *FC Troschenreuth.*

389 BGH WRP 2008, 1330 (1332 Rz. 21) – *FC Troschenreuth*; BGH WRP 2008, 1328 (1330 Rz. 17) – *Faxanfrage im Autohandel.*

Einwilligung in einer Weise gegeben werden, wodurch der Wunsch des Unternehmers in eine solche Telefax- bzw. E-Mailwerbung in einer spezifischen Angabe zum Ausdruck kommt, die sachkundig und in freier Entscheidung erfolgt.

(aa) Angabe der Telefaxnummer in einem öffentlichen Verzeichnis

Die Angabe der Telefaxnummer in einem öffentlichen Verzeichnis kann auch als ausdrückliche Einwilligung qualifiziert werden[390]: Es ist die freie Entscheidung des Unternehmers, ob er seine Telefaxnummer in allgemein zugänglichen Verzeichnissen – wie einer Werbeanzeige – veröffentlicht und erfolgt damit ohne Zwang.[391] Dabei weiß er (bzw. wünscht es sich sogar), dass die Telefaxnummer von Kunden gefunden und für Anfragen genutzt werden kann und erfolgt damit in Kenntnis der Sachlage.[392] Die Angabe der Telefaxnummer in einer Werbeanzeige stellt sich zudem als eine mit einer zusätzlichen Unterschrift oder dem individuellen Markieren eines entsprechenden Feldes vergleichbare eindeutige Erklärung der Zustimmung zur Kontaktaufnahme per Telefax dar und erfüllt damit das Erfordernis einer spezifischen Angabe.[393] Aus der Angabe der Telefaxnummer geht unmittelbar hervor, dass ein Einverständnis mit Kontaktaufnahme per Telefax besteht. Welche Reichweite diese ausdrückliche Einwilligung dann hat, ist wiederum eine hiervon zu trennende Frage, die im nächsten Schritt zu erörtern ist.

In Bezug auf die Reichweite der Einwilligungserklärung ist eine enge Auslegung geboten.[394] Sie muss sich unmittelbar aus der Erklärung der Einwilligung selbst ergeben.[395] Aus der Angabe der Telefaxnummer in einer Werbeanzeige geht unmittelbar nur hervor, dass ein Einverständnis zur Kontaktaufnahme per Telefax durch potentielle, kaufinteressierte Kunden besteht, wobei sich dieses Einverständnis richtigerweise zwingend nur auf Nachfragehandlungen in Bezug auf das Kerngeschäft des Unternehmens beschränkt. Demgegenüber stellt die Bekanntgabe der Telefaxnummer in öffentlichen Verzeichnissen aus den nach-

---

390 So auch Hefermehl/Köhler/Bornkamm-*Köhler*, § 7 Rn. 186 f.; wohl auch LG Ulm, Urteil vom 30.04.2009, Az. 10 O 39/09, noch nicht rechtskräftig, WRP 2009, 1016 (1017).

391 So ausdrücklich BGH WRP 2008, 1328 (1330 Rz. 18) – *Faxanfrage im Autohandel.*

392 So ausdrücklich BGH WRP 2008, 1328 (1330 Rz. 18) – *Faxanfrage im Autohandel.*

393 Der BGH legte die Tatbestandsmerkmale der Definition aus Art. 2 lit. h) Richtlinie 95/46/EG zugrunde und damit auch das Tatbestandsmerkmal *„für den konkreten Fall"* anstelle *„spezifische Angabe"*. Wie dargelegt, sind nach der hier vertretenen Auffassung damit aber keine sachlichen Unterschiede verbunden. Der BGH bejahte *„für den konkreten Fall"* in *Faxanfrage im Autohandel* mit der Begründung, dass sich die Einwilligung konkret auf Anfragen zu dem üblichen Warenangebot des Unternehmens beziehen würde (BGH WRP 2008, WRP 2008, 1328 (1330 Rz. 18) – *Faxanfrage im Autohandel*).

394 Vgl. Hefermehl/Köhler/Bornkamm-*Köhler*, § 7 Rn. 186.

395 Schulze zur Wiesche, MMR 2008, 664 (665).

folgenden Gründen keine Einwilligung zur Nutzung der Telefaxnummer oder der E-Mail-Adresse zu Zwecken der Absatzwerbung dar.[396]

Bei der Entscheidung *Faxanfrage im Autohandel* handelte es sich um einen Ausnahmefall für Nachfragewerbung; die Grundsätze dieser Entscheidung lassen sich nicht auf Absatzwerbung übertragen.[397] Dies entspricht auch der vom BGH in der Entscheidung *Faxanfrage im Autohandel* vertretenen Linie. Unter Bezugnahme auf eine frühere, anders lautende Entscheidung zu § 7 Abs. 2 Nr. 2 2. Alt. UWG 2004[398] hat der BGH in den Entscheidungsgründen klarstellend betont, dass, sofern Dienstleistungen des angerufenen Unternehmens nicht nur nachgefragt, sondern in erster Linie angeboten werden, weder eine (zumindest) konkludente noch eine mutmaßliche Einwilligung anzunehmen war.[399] Diese Bewertung ist auch heute noch richtig.[400] Ein bloß allgemeiner Sachbezug zu dem Geschäftsbetrieb des Adressaten begründet für sich allein ein ausreichend großes Interesse an einer Telefax- oder E-Mail-Werbung auch dann nicht, wenn der Adressat seine Telefaxnummer öffentlich bekanntgegeben hat. Ließe man eine allgemeine Sachbezogenheit ausreichen, liefe dies auf eine nahezu unbeschränkte Zulässigkeit der Telefax- und E-Mail-Werbung gegenüber Gewerbetreibenden mit belästigenden, nicht generell hinnehmbaren Folgen hinaus.[401]

Im Ergebnis kann die Angabe einer Telefaxnummer eines Unternehmens auf einer Website als eine ausdrückliche Einwilligung gewertet werden, die aber in ihrer Reichweite auf Nachfragen potentieller Kunden betreffend das Kerngeschäft des Unternehmers beschränkt ist.

(bb) Angabe der E-Mail-Adresse auf der Website

In Bezug auf die Angabe der E-Mail-Adresse auf der Website eines Unternehmers gilt grundsätzlich oben Gesagtes entsprechend, wobei insoweit richtigerweise zu differenzieren ist. Wird die E-Mail-Adresse im Impressum der Website angegeben, reicht dies für eine Einwilligung i.S.d. § 7 Abs. 2 Nr. 3 UWG nicht aus. Insoweit fehlt es an der notwendigen Voraussetzung der Freiwilligkeit i.S.d.

---

396 Vgl. BGH GRUR 1996, 208 (210) – *Telefax-Werbung*; LG Leipzig, WRP 2007, 1018 (1019); LG Ulm, WRP 2009, 1016 (1017); vgl. auch BGH WRP 2008, 1328 (1330, Rz. 17) – *Faxanfrage im Autohandel*; BGH WRP 2007, 775 (778, Rz. 20) – *Telefonwerbung für Individualverträge;* Hefermehl/Köhler/Bornkamm-*Köhler*, § 7 Rn. 187; Harte/Henning-*Ubber,* § 7 Rn. 197 f.

397 Vgl. LG Ulm, WRP 2009, 1016 (1017).

398 BGH WRP 2007, 775 ff.– *Telefonwerbung für Individualverträge.*

399 BGH WRP 2008, 1328 (1330, Rz. 17) – *Faxanfrage im Autohandel.*

400 Vgl. LG Ulm, WRP 2009, 1016 (1017); Hefermehl/Köhler/Bornkamm-*Köhler*, § 7 Rn. 187.

401 Vgl. LG Ulm, WRP 2009, 1016 (1017); Vgl. LG Leipzig, WRP 2007, 1018 (1019); vgl. auch BGH WRP 2007, 775 (778, Rz. 20) – *Telefonwerbung für Individualverträge* zu § 7 Abs. 2 Nr. 2 2. Alt. UWG 2004.

Art. 2 lit. h) Richtlinie 95/46/EG i.V.m. Erwägungsgrund 17 E-Datenschutzrichtlinie, da der Dienstanbieter zu dieser Angabe verpflichtet ist (§ 5 TMG).[402] Die Annahme einer ausdrücklichen Einwilligung in den Empfang von Nachfragewerbung betreffend das Kerngeschäft des Unternehmers kann also nach der hier vertretenen Auffassung nur angenommen werden, wenn die E-Mail-Adresse zusätzlich an anderer Stelle als im Impressum selbst angegeben wird, wie beispielsweise in der Rubrik „Kontakt".[403]

Im Ergebnis kann aber auch die Angabe der E-Mail-Adresse auf der Website eines Unternehmens – sofern die Angabe außerhalb des Impressums erfolgt – als ausdrückliche Einwilligung gewertet werden, die in ihrer Reichweite auf Nachfragen potentieller Kunden betreffend das Kerngeschäft des Unternehmers beschränkt ist.

(c) Bewertung

In den vorgenannten Konstellationen bei Nachfragehandlungen potentieller Kunden in Bezug auf das Kerngeschäft eines Unternehmens das Vorliegen einer ausdrückliche Einwilligung anzunehmen, ist nicht nur vor dem gemeinschaftsrechtlichen Hintergrund richtig, sondern auch aus dem Grunde erforderlich, um absurde Ergebnisse in der Praxis zu vermeiden.[404] Andernfalls würde § 7 Abs. 2 Nr. 3 UWG Verhaltensweisen als wettbewerbswidrig deklarieren, die wie selbstverständlich und millionenfach zum Geschäftsalltag gehören und kaum ernsthaft mit einem Unlauterkeitsverdikt versehen werden können.[405] Bei lebensnaher Betrachtung liegt es auf der Hand, dass ein Unternehmer nicht nur damit rechnen muss, sondern es sogar erwartet bzw. bezweckt, dass sein gewerblicher Telefax-Anschluss bzw. sein geschäftlicher E-Mail-Account bei Bekanntgabe der Telefax-Nummer bzw. E-Mail-Adresse in öffentlichen Verzeichnisses (wie einer Werbeanzeige) oder auch auf der Website zu Kaufanfragen von potentiellen Kunden genutzt wird, und dies unabhängig davon, ob es sich um einen privaten Käufer oder einen gewerblichen Wiederverkäufer handelt.[406]

402 So auch Schulze zur Wiesche, MMR 2008, 664 (665); Roggenkamp, jurisPR-ITR 20/2008 Anm. 4.

403 Vgl. Roggenkamp, jurisPR-ITR 20/2008 Anm. 4.

404 Schulze zur Wiesche, MMR 2008, 664 (665); *Ohly,* Stellungnahme zum Entwurf eines Gesetzes zur Bekämpfung unerlaubter Telefonwerbung und zur Verbesserung des Verbraucherschutzes bei besonderen Vertriebsformen vom 09.01.2009, a.a.O., S. 7, Rz. 23; vgl. auch Berlit, LMK 2008, 266545. Dies befürchtete auch das OLG Düsseldorf, MMR 2006, 171 (172, Rz. 38).

405 Vgl. Schulze zur Wiesche, MMR 2008, 664 (665).

406 Vgl. Berlit, LMK 2008, 266545.

Dass der BGH unter UWG 2004 in den vorliegenden Sachverhaltskonstellationen eine konkludente und nicht eine ausdrückliche Einwilligung angenommen hat, steht nicht im Widerspruch zu dem hier gefundenen Ergebnis. Wie bereits oben unter D. III. 1. e) bb) ausgeführt – und wie diese Fallkonstellationen veranschaulichen –, sind die Grenzen zwischen ausdrücklich und konkludent fließend. Unter UWG 2004 war es – anders als unter der heutigen Rechtslage – nicht entscheidungserheblich, ob eine Einwilligung als ausdrücklich oder konkludent erteilt zu deklarieren war. Dies zeigt sich auch in dem Urteil *Faxanfrage im Autohandel*, in welchem der BGH nach richtiger Heranziehung der maßgeblichen gemeinschaftsrechtlichen Definition der Einwilligung pauschal festgestellt hat, dass *„wie nach früherem Recht weiterhin auch eine konkludente Einwilligung in Betracht [kommt]"*[407]. Begründende Ausführungen dazu, warum eine konkludente und nicht eine ausdrückliche Einwilligung angenommen wurde, erfolgen nicht. Wie dargelegt, hätte in diesen Sachverhaltskonstellationen mit guten Gründen auch eine ausdrückliche Einwilligung angenommen werden können. Unter der heutigen Rechtslage ist dies zwingend, um absurde Ergebnisse in der Praxis zu vermeiden. Vor diesem Hintergrund ist es auch nicht notwendig, Nachfragehandlungen aus dem Anwendungsbereich von § 7 Abs. 2 UWG generell auszuklammern.[408]

(d) Ergebnis

Im Ergebnis stellt sich die vorherige ausdrückliche Einwilligung demnach auch in Bezug auf § 7 Abs. 2 Nr. 3 UWG nicht als Verschärfung, sondern als Präzisierung der Anforderungen an die Einwilligung dar. Auch in Bezug auf § 7 Abs. 2 Nr. 3 UWG entspricht dieses Ergebnis dem Willen des Gesetzgebers, der in der Begründung des Gesetzesentwurfes zum Änderungsgesetz die Änderungen im Hinblick auf die Einwilligung als Präzisierung bezeichnet hat.[409]

cc) Wirksame Einwilligung eines Verbrauchers per AGB nach den Grundsätzen des Payback-Urteils

Wie dargelegt, hatte der BGH im *Payback*-Urteil über eine vorformulierte Einwilligungserklärung u.a. hinsichtlich des Erhalts von Werbung per E-Mail und SMS zu entscheiden. Da die darin aufgestellten Kriterien dem Ausdrücklichkeitserfordernis entsprechen[410], sind die darin aufgestellten Grundsätze auch unter der aktuellen

407 BGH WRP 2008, 1328 (1330 Rz. 16) – *Faxanfrage im Autohandel.*

408 Siehe zu der Forderung oben D.III.2.e)cc).

409 Begründung Regierungsentwurf Änderungsgesetz, BT-Drucksache 16/10145, S. 30 zu § 7 UWG.

410 Siehe unter D. III. 1. f) dd).

Rechtslage von grundlegender Bedeutung für die Gestaltung von Einwilligungserklärungen in AGB.

Nach den Grundsätzen des *Payback*-Urteils sind folgende Kriterien an eine vorformulierte Einwilligungserklärung im Hinblick auf Werbung unter Verwendung einer automatischen Anrufmaschine, eines Telefaxgerätes und elektronischer Post zu berücksichtigen:

- *Gesonderte Erklärung* der Einwilligung, d.h. eine Zustimmungserklärung, die sich nur auf die Einwilligung in Werbung per automatischer Anrufmaschine, Telefaxgerät, E-Mail, SMS und/oder MMS bezieht.[411] Die gesonderte Erklärung kann durch *zusätzliche Unterschrift* oder *individuelles Markieren* eines entsprechenden Feldes erfolgen.[412]
- Die gesonderte Erklärung darf nicht in Textpassagen enthalten sein, die auch andere Erklärungen oder Hinweise enthalten[413] (Trennungsgebot[414]);
- *Keine* gesonderte Erklärung der Einwilligung im oben genannten Sinne
  - liegt in der Unterschrift des Verbrauchers unter den Vertrag, in welchen die die vorformulierte Einwilligungserklärung enthaltenen AGB einbezogen werden[415];
  - ist die Angabe der Telefaxnummer, der E-Mail-Adresse oder der Mobilfunknummer in einer anderen, nicht (allein) auf die Werbung per automatischer Anrufmaschine, Telefaxgerät, E-Mail, SMS und/oder MMS bezogene Klausel.[416]

g) Ausnahmetatbestand des § 7 Abs. 3 UWG

In Umsetzung von Art. 13 Abs. 2 E-Datenschutzrichtlinie sieht § 7 Abs. 3 UWG abweichend von § 7 Abs. 2 Nr. 3 UWG vor, dass eine unzumutbare Belästigung bei einer Werbung unter Verwendung elektronischer Post nicht anzunehmen ist, wenn (1) der Unternehmer die E-Mail-Adresse im Zusammenhang mit dem Verkauf einer Ware oder Dienstleistung von dem Kunden erhalten hat, (2) der Unternehmer die Adresse zur Direktwerbung für eigene ähnliche Waren oder Dienstleistungen verwendet, (3) der Kunde der Verwendung nicht widersprochen

411 Vgl. BGH BB 2008, 2426 (2428, Rz. 27 f.) – *Payback*.

412 Vgl. BGH BB 2008, 2426 (2428, Rz. 29) – *Payback*.

413 Vgl. BGH BB 2008, 2426 (2428, Rz. 29) – *Payback*.

414 So Hanloser, CR 2008, 713 (717).

415 Vgl. BGH BB 2008, 2426 (2428, Rz. 29) – *Payback*.

416 Vgl. BGH BB 2008, 2426 (2428, Rz. 31) – *Payback*. Im Umkehrschluss ergibt sich daraus, dass eine gesonderte Erklärung der Einwilligung bei Angabe der E-Mail-Adresse bzw. Telefaxnummer in einer Klausel mit guten Gründen angenommen werden kann, wenn sich diese Klausel konkret auf Werbung per E-Mail bzw. per Telefax bezieht, vgl. Grapentin, MMR 2008, 735 (737).

hat und (4) der Kunde bei Erhebung der Adresse und bei jeder Verwendung klar und deutlich darauf hingewiesen wird, dass er der Verwendung jederzeit widersprechen kann, ohne dass hierfür andere als die Übermittlungskosten nach Basistarif entstehen.

Bezüglich dieser Ausnahmeregelung hat sich durch die UWG Novelle 2008 keine Änderung ergeben, so dass weitere Ausführungen hierzu entbehrlich sind.

h) Auswirkungen der Konzeption als Per-se-Verbot

Im Folgenden gilt es zu analysieren, ob und inwieweit sich die durch die UWG Novelle 2008 erfolgte Konzeption des § 7 Abs. 2 Nr. 3 UWG als Per-se-Verbot als materiell-rechtliche Verschärfung darstellt. Hierzu ist wiederum zwischen dem Wegfall der Bagatellschwelle in § 3 UWG einerseits und dem Wegfall der Unzumutbarkeitsschwelle in § 7 Abs. 1 UWG andererseits zu differenzieren.

aa) Wegfall der Bagatellschwelle

Wie dargelegt, hat der BGH für die Telefonwerbung ausdrücklich noch zur alten Rechtslage unter Geltung des UWG 2004 entschieden, dass eine Prüfung der Bagatellklausel nicht mehr erforderlich sei.[417] Der BGH hat sich insoweit allgemein in Bezug auf den gesamten Tatbestand des § 7 UWG 2004 geäußert: *„Bei Bejahung einer unzumutbaren Belästigung im Sinne des § 7 UWG ist eine gesonderte Prüfung des Verhaltens auf seine Eignung zur nicht nur unerheblichen Beeinträchtigung der Interessen des Betroffenen nicht mehr veranlasst"*[418] bzw. *„Eine unzumutbare Belästigung im Sinne des § 7 UWG ist zugleich geeignet, die Interessen der Marktteilnehmer i.S.d. § 3 UWG erheblich zu beeinträchtigen"*[419]. Die gewählten Formulierungen sprechen dafür, dass nach Auffassung des BGH auch für die Fallgruppe des § 7 Abs. 2 Nr. 3 UWG bereits vor der UWG Novelle 2008 eine gesonderte Prüfung der Bagatellschwelle des § 3 UWG 2004 nicht stattfinden sollte. Streitgegenständlich war aber allein die Telefonwerbung, so dass aus diesen Urteilen keine zwingenden Schlüsse gezogen werden können.

Allerdings kam auch die herrschende oberlandesgerichtliche Rechtsprechung – wenn auch mit anderer Begründung – zu dem Ergebnis, dass die Bagatellschwelle des § 3 UWG 2004 bei Vorliegen der Tatbestandsvoraussetzungen des § 7 Abs. 2 Nr. 3 UWG bereits unabhängig vom konkreten Einzelfall überschritten sei: Angesichts des hohen Lästigkeitsgrades und des Massenphänomens[420] sei

417 BGH GRUR 2007, 607 (609 f., Rz. 23) – *Telefonwerbung für Individualverträge*; BGH GRUR 2008, 189, Rz. 23 – *Suchmaschineneintrag.*

418 BGH GRUR 2007, 607 (609 f., Rz. 23) – *Telefonwerbung für Individualverträge.*

419 BGH GRUR 2008, 189 Rz. 23 – *Suchmaschineneintrag.*

420 So BGH GRUR 2007, 164 (165) – *Telefaxwerbung II.*

schon im Hinblick auf das Allgemeininteresse von einer Überschreitung der Bagatellgrenze auszugehen.[421]

Entgegen der benannten Rechtsprechung wurde in der oberlandesgerichtlichen Rechtsprechung jedoch vereinzelt auch angenommen[422] – und in der Literatur vertreten[423] –, dass in Bezug auf § 7 Abs. 2 Nr. 3 UWG die Prüfung der Bagatellschwelle im Einzelfall bei Vorliegen eines Ausreißerfalles im oben genannten Sinne[424] zu einem Ausschluss der Wettbewerbswidrigkeit führen könne.

Aus dem Vorhergesagten folgt, dass es bis zur UWG Novelle 2008 in Rechtsprechung und Literatur umstritten war, ob bzw. inwieweit der Bagatellklausel nach der Beurteilung der beanstandeten Wettbewerbshandlung als unlauter i.S.d. § 7 Abs. 2 Nr. 3 UWG 2004 eine eigenständige Bedeutung zukommen konnte.[425] Ob in der Praxis in Bezug auf alle Fallgruppen des § 7 Abs. 2 UWG eine Orientierung an der bezeichneten BGH Rechtsprechung[426] stattfinden würde, hatte sich noch nicht abgezeichnet.

Dieser Streit ist nunmehr durch Ausgestaltung des § 7 Abs. 2 Nr. 3 UWG als Per-se-Verbot ausgeräumt worden.[427] Auf das Argument des „Ausreißers" wird man sich – wie bereits oben zur Telefonwerbung dargelegt – in Zukunft zur Verteidigung nicht mehr stützen können.

bb) Wegfall der Unzumutbarkeitsprüfung

Zur Vermeidung von Wiederholungen wird nach oben D.III.h)bb) verwiesen; die Ausführungen zur Telefonwerbung gelten für § 7 Abs. 2 Nr. 3 UWG entsprechend. Aufgrund der per se fehlenden Möglichkeit der Abwägung der verschiedenen Interessen ist es durch die Gestaltung des § 7 Abs. 2 Nr. 3 UWG zu einer materiell-rechtliche Verschärfung gekommen, die aber für die wettbewerbsrechtliche Praxis weitestgehend bedeutungslos ist.

---

421 OLG Stuttgart, Urteil vom 22.03.2007, Az. 2 U 159/06; OLG Frankfurt GRUR 2005, 964 (965).

422 OLG Nürnberg, WRP 2007, 201 (202). Allerdings ist die Entscheidung des BGH *Telefonwerbung für Individualverträge* der Öffentlichkeit erst nach der Entscheidung des OLG Nürnberg mitgeteilt worden (vgl. Ullmann, jurisPR-WettbR 7/2007 Anm. 3).

423 jurisPK-*Koch*, § 7 Rn. 29; MüKoUWG-*Leible*, § 7 Rn. 151.

424 Siehe hierzu unter D.III.1.h)aa).

425 Vgl. Mankowski, WRP 2008, 15; Ullmann, jurisPR-WettbR 7/2007 Anm. 3.

426 BGH GRUR 2007, 607 (609 f., Rz. 23) – *Telefonwerbung für Individualverträge*; BGH GRUR 2008, 189, Rz. 23 – *Suchmaschineneintrag*.

427 Daher ist einer weitergehende Darstellung des Meinungsstreites und eine Stellungnahme an dieser Stelle auch nicht erforderlich.

i) Zusammenfassung der Ergebnisse

Für den neuen § 7 Abs. 2 Nr. 3 UWG ergibt sich im Spiegel der gesetzlichen Änderungen durch die UWG Novelle 2008 einerseits und der noch kurz vor den Gesetzesänderungen ergangenen jüngsten Rechtsprechung des BGH zu § 7 UWG 2004 andererseits folgendes Bild:

- Im Rahmen der UWG Novelle 2008 sind die Anforderungen an die Einwilligung eines jedweden Adressaten dahingehend geändert worden, dass nunmehr eine ausdrückliche vorherige Einwilligung erforderlich ist. Diese Änderung stellt sich genau wie in Bezug auf die Telefonwerbung nicht als materiell-rechtliche Verschärfung, sondern als Präzisierung der Rechtslage dar. Auch in Bezug auf § 7 Abs. 2 Nr. 3 UWG ergibt sich dies in richtlinienkonformer Auslegung des Begriffes der ausdrücklichen Einwilligung sowie aus einer Analyse der zu § 7 Abs. 2 Nr. 3 UWG 2004 ergangenen Rechtsprechung. Die gemeinschaftsrechtlichen Anforderungen an die Einwilligung beanspruchen Geltung auch für die Werbung gegenüber sonstigen Marktteilnehmern. In richtlinienkonformer Auslegung des Begriffes der ausdrücklichen Einwilligung kann die Angabe der Telefaxnummer in einem öffentlichen Verzeichnis und die Angabe der E-Mail-Adresse auf der Website eines Unternehmens als ausdrückliche Einwilligung gewertet werden, die in ihrer Reichweite allerdings auf Nachfragehandlungen in Bezug auf das Kerngeschäft des Unternehmens beschränkt ist.
- Die von dem BGH in dem *Payback*-Urteil aufgestellten Grundsätze in Bezug auf Einwilligungserklärungen in AGB haben auch unter der geltenden Rechtslage grundlegende Bedeutung für die Gestaltung von Einwilligungserklärungen in AGB. Sie entsprechen den Anforderungen an eine ausdrückliche Einwilligung.
- Der Tatbestand des § 7 Abs. 2 Nr. 2 UWG erstreckt sich auch nach den erfolgten Gesetzesänderungen auf Nachfragehandlungen. Dies gebietet Sinn und Zweck der Regelung. Das neue Ausdrücklichkeitserfordernis zwingt nicht zu einer Abkehr dieser von dem BGH vorgenommenen Auslegung des Begriffes der Werbung und zwar auch nicht vor dem Hintergrund, dass dieses Erfordernis auch in Bezug auf eine Werbung gegenüber sonstigen Marktteilnehmern gilt.
- Die Konzeption des § 7 Abs. 2 Nr. 3 UWG als Per-se-Verbot stellt sich in Bezug auf den Wegfall der möglichen Prüfung der Unzumutbarkeitsschwelle als eine materiell-rechtliche Verschärfung der Rechtslage dar, die aber für wettbewerbsrechtliche Streitigkeiten von nur geringer Relevanz sein wird. Das Argument des versehentlichen Ausreißers kann aufgrund der neuen Konzeption keinen Erfolg mehr haben.

3. Anonyme elektronische Werbung

§ 7 Abs. 2 Nr. 4 UWG 2004:	*§ 7 Abs. 2 Nr. 4 UWG:*
„Eine unzumutbare Belästigung ist insbesondere anzunehmen [...] 4. bei einer Werbung mit Nachrichten, bei der die Identität des Absenders, in dessen Auftrag die Nachricht übermittelt wird, verschleiert oder verheimlicht wird oder bei der keine gültige Adresse vorhanden ist, an die der Empfänger eine Aufforderung zur Einstellung solcher Nachrichten richten kann, ohne dass hierfür andere als die Übermittlungskosten nach den Basistarifen entstehen."	*„Eine unzumutbare Belästigung ist stets anzunehmen [...] 4. bei Werbung mit einer Nachricht, bei der die Identität des Absenders, in dessen Auftrag die Nachricht übermittelt wird, verschleiert oder verheimlicht wird oder bei der keine gültige Adresse vorhanden ist, an die der Empfänger eine Aufforderung zur Einstellung solcher Nachrichten richten kann, ohne dass hierfür andere als die Übermittlungskosten nach den Basistarifen entstehen."*

Diese Vorschrift setzt Art. 13 Abs. 4 E-Datenschutzrichtlinie um. Die Regelung ist bis auf die auch insoweit erfolgte Konzeption als Per-se-Verbot durch die jüngsten Gesetzesänderungen weitestgehend unberührt geblieben. Wie auch in Bezug auf die anderen Regelungen in § 7 Abs. 2 UWG, wurde durch das Änderungsgesetz zudem eine marginale sprachliche Änderung von der Plural- zur Singularform vorgenommen, die aber rein klarstellende Wirkung hat.[428]

4. Werbung mit sonstigen Fernkommunikationsmitteln

	§ 7 Abs. 2 Nr. 1 UWG
	„Eine unzumutbare Belästigung ist stets anzunehmen 1. bei Werbung unter Verwendung eines in den Nummern 2 und 3 nicht aufgeführten, für den Fernabsatz geeigneten Mittels der kommerziellen Kommunikation, durch die ein Verbraucher hartnäckig angesprochen wird, obwohl er dies erkennbar nicht wünscht."

428 Siehe hierzu oben unter D. III. 1. c).

§ 7 Abs. 2 Nr. 1 UWG wurde in Umsetzung von Nr. 26 S. 1 Anhang I UGP-Richtlinie[429] neu geschaffen. Damit stellt § 7 Abs. 2 Nr. 1 UWG die einzige Fallgruppe in § 7 Abs. 2 UWG dar, die nicht gemeinschaftsrechtliche Vorgaben der E-Datenschutzrichtlinie, sondern solche der UGP-Richtlinie umsetzt. Hieraus ergeben sich unter verschiedenen Aspekten Fragestellungen, die nachfolgend erörtert werden.

a) Anwendungsbereich

§ 7 Abs. 2 Nr. 1 UWG findet Anwendung auf Werbung[430] unter Verwendung bestimmter Fernkommunikationsmitteln gegenüber Verbrauchern. Eine Legaldefinition für Fernkommunikationsmittel findet sich in § 312 b BGB, wonach Fernkommunikationsmittel solche Kommunikationsmittel sind, *„die zur Anbahnung oder zum Abschluss eines Vertrags zwischen einem Verbraucher und einem Unternehmer ohne gleichzeitige körperliche Anwesenheit der Vertragsparteien eingesetzt werden können, insbesondere Briefe, Kataloge, Telefonanrufe, Telekopien, E-Mails sowie Rundfunk, Tele- und Mediendienste."*[431]

Dabei scheiden in der Anwendung von § 7 Abs. 2 Nr. 1 UWG die Fernkommunikationsmittel Rundfunk, Tele- und Mediendienste ihrer Natur nach aus, weil bei ihnen keine hartnäckige und unerwünschte Werbung möglich ist.[432] Weiterhin ist der Anwendungsbereich von § 7 Abs. 2 Nr. 1 UWG beschränkt auf solche für den Fernabsatz geeigneten Kommunikationsmittel, die nicht bereits in § 7 Abs. 2 Nr. 2 und 3 UWG geregelt sind. Anwendbar ist § 7 Abs. 2 Nr. 1 UWG demnach insbesondere auf die Werbung mit Briefen, Prospekten und Katalogen[433], d.h. also auf die hartnäckige und erkennbar unerwünschte Brief- und Briefkastenwerbung gegenüber Verbrauchern.

---

429 *„Kunden werden durch hartnäckiges und unerwünschtes Ansprechen über Telefon, Fax, E-Mail oder sonstige für den Fernabsatz geeignete Medien geworben, außer in Fällen und in den Grenzen, in denen ein solches Verhalten nach den nationalen Rechtsvorschriften gerechtfertigt ist, um eine vertragliche Verpflichtung durchzusetzen."*

430 Zur Begriffsbestimmung der Werbung vor dem Hintergrund, dass § 7 Abs. 2 Nr. 1 UWG einen Tatbestand der UGP-Richtlinie umsetzt siehe sogleich unter e).

431 Diese Definition geht zurück auf die Richtlinie 97/7/EG des Europäischen Parlaments und des Rates vom 20.05.1997 über den Verbraucherschutz bei Vertragsabschlüssen im Fernabsatz, ABl. 1997 Nr. L 144/19 und Richtlinie 2002/65/EG des Europäischen Parlaments und des Rates vom 23.09.2003 über den Fernabsatz von Finanzdienstleistungen an Verbraucher und zur Änderung des der Richtlinie 90/619/EWG des Rates und der Richtlinien 97/7/EG und 98/27/EG, ABl. 2002 Nr. L 271/16.

432 Hefermehl/Köhler/Bornkamm-*Köhler*, § 7 Rn. 100.

433 Begründung Regierungsentwurf Änderungsgesetz, BT-Drucksache 16/10145, S. 29 zu § 7 UWG.

aa) Briefwerbung gegenüber Verbrauchern – Begriff und wirtschaftliche Bedeutung

Bei der Briefwerbung ist das Werbematerial an den Empfänger persönlich adressiert. Dadurch unterscheidet sich die Briefwerbung von der Briefkastenwerbung, die den Einwurf nicht adressierter Werbemittel umfasst. Erscheinungsformen der Briefwerbung sind vor allem Werbedrucksachen, die mit der Anschrift des Empfängers versehen werden, und (computermäßig erstellte) individualisierte Werbeschreiben.[434]

Nach Angaben des Deutschen Dialogmarketing Verband e.V. (ddv) entfällt der größte Anteil des Direktmarketing auf diese klassische Werbeform; allein über die Deutsche Post AG wurden im Jahr 2006 rund 11 Milliarden Werbesendungen verschickt und verteilt.[435] Für kein anderes Direktwerbemedium wenden deutsche Unternehmen Mittel in vergleichbarer Höhe auf: Im Jahr 2005 betrugen die Aufwendungen der deutschen Wirtschaft für adressierte Werbesendungen 11,8 Milliarden Euro; etwa 32 Prozent aller Unternehmen hat diese Werbeform eingesetzt.[436]

bb) Briefkastenwerbung gegenüber Verbrauchern – Begriff und wirtschaftliche Bedeutung

Unter Briefkastenwerbung ist der Einwurf von nicht adressiertem Werbematerial (Prospekte, Handzettel, Kataloge, Offerten- und Anzeigeblättern) in den Briefkasten zu verstehen. Diese Werbemethode ist ebenfalls nach wie vor sehr verbreitet, vor allem bei lokalen Anbietern.[437]

b) Gemeinschaftsrechtlicher Hintergrund

Die ebenfalls als Per-se-Verbot ausgestaltete Regelung in § 7 Abs. 2 Nr. 1 UWG stellt die Umsetzung von Nr. 26 S. 1 Anhang I UGP-Richtlinie dar, beschränkt auf die nicht in § 7 Abs. 2 Nr. 2 und 3 UWG geregelten sonstigen für den Fernabsatz geeigneten Kommunikationsmittel. Vor diesem Hintergrund ist in § 7 Abs. 2 Nr. 1 UWG auch von vornherein keine gemeinschaftsrechtswidrige Erweiterung des Anhang I UGP-Richtlinie zu sehen.

---

434 Vgl. statt vieler Harte/Henning-*Ubber*, § 7 Rn. 80.

435 http://www.ddv.de/index.php?id=105&L=0.

436 Vgl. Harte/Henning-*Ubber*, § 7 Rn. 80 unter Verweis auf eine Studie zum Direktmarketing von der Deutschen Post.

437 Hefermehl/Köhler/Bornkamm-*Köhler*, § 7 Rn. 104.

Wie oben dargelegt, findet die E-Datenschutzrichtlinie auf die Werbung mit Briefen, Prospekten und Katalogen mangels einer Nachricht i.S.d. Art. 2 lit. d) E-Datenschutzrichtlinie keine Anwendung.[438] Abgrenzungsfragen im Hinblick auf gemeinschaftsrechtliche Vorgaben in Bezug auf § 7 Abs. 2 Nr. 1 UWG stellen sich daher nicht.

c) Systemwidrige Umsetzung von Nr. 26 S. 1 Anhang I UGP-Richtlinie in § 7 Abs. 2 Nr. 1 UWG?

Fraglich ist, ob die Umsetzung von Nr. 26 S. 1 Anhang I UGP-Richtlinie als aggressive Geschäftspraktik in § 7 UWG systemimmanent ist. Nr. 26 S. 1 Anhang I UGP-Richtlinie wird in dem bezeichnetem Anhang als Beispielsfall einer unter allen Umständen als unlauter geltenden, verbotenen aggressiven Geschäftspraktik i.S.d. Art. 8 und 9 UGP-Richtlinie aufgeführt.[439] Anders als Art. 8 UGP-Richtlinie setzt § 7 UWG aber gerade nicht voraus, dass die wirtschaftliche Entscheidungsfreiheit des Verbrauchers durch die betreffende Geschäftspraktik beeinträchtigt wird[440] und erst Recht nicht, dass es sich um eine tatsächlich oder voraussichtlich erhebliche Beeinträchtigung der Entscheidungsfreiheit des Verbrauchers handeln muss. Dementsprechend sollten die unzulässige Beeinflussung, Belästigung und Nötigung i.S.d. Art. 8 und 9 UGP-Richtlinie ausweislich der Begründung des Regierungsentwurfes[441] und nach einhelliger Auffassung[442] zutreffend von § 4 Nr. 1 und 2 UWG erfasst werden.[443] Vor diesem Hintergrund erscheint eine Umsetzung der Art. 8 konkretisierenden Nr. 26 Anhang I UGP-Richtlinie[444] in § 7 Abs. 2 Nr. 1 UWG widersprüchlich und klärungsbedürftig.

Der aufgezeigte Widerspruch könnte aufzulösen sein, wenn die in Nr. 26 Anhang I UGP-Richtlinie benannten Werbeformen in Bezug auf die bezeichneten Fernkommunikationsmittel selbst nicht einmal dazu geeignet wären, die wirtschaftliche Entscheidungsfreiheit des Verbrauchers tatsächlich oder voraussichtlich erheblich zu beeinträchtigen.

---

438 Siehe hierzu oben unter B. II. 2. b).

439 Zur Begriffsbestimmung siehe C. I. 3 und C. I. 4.

440 Siehe hierzu bereits oben unter C. I. 3. Vgl. Köhler, GRUR 2008, 841 (842, Fn. 6); MüKoUWG-*Leible*, § 7 Rn. 1; vgl. auch Ohly, GRUR 2004, 889 (896 f.); Piper/Ohly-*Ohly*, § 7 Rn. 1, 16; Steinbeck, WRP 2008, 865 (866).

441 Begründung Regierungsentwurf Änderungsgesetz, BT-Drucksache 16/10145, S. 18 zu Art. 8 und 9 UGP-Richtlinie.

442 Köhler, GRUR 2008, 841 (842 f.); ders., WRP 2008, 10 (13); MüKoUWG-*Leible*, § 7 Rn. 1; Ohly, GRUR 2004, 889 (896 f.); Steinbeck, WRP 2008, 865 (866 ff.).

443 Siehe hierzu bereits oben unter C. III. 6.

444 Handig, ÖBl 2005, 196 (202); Leistner, Jb. J. ZivRW 2004, 185 (224).

aa) Nr. 26 Anhang I UGP-Richtlinie und Eignung zur Beeinträchtigung der wirtschaftlichen Entscheidungsfreiheit

Einigkeit besteht darüber, dass das einmalige Ansprechen durch einen Brief, einen Prospekt oder einen Katalog nicht dazu geeignet ist, den Verbraucher in seiner wirtschaftlichen Entscheidungsfreiheit zu beeinträchtigen.[445] Vielmehr greift eine solche Werbung gegen den erkennbaren Willen des Empfängers vor allem in dessen Privatsphäre ein und beeinträchtigt seine räumlich-gegenständliche Sphäre.[446]

Fraglich ist, ob sich vor dem Hintergrund an dieser Beurteilung etwas ändern kann, dass Nr. 26 Anhang I UGP-Richtlinie ein hartnäckiges Vorgehen verlangt, d.h. also ein wiederholtes, mindestens zweimaliges Ansprechen[447] durch die benannten Kommunikationsmittel, wobei es nicht auf eine besonders intensive Einwirkung ankommt[448]. Soweit ersichtlich, ist hierzu noch keine Rechtsprechung ergangen. In der Literatur ist diese Frage umstritten.

(1) Fehlende Eignung zur Beeinträchtigung der Entscheidungsfreiheit

Nach einer Ansicht beeinträchtige das einmalige oder wiederholte unerwünschte Zusenden oder Einwerfen von Briefen, Katalogen und Prospekten den Verbraucher weder darin, eine informierte Entscheidung zu treffen, noch würde er hierdurch in der Möglichkeit, überhaupt frei zu entscheiden, beschränkt.[449] Die bloße Übermittlung eines Angebots erweiterte den Entscheidungshorizont sogar. Beeinträchtigt würde der Verbraucher allein in seiner Privatsphäre bzw. darin, dass

---

445 Gamerith, WRP 2005, 391 (424); vgl. Handig, ÖBl 2008, 65 (67) zu erstmaligen Werbeversuchen per Telefon, E-Mail und Fernabsatz allgemein; Henning-Bodewig, GRURInt 2004, 183 (192); jurisPK-*Koch*, § 7 Rn. 141; Köhler/Lettl, WRP 2003, 1019 (1045 Tz. 123); Köhler, GRUR 2005, 1 (3, Fn. 27), der zutreffend darauf hinweist, dass Brief- und Briefkastenwerbung kaum dazu führen dürften, dass die Empfänger der Werbung aufgeschlossener gegenüberstehen und sich damit die Absatzchancen eines werbenden Unternehmens spürbar erhöhen; so wohl auch Ohly, WRP 2006, 1401 (1411).

446 Vgl. BGH GRUR 1989, 225 f. – *Handzettel-Wurfsendung.*

447 Vgl. Handig, ÖBl 2008, 65 (68); Harte/Henning-*Ubber*, § 7 Rn. 141; Hefermehl/Köhler/Bornkamm-*Köhler*, § 7 Rn. 102; Schirmbacher, K & R 2009, 433 (437).

448 Dies ergibt sich aus einem Vergleich mit der englischen und französischen Sprachfassung von Nr. 26 Anhang I UGP-Richtlinie, wo von *„persistent"* und *„répété"* die Rede ist (so auch Hefermehl/Köhler/Bornkamm-*Köhler*, § 7 Rn. 102).

449 *Burmeister, Julian,* Belästigung als Wettbewerbsverstoß, München 2006, S. 19; Gamerith, WRP 2005, 391 (424); Handig, ÖBl 2005, 196 (198); Henning-Bodewig, GRURInt 2004, 183 (192) zu dem hartnäckigen Ansprechen über Telefon, Fax und E-Mail; *Leistner,* Jb. J. ZivRW. 2004, 185 (223) ausdrücklich zu E-Mail und Fax-Werbung, der bestreitet, dass hartnäckige E-Mail- oder Faxwerbung den Durchschnittsverbraucher zu ungewollten geschäftlichen Entscheidungen veranlasse, um „in Ruhe gelassen zu werden"; Köhler/Lettl, WRP 2003, 1019 (1045 Rn. 123).

er Zeit darauf verwenden müsse, die Briefe, Kataloge und/oder Prospekte durchzusehen und zu entsorgen.[450] Ein hartnäckiges Vorgehen würde bei überwiegenden Teilen der Adressaten aufgrund des hierdurch ebenfalls erhöhten Belästigungseffektes (Sichtung und Entsorgung der Werbematerialien) eher eine ablehnende Haltung hervorrufen, als dass sie hierdurch zu einem ungewollten Vertragsabschluss bewegt werden könnten.[451]

(2) Eignung der Beeinträchtigung der Entscheidungsfreiheit durch Hartnäckigkeit

Nach anderer Auffassung führt die von Nr. 26 Anhang I UGP-Richtlinie geforderte Hartnäckigkeit des unerwünschten Ansprechens durch die in Nr. 26 Anhang I UGP-Richtlinie genannten Werbemittel dazu, dass sie dazu geeignet seien, die wirtschaftliche Entscheidungsfreiheit des Verbrauchers tatsächlich oder voraussichtlich erheblich zu beeinträchtigen.[452] Weitergehende Begründungen der Ansicht durch deren Vertreter erfolgen nicht.

(3) Stellungnahme

Insbesondere unter Berücksichtigung des geltenden Verbraucherleitbildes kann nicht davon ausgegangen werden, dass die wiederholte Zusendung bzw. der wiederholte Einwurf von Briefen, Katalogen und/oder Prospekten dazu führt, dass diese Werbeform – anders als bei einer einmaligen bzw. erstmaligen Werbung mit den benannten Kommunikationsmitteln – dazu geeignet ist, die Entscheidungsfreiheit des Verbrauchers tatsächlich oder voraussichtlich erheblich zu beeinträchtigen. Es ist nicht nachzuvollziehen, warum die Quantität der eingesetzten Werbemittel hierzu führen können soll. Dies gilt insbesondere vor dem Hintergrund der in Rede stehenden Werbemittel, da es insoweit an einem persönlichen, individuellen Kontakt mangelt. Bei dem aufgeklärten und informierten Durchschnittsverbraucher ist eine gewisse Werberesistenz[453] eingetreten, die nach der Rechtsprechung des BGH sogar dazu führt, dass eine Beeinträchtigung der Entscheidungsfreiheit eines Verbrauchers bei einem unerwünschten Anspre-

---

450 Vgl. *Burmeister,* a.a.O., S. 19; Gamerith, WRP 2005, 391 (424); Handig, ÖBl 2005, 196 (198); Henning-Bodewig, GRURInt 2004, 183 (192) zu dem hartnäckigen Ansprechen über Telefon, Fax und E-Mail.

451 Handig, ÖBl 2005, 196 (198).

452 Glöckner/Henning-Bodewig, WRP 2005, 1311 (1333); Harte/Henning-*Glöckner*, Einl. B, Rn. 334; Ohly/Piper-*Ohly*, Einl. C, Rn. 56; Ohly, WRP 2006, 1401 (1411), wobei *Ohly* in Fn. 140 selbst darauf hinweist, dass er Kritik an dieser Auffassung für berechtigt hält.

453 Vgl. BGH GRUR 2004, 699 (700) – *Ansprechen in der Öffentlichkeit I*; BGH GRUR 2005, 443 (444) – *Ansprechen in der Öffentlichkeit II.*

chen in der Öffentlichkeit bei Erkennbarkeit des Werbers und ohne Hinzutreten weiterer belästigender Faktoren in aller Regel nicht mehr in Betracht kommt.[454] Dies muss erst Recht bei der Brief- und Briefkastenwerbung gelten und zwar unabhängig davon, ob sie einmalig oder mehrfach erfolgt.

(4) Zwischenergebnis

Die Hartnäckigkeit der Brief- oder Briefkastenwerbung führt demnach nicht zu einer Eignung der bezeichneten Werbeform, die Entscheidungsfreiheit des angesprochenen Verbrauchers tatsächlich oder voraussichtlich erheblich zu beeinträchtigen. Vor dem Hintergrund, dass es für Nr. 26 Anhang I UGP-Richtlinie und dementsprechend auch für § 7 Abs. 2 Nr. 1 UWG – wie ebenfalls für die Tatbestände des Anhang I UGP-Richtlinie bzw. Anhang I zu § 3 Abs. 3 UWG – nicht auf eine Beurteilung des Einzelfalles anhand der Bestimmungen des Art. 5-9 UGP-Richtlinie ankommt[455], die Beeinträchtigung der wirtschaftlichen Entscheidungsfreiheit also auch in richtlinienkonformer Auslegung des § 7 Abs. 2 Nr. 1 UWG als ungeschriebenes Tatbestandsmerkmal nicht mit zu prüfen ist, löst sich mit diesem Ergebnis der aufgezeigte Widerspruch jedenfalls in regelungstechnischer Hinsicht.

bb) Konsequenz

Allerdings setzt sich Nr. 26 Anhang I UGP-Richtlinie damit in Widerspruch zu der von Art. 8 und auch von Art. 5 UGP-Richtlinie geforderten Eignung einer Geschäftspraxis, die Entscheidungsfreiheit des Verbrauchers tatsächlich oder voraussichtlich erheblich zu beeinträchtigen[456], obwohl Nr. 26 Anhang I UGP-Richtlinie – wie dargelegt – doch eine Konkretisierung dieser Regelungen darstellen soll[457].[458]

---

454 Demgegenüber ist beispielsweise beim Ansprechen in der Öffentlichkeit denkbar, dass eine gewisse Hartnäckigkeit zur Beeinträchtigung der Entscheidungsfreiheit führen kann, vgl. BGH GRUR 2004, 699 (700) – *Ansprechen in der Öffentlichkeit I*; BGH GRUR 2005, 443 (444) – *Ansprechen in der Öffentlichkeit II*, wonach zutreffender Weise das Ansprechen in der Öffentlichkeit durch einen als solchen erkennbaren Werber und ohne hinzutretende belästigende Faktoren nicht zu einer Beeinträchtigung der Entscheidungsfreiheit führt. Verbraucher seien *„heute stärker als früher auf die Wahrung eigener Interessen und weniger auf die Einhaltung bestimmter Umgangsformen bedacht [...]"*.

455 Erwägungsgrund 17 UGP-Richtlinie.

456 So auch Leistner, Jb. J. ZivRW 2004, 185 (224).

457 Handig, ÖBl 2005, 196 (202); Leistner, Jb. J. ZivRW 2004, 185 (224).

458 Vgl. auch Leistner, ZEuP 2009, 56 (72), der allgemein feststellt, dass die UGP-Richtlinie in sich nicht trägt, da einige der in dem Anhang I UGP-Richtlinie enthaltenen Per-se-Verbote ersichtlich die Voraussetzungen der Eignung zu einer wesentlichen Beeinflussung der geschäftlichen Entscheidung des Verbrauchers nicht erfüllen würden.

Fraglich ist, ob bzw. wie dieser Widerspruch in der UGP-Richtlinie zu lösen ist. Einerseits könnte aus Nr. 26 Anhang I UGP-Richtlinie zu schlussfolgern sein, dass der Anwendungsbereich der UGP-Richtlinie doch auch auf den Schutz vor Geschäftspraktiken zu erstrecken ist, die nicht dazu geeignet sind, den Verbraucher in seiner wirtschaftlichen Entscheidungsfreiheit zu beeinträchtigen[459], womit die obige Darstellung unter C. I. 1 und 2 entsprechend zu korrigieren wäre. Andererseits könnte Nr. 26 Anhang I UGP-Richtlinie selbst einen systemwidrigen Ausnahmetatbestand im Gefüge der UGP-Richtlinie darstellen ohne Konsequenz für den Anwendungsbereich der UGP-Richtlinie.

(1) Erweiterung des Anwendungsbereiches der UGP-Richtlinie?

Die bezeichnete Erweiterung des Anwendungsbereiches der UGP-Richtlinie ließe sich allein mit Nr. 26 Anhang I UGP-Richtlinie stützen. Im Übrigen ist die Richtlinie in seiner Ausrichtung – wie unter C.I.1 und 2 dargelegt – eindeutig. Dass sich der Anwendungsbereich der Richtlinie nur auf solche Geschäftspraktiken erstreckt, die dazu geeignet sind, die Entscheidungsfreiheit des Verbrauchers zu beeinträchtigen, ergibt sich aus dem jeweils klaren Wortlaut von Art. 8, Erwägungsgrund 16 und Erwägungsgrund 7. Dieses Ergebnis ergibt sich auch aus einem Vergleich zu den anderen Tatbeständen per se aggressiver Geschäftspraktiken des Anhang I UGP-Richtlinie, bei deren Verwirklichung die Entscheidungsfreiheit des angesprochenen Verbrauchers jeweils beeinträchtigt ist.[460] Vor diesem Hintergrund kommt eine erweiternde Auslegung gegen den eindeutigen Wortlaut und gegen den Willen des Richtliniengebers nicht in Betracht.

(2) Systemwidrigkeit der Nr. 26 Anhang I UGP-Richtlinie in der UGP-Richtlinie

Damit ist festzuhalten, dass Nr. 26 Anhang I UGP-Richtlinie in der Richtlinie selbst einen an sich systemwidrigen Ausnahmetatbestand für bestimmte Formen der Belästigung darstellt.

---

459 Diese Frage wirft in diesem Zusammenhang auch *Leistner* in ZEuP 2009, 56 (72) auf, der von Unsicherheiten und Schwierigkeiten bei der Auslegung der Richtlinie und damit der Gefährdung des Harmonisierungsziels spricht, da unklar bliebe, wie weit der harmonisierte Bereich sich erstreckt, und inwieweit Interessen, die nicht unmittelbar dem Schutz der wirtschaftlichen Entscheidungsfreiheit zugeordnet werden können, in die im Einzelfall notwendige Interessenabwägung mit einbezogen werden dürfen.

460 Z.B. Erwecken des Eindrucks, der Verbraucher könnte ohne Vertragsschluss die Räumlichkeiten nicht verlassen (Nr. 24); Verweilen und Rückkehr in die Wohnung des Verbrauchers entgegen der Aufforderung des Verbrauchers, diese zu verlassen bzw. nicht in diese zurückzukehren (Nr. 25).

cc) Ergebnis

Die Umsetzung von Nr. 26 S. 1 Anhang I UGP-Richtlinie in § 7 Abs. 2 Nr. 1 UWG ist nicht als systemwidrig zu qualifizieren. Vielmehr stellt Nr. 26 S. 1 Anhang I UGP-Richtlinie selbst einen Ausnahmetatbestand im Gefüge der UGP-Richtlinie dar. Vor diesem Hintergrund ist die Umsetzung von Nr. 26 S. 1 UGP-Richtlinie in § 7 Abs. 2 Nr. 1 UWG nicht widersprüchlich. Vielmehr fügt sich der Tatbestand auch von seiner Schutzrichtung in den Tatbestand des § 7 UWG ein.[461]

d) Behandlung nicht-hartnäckiger, erkennbar unerwünschter Werbung

Die Brief- und Briefkastenwerbung ist nur dann nach § 7 Abs. 2 Nr. 1 UWG per se unzulässig, wenn sie hartnäckig erfolgt und erkennbar unerwünscht[462] ist. Praktisch bedeutet dies, dass nach § 7 Abs. 2 Nr. 1 UWG – anders als unter § 7 Abs. 2 Nr. 1 UWG 2004 – die Unzulässigkeit der Brief- oder Briefkastenwerbung trotz Sperrvermerks am Briefkasten, Eintrages in die Robinsonliste oder gar einer persönlichen Mitteilung des Verbrauchers an den Unternehmer, dass er keine Werbung wünsche, erst dann per se anzunehmen ist, wenn mindestens zweimal auf diese Weise geworben worden ist.

Um bewerten zu können, ob mit der Umsetzung von Nr. 26 S. 1 Anhang I UGP-Richtlinie damit eine erhebliche und praktisch relevante Liberalisierung der Brief- und Briefkastenwerbung zugunsten der werbenden Unternehmen eingetreten ist, ist bereits an dieser Stelle zu prüfen, ob die nicht-hartnäckige Brief- und Briefkastenwerbung gegenüber einem Verbraucher bei erkennbarer Unerwünschtheit nach § 7 Abs. 1 UWG unzulässig sein könnte. Zur Beantwortung

---

461 An dieser Stelle ist darüber hinaus anzumerken, dass die Umsetzung von Nr. 26 S. 1 Anhang I UGP-Richtlinie (beschränkt auf die nicht in § 7 Abs. 2 Nr. 2 oder Nr. 3 UWG benannten Fernkommunikationsmittel) in § 4 UWG zum einen thematisch aber zum anderen auch systematisch verfehlt gewesen wäre. Anders als § 7 Abs. 2 UWG sieht § 4 UWG keine Per-se-Verbote vor. Vielmehr muss für ein Verbot einer Geschäftspraktik nach § 4 UWG auch die Voraussetzungen des § 3 UWG erfüllt sein. Alternativ hätte der Gesetzgeber Nr. 26 Anhang I UGP-Richtlinie also nach hier vertretener Auffassung nur in Anhang zu § 3 Abs. 3 UWG umsetzen können.

462 Bei genauem Vergleich von § 7 Abs. 2 Nr. 1 UWG mit Ziffer 26 des Anhangs I UGP-Richtlinie fällt auf, dass eine Diskrepanz insofern besteht, als nach der Richtlinie hartnäckiges und unerwünschtes Ansprechen ausreicht, während § 7 Abs. 2 Nr. 1 UWG darüber hinaus voraussetzt, dass die Unerwünschtheit erkennbar ist. Der ablehnende Wille des Adressaten muss also in einer Weise zum Ausdruck gebracht werden, dass der Werbende ihn hätte erkennen können, beispielsweise durch den Sperrvermerk „Keine Werbung". Dass die Unerwünschtheit für den Werbenden erkennbar sein muss, ergibt sich aus dem Zweck der Regelung. Bei einer Konstellation wie der vorliegenden, bei der eine Werbeform nur verboten werden soll, wenn sie unerwünscht ist (sog. Opt-out-Prinzip) muss diese Unerwünschtheit für den Werbenden erkennbar sein. Daher handelt es sich um einen rein klarstellenden Zusatz in § 7 Abs. 2 Nr. 1 UWG.

dieser Frage ist zunächst zu prüfen, wie weit die Regelungswirkung der in Anhang I UGP-Richtlinie aufgeführten Tatbestände und entsprechend die Anhang I UGP-Richtlinie umsetzenden Tatbestände in Anhang zu § 3 Abs. 3 UWG und § 7 Abs. 2 Nr. 1 UWG grundsätzlich reicht. Entfalten die dort geregelten Tatbestände eine Sperrwirkung in Bezug auf solche Verhaltensweisen, die keinen der dort aufgelisteten Tatbestände erfüllen, wäre ein nationales Verbot solcher Verhaltensweisen gemeinschaftsrechtswidrig.

aa) Reichweite der Regelungswirkung von Anhang zu § 3 Abs. 3 UWG und § 7 Abs. 2 Nr. 1 UWG

Zu prüfen ist, ob immer dann, wenn die Voraussetzungen eines der in Anhang I UGP-Richtlinie und – in richtlinienkonformer Auslegung – der in Anhang zu § 3 Abs. 3 und § 7 Abs. 2 Nr. 1 UWG aufgeführten Tatbestände nicht erfüllt sind, grundsätzlich von der Zulässigkeit der entsprechenden geschäftlichen Handlung auszugehen ist, und ein entsprechendes Verbot nach nationalem Recht demnach von vornherein gemeinschaftsrechtswidrig wäre. Dies ist zu verneinen.[463] Anhang I UGP-Richtlinie geht davon aus, dass die genannten Tatbestände deshalb unzulässig sind, weil sie besonders krasses Fehlverhalten gegenüber dem Verbraucher darstellen. Dies ergibt sich auch aus Erwägungsgrund 17 UGP-Richtlinie, in dem es ausdrücklich heißt, dass es sich bei den in ihrem Anhang I genannten Verhaltensweisen um die *„einzigen Geschäftspraktiken handelt, die ohne eine Beurteilung des Einzelfalls anhand der Bestimmungen der Art. 5 bis Art. 9 UGP-Richtlinie als unlauter gelten können“*. Hingegen trifft Anhang I UGP-Richtlinie keine (per se-) Aussage darüber, wie die geschäftlichen Handlungen zu beurteilen sind, die diese speziellen Voraussetzungen nicht erfüllen. Diese Verhaltensweisen unterliegen einer eigenständigen lauterkeitsrechtlichen Würdigung.

Dementsprechend ergibt sich aus dem Anhang I UGP-Richtlinie nicht eine automatische Sperrwirkung für ein mögliches Verbot von Verhaltensweisen, die nicht die Intensität der dort aufgelisteten Verhaltensweisen erreichen. Dies muss auch für die in Anhang zu § 3 Abs. 3 UWG und in § 7 Abs. 2 Nr. 1 UWG aufgeführten Tatbestände gelten.

bb) Verstoß gegen das Vollharmonisierungsgebot?

Fraglich ist allerdings im nächsten Schritt, ob ein Verbot der nicht-hartnäckigen Brief- und Briefkastenwerbung über § 7 Abs. 1 UWG ein Verstoß gegen das

463 So wohl auch Handig, ÖBl. 2008, 65 (67); Harte/Henning-*Henning-Bodewig*, Anh. Zu § 3 Abs. 3 Rn. 13 m.w.N.; Harte/Henning-*Schünemann*, § 3 Rn. 459; Hefermehl/Köhler/Bornkamm-*Köhler/Bornkamm*, Anhang zu § 3 Abs. 3 UWG Rn. 0.8.

Vollharmonisierungsgebot darstellen würde. Denn damit würde – wie dargelegt – eine Geschäftspraktik untersagt, die nicht die wirtschaftliche Entscheidungsfreiheit des Verbrauchers, sondern in der Hauptsache seine Privatsphäre beeinträchtigt. Anders als in Bezug auf § 7 Abs. 2 Nr. 2 und 3 UWG würde aber eine solche Untersagung nicht bereits über die vorrangigen Vorgaben in der E-Datenschutzrichtlinie gerechtfertigt werden können.

Der reine Schutz der Privatsphäre liegt außerhalb des Anwendungsbereiches der UGP-Richtlinie. Daher dürfen die Mitgliedstaaten eigene Regelungen hierzu erlassen.[464] Dies ergibt sich aus Erwägungsgrund 7 UGP-Richtlinie, wonach die Mitgliedstaaten darin frei sind, geschäftliche Handlungen aus Gründen der guten Sitten und des Anstands zu verbieten, auch wenn diese geschäftlichen Handlungen – wie bei der Brief- und Briefkastenwerbung – die Wahlfreiheit des Verbrauchers nicht beeinträchtigen. Das typische Beispiel bildet hier gerade der reine Belästigungsschutz[465], welchem die Brief- und Briefkastenwerbung zuzuordnen ist. Daher steht auch § 7 UWG insoweit nicht im Widerspruch zur UGP-Richtlinie.

Fehlt es an der Hartnäckigkeit der Brief- und Briefkastenwerbung, so kann demnach – in gemeinschaftsrechtskonformer Weise – die werbliche Ansprache nach § 7 Abs. 1 UWG unter Berücksichtigung der Zumutbarkeitsschwelle und damit in Abwägung der Gesamtumstände des Einzelfalles bewertet werden.[466]

Dieses Ergebnis wird von der Begründung zum Regierungsentwurf des Änderungsgesetzes bestätigt. Dort heißt es ausdrücklich, dass, soweit sich § 7 Abs. 2 Nr. 1 UWG 2004 auf Sachverhalte bezog, die von dem neuen § 7 Abs. 2 Nr. 1 UWG nicht mehr erfasst werden, die Unzulässigkeit der geschäftlichen Handlung künftig nach § 7 Abs. 1 S. 2 i.V.m. Abs. 1 S. 1 UWG zu beurteilen wäre. Im Ergebnis seien die betroffenen Sachverhalte – wozu gerade auch die einfache Brief- und Briefkastenwerbung zählt – damit genauso zu beurteilen wie bisher.[467]

cc) Zwischenergebnis

§ 7 Abs. 2 Nr. 1 UWG entfaltet keine automatische Sperrwirkung für eine mögliche Untersagung einer nicht-hartnäckigen aber erkennbar unerwünschten Brief-

---

464 Vgl. Köhler, GRUR 2008, 841 (842); jurisPK-*Koch*, § 7 Rn. 141; Ohly, WRP 2006, 1401 (1410 f.).

465 Leistner, ZEuP 2009, 56 (70); vgl. auch Brömmelmeyer, GRUR 2007, 295 (298 f.); Köhler, GRUR 2005, 793 (800); Ohly, WRP 2006, 1401 (1410); ders. WRP 2008, 177 (182).

466 Harte/Henning-*Ubber*, § 7 Rn. 68 und 142; Hefermehl/Köhler/Bornkamm-*Köhler*, § 7 Rn. 102, der allerdings noch das Vorliegen besonderer Umstände zur Bejahung der Unzumutbarkeit in § 7 Abs. 1 UWG fordert; Lettl, GRUR-RR 2009, 41 (44); Köhler/Lettl, WRP 2003, 1019 (1044 Rn. 116); Sosnitza, WRP 2008, 1014 (1034).

467 Vgl. Begründung Regierungsentwurf Änderungsgesetz, BT-Drucksache 16/10145, S. 29 zu § 7 UWG.

und Briefkastenwerbung nach § 7 Abs. 1 S. 2 i.V.m. S. 1 UWG. Eine Untersagung der nicht-hartnäckigen, erkennbar unerwünschten Brief- und Briefkastenwerbung verstößt auch nicht gegen das Gebot der Vollharmonisierung. Denn der reine Schutz der Privatsphäre liegt außerhalb des Anwendungsbereiches der UGP-Richtlinie; Erwägungsgrund 7 UGP-Richtlinie erlaubt insoweit nationale Regelungen. Eine Liberalisierung der Brief- und Briefkastenwerbung ist damit durch die Umsetzung der UGP-Richtlinie nicht eingetreten.

dd) Bewertung

Vor diesem Hintergrund wird § 7 Abs. 2 Nr. 1 UWG für die Brief- und Briefkastenwerbung kaum eigenständige Bedeutung haben[468], so dass die Daseinsberechtigung dieses Tatbestandes durchaus in Frage gestellt werden kann. Mit § 7 Abs. 2 Nr. 1 UWG ist der Gesetzgeber seiner Umsetzungsverpflichtung nachgekommen. Das Problem der fraglichen Bedeutung von § 7 Abs. 2 Nr. 1 UWG ist daher in Anhang I UGP-Richtlinie selbst angelegt.

e) Begriff der Werbung

Vor dem Hintergrund, dass § 7 Abs. 2 Nr. 1 UWG in Umsetzung der UGP-Richtlinie geschaffen wurde und demnach für die richtlinienkonforme Auslegung der Begriffe dieses Tatbestandes die UGP-Richtlinie zu berücksichtigen ist, ist fraglich, ob es geboten sein könnte, den Begriff der Werbung in § 7 Abs. 2 Nr. 1 UWG – anders als in § 7 Abs. 2 Nr. 2 und 3 UWG – auf Absatzwerbung zu beschränken.

Die UGP-Richtlinie enthält keine Begriffsdefinition der Werbung. Allerdings enthält sie eine Definition des Begriffes der Geschäftspraktiken in Art. 2 lit. d) UGP-Richtlinie, welche die Werbung als Unterfall der Geschäftspraktiken erwähnt. Danach sind Geschäftspraktiken *„[...] jede Handlung, Unterlassung, Verhaltensweise oder Erklärung, kommerzielle Mitteilung einschließlich Werbung und Marketing eines Gewerbetreibenden, die unmittelbar mit der Absatzförderung, dem Verkauf, oder der Lieferung eines Produkts an Verbraucher zusammenhängt.“* Nach Auffassung des BGH habe der Richtliniengeber mit dieser Definition das unlautere Verhalten gewerblicher Nachfrager nicht im Blick gehabt.[469]

Diese Definition in der UGP-Richtlinie steht der Erfassung von Nachfragehandlungen in § 7 Abs. 2 Nr. 1 UWG nicht entgegen. Zunächst ist hierzu anzu-

---

468 So auch Harte/Henning-*Ubber*, § 7 Rn. 68.

469 BGH WRP 2008, 1328 (1329, Rz. 11) – *Faxanfrage im Autohandel*; BGH WRP 2008, 1330 (1332, Rz. 14) – *FC Troschenreuth.*

merken, dass § 7 Abs. 2 Nr. 1 UWG – wie die UGP-Richtlinie – nur für eine Werbung gegenüber Verbrauchern Geltung beansprucht. In dem Verhältnis B2C spielt die Nachfragewerbung – wenn überhaupt – nur eine geringe Rolle.

Das Kriterium der Unmittelbarkeit ist – wie in allen Rechtsbereichen – nicht trennscharf.[470] Es kann nicht dazu dienen, gewerbliche Nachfragehandlungen gegenüber Verbrauchern aus dem Anwendungsbereich der UGP-Richtlinie (bzw. in Umsetzung davon aus § 7 Abs. 2 Nr. 1 UWG) auszuschließen. Es lässt sich durchaus vertreten, dass auch Nachfragehandlungen unmittelbar der Absatzförderung dienen. Auch der Gesetzgeber hat bei Übernahme des Begriffes der geschäftlichen Handlung in das UWG zur Umsetzung der UGP-Richtlinie ausdrücklich Bezugshandlungen mit erfasst.[471] Zudem würden sich erhebliche Wertungswidersprüche und Unsicherheiten ergeben, würde derselbe Begriff innerhalb einer Regelung unterschiedlich ausgelegt.

Vor diesem Hintergrund ist der Begriff der Werbung in § 7 Abs. 2 Nr. 1 UWG genauso auszulegen wie in § 7 Abs. 2 Nr. 2-4 UWG. Damit erfasst § 7 Abs. 2 UWG einheitlich sowohl die Absatz- als auch die Nachfragewerbung.[472]

f) Ausreißerproblematik im Spiegel der fehlenden Anwendung der Bagatellschwelle

Im Rahmen des § 7 Abs. 2 Nr. 1 UWG spielt die Ausreißerproblematik[473], wie sie unter § 1 UWG a.F. und § 7 Abs. 2 Nr. 1 UWG 2004 zur Brief- und Briefkastenwerbung diskutiert wurde, keine Rolle, da aufgrund der geforderten Hartnäckigkeit ein mindestens zweifacher Verstoß bei erkennbarer Unerwünschtheit erforderlich ist, und in diesem Fall nach allen Auffassungen zu § 1 UWG a.F. und § 7 UWG 2004 auch eine Überschreitung der Bagatellschwelle des § 3 UWG 2004 gegeben wäre.

g) Zusammenfassung der Ergebnisse

Die Regelung in § 7 Abs. 2 Nr. 1 UWG stellt die Umsetzung von Nr. 26 S. 1 Anhang I UGP-Richtlinie dar, beschränkt auf die nicht in § 7 Abs. 2 Nr. 2 und 3 UWG geregelten sonstigen für den Fernabsatz geeigneten Kommunikationsmittel. Obgleich § 7 Abs. 2 Nr. 1 UWG damit eine aggressive Geschäftspraktik i.S.d. Art. 8 und 9 UGP-Richtlinie umsetzt, die grundsätzlich von § 4 Nr. 1 und 2 UWG erfasst werden soll, ist die Umsetzung von Nr. 26 S. 1 Anhang I UGP-Richtlinie in § 7 Abs. 2 Nr. 1 UWG nicht als systemwidrig zu qualifizieren. Denn da die

470 Glöckner/Henning-Bodewig, WRP 2005, 1311 (1326).

471 Vgl. § 2 Nr. 1 UWG.

472 Im Ergebnis so auch Hefermehl/Köhler/Bornkamm-Köhler, § 7 Rn. 99; jurisPK-*Koch*, § 7 Rn. 193.

473 BGH GRUR 1992, 617 – *Briefkastenwerbung;* OLG Karlsruhe, GRUR 1991, 940 (941).

hartnäckige Brief- und Briefkastenwerbung nicht dazu geeignet ist, die wirtschaftliche Entscheidungsfreiheit der Verbraucher zu beeinträchtigen, stellt Nr. 26 S. 1 Anhang I UGP-Richtlinie selbst einen Ausnahmetatbestand im Gefüge der UGP-Richtlinie dar. Vor diesem Hintergrund fügt sich § 7 Abs. 2 Nr. 1 UWG auch von seiner Schutzrichtung in den Tatbestand des § 7 UWG ein.

§ 7 Abs. 2 Nr. 1 UWG entfaltet keine Sperrwirkung für eine mögliche Untersagung einer nicht-hartnäckigen, aber erkennbar unerwünschten Brief- und Briefkastenwerbung nach § 7 Abs. 1 S. 2 i.V.m. S. 1 UWG. Eine Untersagung dieser Sachverhalte ist auch unter der heutigen Rechtslage möglich. Eine Liberalisierung der Brief- und Briefkastenwerbung ist damit durch die Umsetzung der UGP-Richtlinie nicht eingetreten.

Der Begriff der Werbung in § 7 Abs. 2 Nr. 1 UWG genauso auszulegen wie in § 7 Abs. 2 Nr. 2-4 UWG und erfasst damit einheitlich sowohl die Absatz- als auch die Nachfragewerbung gegenüber Verbrauchern.

IV. Bestimmung des Normzwecks von § 7 UWG

Vor der Analyse des § 7 Abs. 1 UWG gilt es nachfolgend, den Normzweck des § 7 UWG zu bestimmen. Dies ist erforderlich, um überprüfen zu können, ob an den unter UWG a.F. und UWG 2004 anerkannten Fallgruppen der unzumutbaren Belästigung auch unter § 7 Abs. 1 UWG festgehalten werden kann, oder ob diese nunmehr teilweise anderen lauterkeitsrechtlichen Vorschriften zuzuordnen sind.

1. Schutz der privaten und beruflichen Sphäre

§ 7 UWG bezweckt den Schutz der privaten und beruflichen Sphäre der Verbraucher und sonstigen Marktteilnehmer. Diese Sphäre wird beeinträchtigt, wenn sie sich ohne oder gegen ihren Willen mit dem Anliegen des geschäftlich Handelnden auseinandersetzen müssen und dementsprechend in ihrer Ruhe oder in ihrer anderweitigen Beschäftigung gestört werden.[474]

Dieser Normzweck ergibt sich zum einen in richtlinienkonformer Auslegung des § 7 UWG, denn da § 7 Abs. 2-4 UWG Art. 13 E-Datenschutzrichtlinie umsetzt, ist auch der Schutzzweck der E-Datenschutzrichtlinie zu berücksichtigen. Dieser liegt – wie dargelegt – in Bezug auf die Direktwerbung mittels automatischer Anrufsysteme, Faxgeräte oder elektronischer Post im Schutz der Privatsphäre vor unerbetenen Nachrichten.[475] In der Rechtsprechung des BGH zur Telefonwerbung[476],

---

474 Hefermehl/Köhler/Bornkamm-*Köhler*, § 7 Rn. 3.

475 Siehe hierzu oben B. II. 2. a).

476 BGH GRUR 1994, 380 (381) – *Lexikothek*; BGH GRUR 1990, 280 (281) – *Telefonwerbung III.*

die mit § 7 Abs. 2 Nr. 2 UWG 2004 kodifiziert wurde und in diesem Punkt auch unter der geltenden Rechtslage aktuell ist, sowie zu dem Ansprechen in der Öffentlichkeit[477], kommt dieser Schutzzweck des Verbots unzumutbarer Belästigungen ebenfalls klar zum Ausdruck. Darin wurde die Annahme einer unzumutbaren Belästigung mit der Beeinträchtigung der Individualsphäre/Privatsphäre[478] als Ausfluss des allgemeinen Persönlichkeitsrechts bzw. mit belästigenden oder sonst unerwünschten Störungen der beruflichen Tätigkeit[479] begründet. Dieser Normzweck in Bezug auf die Telefonwerbung ergibt sich auch aus der Regierungsbegründung zum UWG 2004, in der die Entscheidung für das – auch unter der geltenden Rechtslage noch bestehende – „Opt-in"-Modell damit begründet wurde, dass mit einem Anruf ein erheblicher Eingriff in die Individualsphäre bzw. belästigende Störungen der beruflichen Tätigkeit des Anschlussinhabers verbunden sein könne.

2. Schutz von Besitz, Eigentum und sonstigen Ressourcen

Daneben kommt in § 7 Abs. 1 S. 2 und Abs. 2 Nr. 1 UWG auch der Schutz der räumlich-gegenständlichen Sphäre des Empfängers vor einer Besitz- und Eigentumsstörung gegen seinen Willen, beispielsweise durch unerwünschte Brief- und Briefkastenkastenwerbung, zum Ausdruck.[480] Der Schutz von Besitz und Eigentum bezweckt zudem, dass die von Verbrauchern vorgehaltenen Einrichtungen wie Telefon- und Telefaxanschlüsse[481] nicht unerbeten in Anspruch genommen werden. Dasselbe gilt für das Interesse der Verbraucher, nicht unerbeten mit Kosten bei der Werbung per E-Mail belastet zu werden[482], oder seine sonstigen Ressourcen

477 BGH GRUR 2005, 443 – *Ansprechen in der Öffentlichkeit II* zu § 7 Abs. 1 UWG 2004; so bereits BGH GRUR 2004, 699 (701) – *Ansprechen in der Öffentlichkeit I* zu § 1 UWG a.F.

478 Sowohl der BGH als auch die Begründung des Regierungsentwurfs zu UWG 2004 verwenden die Begriffe der Individualsphäre und der Privatsphäre synonym, siehe hierzu bereits oben unter D. III. 1. d) bb) (1).

479 Vgl. BGH GRUR 2007, 164 (165) – *Telefaxwerbung II.*

480 Vgl. BGH GRUR 1989, 225 f. – *Handzettel-Wurfsendung*. Der BGH hat das Recht des Empfängers, sich gegen eine Beeinträchtigung seiner räumlich-gegenständlichen Sphäre (Eigentums- und Besitzbeeinträchtigung) zur Wehr zu setzen, unter zivilrechtlichen Gesichtspunkten (§ 1004 BGB) bejaht.

481 Vgl. BGH GRUR 1996, 208 (209) – *Telefax-Werbung*.

482 Vgl. BGH WRP 2009, 1246 f. – *E-Mail-Werbung II,* in welchem der BGH den Unterlassungsanspruch mangels konkreten Wettbewerbsverhältnisses der Parteien aufgrund eines Eingriffs in ihren eingerichteten und ausgeübten Gewerbebetrieb gem. § 823 Abs. 1 BGB i.V.m. § 1004 BGB analog bejaht hat; BGH GRUR 2004, 517 (518) – *E-Mail-Werbung*. Dieser Schutzzweck ergibt sich ebenfalls in richtlinienkonformer Auslegung: Erwägungsgrund 40 E-Datenschutzrichtlinie nennt ausdrücklich den Kostenaufwand der Empfänger als Grund für den Schutz vor unerbetenen Nachrichten.

(Zeit, Arbeitskraft, sonstige materielle Aufwendungen für die Entgegennahme, Prüfung und Beseitigung der Werbung) aufwenden zu müssen.[483] Der Normzweck von § 7 UWG mit Blick auf den Schutz von Verbrauchern besteht also auch darin zu verhindern, dass Werbung auf seine Kosten betrieben wird.

3. Schutz vor Beeinträchtigung der wirtschaftlichen Entscheidungsfreiheit

Fraglich ist, ob § 7 UWG auch den Schutz vor solchen Belästigungen gewährleisten soll, die dazu geeignet sind, die wirtschaftliche Entscheidungsfreiheit des Verbrauchers zu beeinträchtigen. Dies könnte sich daraus ergeben, dass § 7 Abs. 2 Nr. 1 UWG einen Tatbestand der UGP-Richtlinie umsetzt und damit auch die Schutzrichtung der UGP-Richtlinie bei der Bestimmung des Normzweckes von § 7 UWG zu berücksichtigen sein könnte.

Der Schutz vor Beeinträchtigung der wirtschaftlichen Entscheidungsfreiheit zählt unmittelbar[484] nicht zu den Normzwecken des § 7 UWG. Aus dem Umstand, dass § 7 Abs. 2 Nr. 1 UWG einen Tatbestand der UGP-Richtlinie umsetzt, folgt nicht, dass in richtlinienkonformer Auslegung auch die wirtschaftliche Entscheidungsfreiheit zu den Schutzzwecken des § 7 UWG zählt. Wie dargelegt, stellt der in § 7 Abs. 2 Nr. 1 UWG umgesetzte Nr. 26 S. 1 Anhang I UGP-Richtlinie in dem dort bezeichneten Umfang einen Ausnahmetatbestand innerhalb der UGP-Richtlinie dar. Auch er dient nicht dem Schutz der wirtschaftlichen Entscheidungsfreiheit, sondern dem Schutz der privaten Sphäre und dem Schutz vor Beeinträchtigung von Besitz, Eigentum und sonstigen Ressourcen.[485]

Der Schutz der wirtschaftlichen Entscheidungsfreiheit wird vielmehr von § 4 Nr. 1 und 2 UWG und nicht von § 7 UWG gewährleistet. Dies folgt zum einen aus dem Umstand, dass der Gesetzgeber bereits im Rahmen der UWG Novelle 2004 eine Trennung der Aspekte des Schutzes der privaten und beruflichen Sphäre sowie Besitz, Eigentum und sonstiger Ressourcen einerseits und des

---

483 Vgl. BGH WRP 2009, 1246 f. – *E-Mail-Werbung II*; BGH GRUR 2004, 517 (518) – *E-Mail-Werbung*; BGH GRUR 1996, 208 (209) – *Telefax-Werbung*. In Bezug auf die E-Mail-Werbung hat der BGH angenommen, dass die Kosten für den Abruf einer einzelnen E-Mail zwar gering seien und auch der Arbeitsaufwand für das Aussortieren einer einzelnen E-Mail sich in engen Grenzen halten könne. Diese Beurteilung fiele aber anders aus, wenn es sich um eine größere Anzahl unerbetener E-Mails handele. Damit wäre zu rechnen, wenn die Übersendung einer einzelnen E-Mail als zulässig deklariert würde.

484 Hefermehl/Köhler/Bornkamm-*Köhler*, § 7 Rn. 3 ist darin zuzustimmen, dass § 7 UWG die Marktteilnehmer vor der Beeinträchtigung Entscheidungsfreiheit mittelbar schützt, da jede geschäftliche Handlung ihrem Wesen nach darauf gerichtet ist, geschäftliche Entscheidungen von Marktpartnern zu beeinflussen.

485 Siehe hierzu unter D. III. 4. c).

Schutzes vor Beeinträchtigung der Entscheidungsfreiheit andererseits durch die Konzeption der unterschiedlichen Tatbestände des § 4 UWG und des § 7 UWG vorgenommen hat.[486] Unter der heutigen Rechtslage ist das Gebot einer strikten Trennung dieser Aspekte aus folgenden weiteren Gründen geboten:

Die Belästigung i.S.d. Art. 8 und 9 UGP-Richtlinie *„als besondere Erscheinungsform der unzulässigen Beeinflussung"* wird richtigerweise in richtlinienkonformer Auslegung von § 4 Nr. 1 und 2 UWG und nicht von § 7 UWG erfasst.[487] In der einheitlichen Erfassung der Belästigung, Nötigung und unzulässigen Beeinflussung durch § 4 Nr. 1 und 2 UWG lassen sich die Umsetzung der UGP-Richtlinie und auch ihre Vorgaben im Hinblick auf einen einheitlichen Schutz der wirtschaftlichen Entscheidungsfreiheit vor den benannten aggressiven Geschäftspraktiken sowie ihr hierauf beschränkter Anwendungsbereich transparent nachvollziehen. Dieser Umstand gebietet es, bei der Anwendung der Generalklausel des § 7 Abs. 1 UWG nur solche Belästigungen zu erfassen, die nicht dazu geeignet sind, die wirtschaftliche Entscheidungsfreiheit zu beeinträchtigen. Liegt eine solche Eignung hingegen vor, muss die Geschäftspraktik konsequent nach § 4 Nr. 1 und 2 UWG i.V.m. § 3 UWG beurteilt werden.

Eine klare Trennung der benannten Aspekte gebietet auch die neue Unterscheidung zwischen Unzulässigkeit i.S.d. § 7 UWG und Unlauterkeit i.S.d. § 4 UWG.[488] Die noch unter UWG 2004 mögliche Argumentation, dass aufgrund einer einheitlichen Verweisung auf § 3 UWG 2004 die Unlauterkeit eines Verhaltens sowohl mit der Beeinträchtigung der privaten oder beruflichen Sphäre als auch mit den in § 4 Nr. 1-3 UWG genannten Aspekten begründet werden könne[489], kann keinen Bestand mehr haben.

4. Ergebnis

Zu den Normzwecken des § 7 UWG zählt der Schutz der privaten und beruflichen Sphäre sowie der Schutz von Besitz, Eigentum und sonstigen Ressourcen. Nicht zu den Normzwecken des § 7 UWG zählt der Schutz der wirtschaftlichen Entscheidungsfreiheit. Dieser wird von § 4 Nr. 1 und 2 UWG i.V.m. § 3 UWG gewährleistet.

Dieses Ergebnis ist bei der Anwendung der Generalklausel des § 7 Abs. 1 UWG bei der Bestimmung der unter § 7 Abs. 1 UWG zu fassenden Fallgruppen zu berücksichtigen.

---

486 Vgl. B. II. 3. c) dd).

487 Siehe hierzu oben unter C. II. 5.

488 Vgl. Harte/Henning-*Glöckner*, Einl. B, Rn. 332.

489 Dies war unter UWG 2004 möglich, siehe hierzu oben B. II. 3. c) dd).

V. Kleine Generalklausel und Beispielstatbestand in § 7 Abs. 1 UWG

§ 7 Abs. 1 UWG 2004	*§ 7 Abs. 1 UWG*
Unlauter im Sinne von § 3 handelt, wer einen Marktteilnehmer in unzumutbarer Weise belästigt. *§ 7 Abs. 2 Nr. 1 UWG 2004* *Eine unzumutbare Belästigung ist insbesondere anzunehmen* *1. bei einer Werbung, obwohl erkennbar ist, dass der Empfänger diese Werbung nicht wünscht.*	*(1) Eine geschäftliche Handlung, durch die ein Marktteilnehmer in unzumutbarer Weise belästigt wird, ist unzulässig.* *(2) Dies gilt insbesondere für Werbung, obwohl erkennbar ist, dass der angesprochene Marktteilnehmer diese Werbung nicht wünscht.*

Im folgenden Abschnitt wird zunächst ein abstrakter Überblick über den Anwendungsbereich von § 7 Abs. 1 S. 1 UWG einerseits und § 7 Abs. 1 S. 2 UWG andererseits gegeben und einzelne Fragestellungen betreffend das Verständnis und die Auslegung der darin verwendeten Begrifflichkeiten behandelt. Im darauffolgenden Abschnitt werden die Fallgruppen dargestellt, die nach der heutigen Rechtslage unter § 7 Abs. 1 UWG zu fassen sind.

1. Kleine Generalklausel

§ 7 Abs. 1 S. 1 UWG verbietet geschäftliche Handlungen, die einen Marktteilnehmer in unzumutbarer Weise belästigen.

a) Anwendungsbereich

Das Verbot der unzumutbaren Belästigung in § 7 Abs. 1 S. 1 UWG beschränkt sich nicht auf Werbung, sondern erfasst jede Form der geschäftlichen Handlung, und zwar sowohl solche gegenüber einem Verbraucher als auch solche gegenüber einem sonstigen Marktteilnehmer.[490] Diese Regelung findet demnach zum einen Anwendung auf solche Formen unzumutbar belästigender geschäftlicher Handlungen, die nicht unter den Begriff der Werbung zu fassen sind.[491] Zum

490 In der Regel handelt es sich bei geschäftlichen Handlungen, die zu unzumutbaren Belästigungen führen, um Werbung, vgl. Begründung Regierungsentwurf Änderungsgesetz, BT-Drucksache 10145, S. 28 zu § 7 UWG.

491 Bereits in der Regierungsbegründung zum UWG 2004 wurde ausdrücklich darauf hingewiesen, dass der Tatbestand des § 7 Abs. 1 UWG 2004 nicht auf Werbung beschränkt sein sollte: Hierunter könnten beispielsweise auch Aufforderungen zur Abgabe von Meinungsäußerungen fallen, wenn

anderen stellt sich die Regelung als Auffangtatbestand für unzumutbar belästigende Werbung gegenüber Verbrauchern und sonstigen Marktteilnehmern dar, die, anders als von § 7 Abs. 1 S. 2 UWG gefordert, für den Werbenden nicht erkennbar unerwünscht ist.

b) Geschäftliche Handlung

Der mit der UWG Novelle 2008 auch in § 7 Abs. 1 UWG neu eingeführte Begriff der geschäftlichen Handlung ist i.S.v. § 2 Abs. 1 Nr. 1 UWG zu verstehen.[492] Anstelle des Zieles der Absatz– oder Bezugsförderungsabsicht (Wettbewerbsabsicht) kommt es nunmehr darauf an, dass ein objektiver Zusammenhang zwischen Verhalten und Absatz- oder Bezugsförderung oder mit dem Abschluss oder der Durchführung eines Vertrages besteht. Mit der ausdrücklichen Erfassung des Verhaltens auch während und nach Geschäftsabschluss, ist der Begriff der geschäftlichen Handlung weiter als der substituierte Begriff der Wettbewerbshandlung (und dementsprechend auch der Anwendungsbereich des UWG). Demnach geht auch der Anwendungsbereich des § 7 Abs. 1 S. 1 UWG über den des § 7 Abs. 1 UWG 2004 hinaus.[493]

Im Zusammenhang mit diesen beiden Änderungen werden aktuell einige Fragestellungen in der Literatur diskutiert. Die nachfolgende Darstellung beschränkt sich auf die Diskussion solcher Punkte, die (auch) in Bezug auf § 7 Abs. 1 UWG von Relevanz sein können.

aa) Erfordernis einer objektiven Zielrichtung der Beeinflussung der geschäftlichen Entscheidung?

Fraglich ist, ob das Erfordernis des objektiven Zusammenhanges bei geschäftlichen Handlungen gegenüber Verbrauchern verlangt, dass a) in Bezug auf den Abschluss und die Durchführung eines Vertrages die Handlung objektiv darauf gerichtet ist,

---

hierfür eine Mehrwertdiensterufnummer gewählt werden muss (BT-Drucksache 15/1487, S. 20 zu § 7 UWG 2004).

492 Die nachfolgende Darstellung zeigt, dass die Auslegung in den verschiedenen Tatbeständen des UWG allerdings divergieren kann.

493 Praktische Relevanz im Rahmen des § 7 UWG hat die Erweiterung des Anwendungsbereiches beispielsweise in Bezug auf die – nunmehr nicht mehr mögliche – Argumentation, eine Verhaltensweise diene nur der Abwicklung eines Vertragsverhältnisses. Insbesondere bei wettbewerbswidrigen Telefonanrufen, beispielsweise nach Kündigung eines Versicherungsnehmers, der ausdrücklich keinen telefonischen Kontakt mehr wünscht, wurde häufig argumentiert, der Anrufer habe nur das Vertragsverhältnis abwickeln wollen. Mit dieser Argumentation allein wird sich der Anrufer aufgrund der Gesetzesänderungen jedenfalls keinerlei Gehör mehr verschaffen können (vgl. Evers/Oberst, VW 2009, 273).

eine geschäftliche Entscheidung eines Verbrauchers zu beeinflussen[494] bzw. b) in Bezug auf die Förderung des Bezugs oder Absatzes die Handlung das (objektive) Ziel hat, den Absatz (oder Bezug) durch Beeinflussung der geschäftlichen Entscheidung eines Verbrauchers zu fördern[495].[496]

Dies ist jedenfalls in Bezug auf § 7 UWG zu verneinen.[497] *Köhler* leitet die benannten Erfordernisse aus der UGP-Richtlinie ab.[498] In richtlinienkonformer Auslegung sei ein objektiver Zusammenhang nur unter den bezeichneten Voraussetzungen gegeben. § 7 Abs. 1 UWG setzt aber gerade nicht Vorgaben der UGP-Richtlinie um. Demzufolge wäre es bereits systematisch verfehlt, den Begriff der geschäftlichen Handlung i.S.d. § 7 Abs. 1 UWG im Lichte der UGP-Richtlinie einschränkend auszulegen. Vielmehr sind die geschäftliche Handlung und das diesbezügliche Erfordernis des objektiven Zusammenhanges autonom anhand der Regelungen und Wertungen des UWG selbst auszulegen.

Inhaltlich würde diese Forderung in Bezug auf § 7 Abs. 1 S. 1 UWG gerade solche Fallgruppen ausschließen, die § 7 Abs. 1 S. 1 UWG gemeinschaftsrechtskonform erfassen soll (und darf), nämlich – im Einklang mit Erwägungsgrund 7 UGP-Richtlinie – gerade unzumutbar belästigende Verhaltensweisen, welche die wirtschaftliche Entscheidungsfreiheit des Verbrauchers nicht beeinträchtigen und hierzu auch nicht geeignet sind. So fällt beispielsweise auch gerade die Fallgruppe des Ansprechens in der Öffentlichkeit, die die UGP-Richtlinie ausdrücklich aus ihrem Anwendungsbereich herausnimmt (Erwägungsgrund 7 UGP-Richtlinie), unter § 7 Abs. 1 UWG.[499] Die Eignung zur wesentlichen Beeinflussung des wirtschaftlichen Verhaltens des Verbrauchers würde aber mit *Köhler* gerade in den

---

494 So Köhler, WRP 2009, 898 (911).

495 Köhler, WRP 2009, 109 (111).

496 Ausgangspunkt für diese einschränkende Auslegung war die Fragestellung, ob bzw. inwieweit die Nicht- oder Schlechterfüllung vertraglicher Pflichten unter § 2 Abs. 1 Nr. 1 UWG zu fassen sei. Köhler, WRP 2009, 898 ff. und Scherer, WRP 2009, 761 ff. haben sich eingehend mit dieser Fragestellung beschäftigt und erörtert, ob sich das Verhältnis von Lauterkeitsrecht Leistungsstörungsrecht geändert hat.

497 So allgemein und unabhängig von § 7 UWG auch Kulka, DB 2008, 1548 (1552); Sosnitza, WRP 2008, 1014 (1017); Scherer, WRP 2009, 761 (766), wobei *Sosnitza* und *Scherer* einwenden, dass damit ein Tatbestandsmerkmal der Unlauterkeit einer Geschäftspraxis, nämlich die Eignung zur wesentlichen Beeinflussung des wirtschaftlichen Verhaltens des Verbrauchers, unzulässigerweise in den Tatbestand der Geschäftspraxis vorverlagert würde. Die vorgeschlagene Konkretisierung der Richtlinie entspräche demnach nicht der Systematik der Richtlinie.

498 Köhler, WRP 2009, 898 (911).

499 Bei dieser Fallgruppe geht es zwar in der Regel um Werbung. Da es sich bei der Werbung aber um einen Anwendungsfall der geschäftlichen Handlung handelt, müssen hierfür (mindestens) dieselben Kriterien erfüllt sein wie für das Vorliegen einer geschäftlichen Handlung. Der Anwendungsbereich der geschäftlichen Handlung geht über den der Werbung hinaus.

Tatbestand der Geschäftspraxis vorverlagert.[500] Diese Eignung kann von der objektiven Zielrichtung nicht getrennt werden.[501]

bb) Geschäftliche Handlung und außergeschäftliche Belästigungen

Fraglich ist, ob der Umstand, dass eine Wettbewerbsförderungsabsicht für die Annahme einer geschäftlichen Handlung nicht erforderlich ist, dazu führt, dass außergeschäftliche Belästigungen im rein privaten, unternehmensinternen, verbands- oder parteibezogenen Bereich, wie nachbarschaftliche Belästigungen durch nächtliche Anrufe oder aggressive Werbung um Mitglieder oder Stimmen durch den Einwurf von Handzetteln, nunmehr unter § 7 Abs. 1 UWG zu fassen sind.

Dies ist aufgrund des fehlenden Marktbezuges solcher außergeschäftlichen Handlungen zu verneinen. Auch im Rahmen von § 7 Abs. 1 S. 1 UWG muss die Belästigung von einer Person ausgehen, die zugunsten des eigenen oder eines fremden Unternehmens handelt. Hieran fehlt es in aller Regel bei den sonstigen Belästigungen im rein privaten, unternehmensinternen, verbands- oder parteibezogenen Bereich[502], so dass es auf ein etwaiges subjektives Element nicht ankommt. In Bezug auf solche Tätigkeiten fehlt es darüber hinaus – wie bereits unter UWG 2004[503] – in aller Regel auch an dem erforderlichen objektiven Zusammenhang mit einer Absatz- oder Bezugsförderung[504].[505]

c) Unzumutbare Belästigung

Nach § 7 Abs. 1 S. 1 UWG sind nur solche geschäftlichen Handlungen zu untersagen, die einen Marktteilnehmer in unzumutbarer Weise belästigen.

aa) Belästigung

Der Begriff der Belästigung hat sich durch die UWG Novelle 2008 oder das Gesetz gegen unerlaubte Telefonwerbung nicht geändert. Unter Belästigung sind nach wie vor solche Auswirkungen einer geschäftlichen Handlung zu verstehen, die bereits wegen der Art und Weise des Herantretens an andere Marktteilnehmer, unabhängig vom Inhalt der Äußerung, von diesen als Beeinträchtigung ihrer

---

500 Sosnitza, WRP 2008, 1014 (1017); Scherer, WRP 2009, 761 (766).

501 So aber Köhler, WRP 2009, 898 (899) in seiner Reaktion auf die Kritik von *Sosnitza* und *Scherer*.

502 Vgl. Hefermehl/Köhler/Bornkamm-*Köhler*, § 7 Rn. 17.

503 Piper/Ohly-*Ohly*, § 7 Rn. 27; jurisPK-*Ernst*, § 7 Rn. 10.

504 Um den Abschluss oder die Durchführung von Verträgen geht es in diesem Zusammenhang in aller Regel nicht.

505 Harte/Henning-*Keller*, § 2 Rn. 89.

privaten oder beruflichen Sphäre empfunden werden. Eine Werbung, die dem Adressaten wegen ihres Inhalts missfällt, beispielsweise ihn in seinen sittlichen, weltanschaulichen, politischen oder religiösen Anschauungen verletzt, oder die er als geschmacklos empfindet, kann nicht nach § 7 Abs. 1 UWG untersagt werden.[506] Diese Vorschrift stellt kein Instrument zur Kontrolle des Inhalts von Werbung dar.[507]

bb) Unzumutbarkeit der Belästigung

Das Tatbestandsmerkmal der Unzumutbarkeit in § 7 Abs. 1 S. 1 UWG ermöglicht und erfordert eine Wertung der geschäftlichen Handlung.[508] Die erforderliche Interessenabwägung im Einzelfall erfolgt dabei am Maßstab der Grundrechte, wobei sowohl die Interessen der betroffenen Marktteilnehmer als auch die Interessen der handelnden Unternehmen zu berücksichtigen sind.[509]

Vor dem Hintergrund, dass § 7 UWG nunmehr als selbständiger Verbotstatbestand konzipiert ist, und damit einhergehend die Spürbarkeitsschwelle des § 3 UWG auch bei § 7 Abs. 1 UWG nicht zu prüfen ist (und auch nicht geprüft werden darf)[510], ist fraglich, wie weit die Wertungsmöglichkeit im Rahmen der Unzumutbarkeitsprüfung des § 7 UWG reicht. Konkret ist zu hinterfragen, ob als Folge der Verselbständigung des § 7 UWG gewisse Kriterien und/oder Umstände bei der Beurteilung einer geschäftlichen Handlung unberücksichtigt bleiben müssen, die unter § 7 UWG 2004 (nur) i.V.m. § 3 UWG 2004 im Rahmen der Prüfung der Bagatellschwelle in die Wertung der Handlung als unzulässig mit einbezogen werden konnten. Diese Fragestellung knüpft an den unter UWG 2004 herrschenden Streit an, ob und inwieweit die Unzumutbarkeitsschwelle in § 7 UWG 2004 und die Bagatellschwelle des § 3 UWG 2004 deckungsgleich wären.[511] Relevant

506 Hefermehl/Köhler/Bornkamm-*Köhler*, § 7 Rn. 19 und 34; Harte/Henning-*Ubber*, § 7 Rn. 24.

507 Vgl. BVerfG GRUR 2003, 442 (444) – *Benetton-Werbung II*; BVerfG GRUR 2001, 170 (173 f.) – *Schockwerbung;* Begründung Regierungsentwurf UWG 2004, BT-Drucksache 15/1487, S. 20 zu § 7 UWG.

508 Begründung Regierungsentwurf Änderungsgesetz, BT-Drucksache 16/10145, S. 28 zu § 7 UWG.

509 Verfassungsrechtlich besteht ein Interessenkonflikt zwischen der Berufsfreiheit des Werbenden (Art. 12 GG), seiner Meinungsfreiheit (Art. 5 Abs. 1 GG) sowie dem Interesse der an Werbung interessierten Marktteilnehmern (Art. 2 I und Art. 5 I GG) einerseits und dem über Art. 2 Abs. 1 GG und Art. 14 GG geschützten Interesse von Verbrauchern und sonstigen Marktteilnehmern, von Werbung verschont zu bleiben (Art. 2 I und Art. 14, ggf. auch Art. 5 I GG negative Informationsfreiheit) andererseits. Handelt es sich bei dem Werbeadressaten um ein Unternehmen, ist überdies Art. 12 GG betroffen. Im Rahmen der Unzumutbarkeit des § 7 Abs. 1 UWG sind diese Interessen gegeneinander abzuwägen.

510 Begründung Regierungsentwurf Änderungsgesetz, BT-Drucksache 16/10145, S. 28 zu § 7 UWG.

511 Zuletzt umfassend hierzu Mankowski, WRP 2008, 15 ff. m.w.N.

ist dies unter der heutigen Rechtslage unter zwei Aspekten: Einerseits geht es um die Frage, ob im Rahmen der Unzumutbarkeitsprüfung in § 7 Abs. 1 UWG das Kriterium der Nachahmungefahr berücksichtigt werden kann (hierzu (1)). Andererseits gilt es in diesem Zusammenhang zu erörtern, wie die Ausreißerfälle zu behandeln sind (hierzu (2)).

(1) Unzumutbarkeit als spezielle Bagatellschwelle

Die mit einzelnen Werbemaßnahmen für den Werbeadressaten verbundene Belästigung könnte man als noch billigenswert abzutun geneigt sein. Doch regelmäßig tragen Werbemaßnahmen den Keim in sich, viele weitere nach sich zu ziehen. Würde man die konkrete Werbemaßnahme als zulässig deklarieren, könnten sich andere Unternehmer aus Wettbewerbsgründen zur Nachahmung gezwungen sehen.[512] Nach unter § 1 UWG a.F. und UWG 2004 herrschender Meinung konnte dieses Kriterium daher im Zusammenhang mit der unzumutbaren Belästigung wertend Berücksichtigung finden.[513] Vor dem Hintergrund, dass sich der Begründung des Regierungsentwurfes zu UWG 2004 entnehmen lässt, dass die Nachahmungsgefahr nach Auffassung des Gesetzgebers im Rahmen der Bagatellschwelle des § 3 UWG 2004 berücksichtigt werden sollte[514], ist fraglich, ob dieses Kriterium unter der heutigen Rechtslage im Rahmen der Unzumutbarkeitsprüfung des § 7 Abs. 1 UWG in die Wertung der Handlung mit einbezogen werden darf.

Dies ist zu bejahen. Der BGH hat bereits unter § 7 UWG 2004 die Nachahmungsgefahr im Rahmen der Prüfung der Unzumutbarkeit gem. § 7 Abs. 1 UWG berücksichtigt.[515] Auch in der Literatur war anerkannt, dass die Nachahmungsgefahr (auch) im Rahmen von § 7 Abs. 1 UWG berücksichtigt werden

---

512 So ausdrücklich BGH GRUR 2005, 443 (445) – *Ansprechen in der Öffentlichkeit II.*

513 Zu UWG 2004: BGH WRP 2005, 485 (486) – *Ansprechen in der Öffentlichkeit II;* zu § 1 UWG a.F.: vgl. BGH GRUR 1959, 277 – *Künstlerpostkarten;* BGH GRUR 1960, 431 – *Kraftfahrzeugnummernschilder;* BGH GRUR 1965, 315 (316) – *Werbewagen;* BGH GRUR 1967, 430 (431) – *Grabsteinaufträge I;* BGH GRUR 1970, 523 (524) – *Telefonwerbung I;* BGH GRUR 1973, 210 (212) – *Telex-Werbung;* BGH GRUR 1975, 264 (266) – *Werbung am Unfallort I;* BGH GRUR 1975, 264 (266) – *Werbung am Unfallort II;* BGH GRUR 1980, 790 – *Werbung am Unfallort III;* BGH GRUR 2000, 235 – *Werbung am Unfallort IV.* A.A. Harte/Henning-*Ubber*, § 7 Rn. 29, der einwendet, dass wettbewerbswidriges Verhalten seinen Unwertgehalt allein aus den konkreten Tatumständen beziehe.

514 Begründung Regierungsentwurf UWG 2004, BT-Drucksache 15/1487, S. 21 zu § 7 UWG. Dort heißt es, dass auch einzelne unerwünschte Werbenachrichten regelmäßig wegen des Nachahmungseffekts den Wettbewerb nicht nur unerheblich beeinträchtigen würden.

515 BGH GRUR 2005, 443 (445) – *Ansprechen in der Öffentlichkeit II.* Das OLG Stuttgart, berücksichtigte dieses Kriterium in seinem Urteil vom 22.03.2007, Az. 2 U 159/06, zu § 7 Abs. 2 Nr. 2 UWG 2004 allerdings erst im Rahmen des § 3 UWG 2004.

könnte.[516] Die Begründung des Regierungsentwurfes zum Änderungsgesetz spricht ebenfalls dafür, dass dieses Kriterium in die Abwägung nach § 7 Abs. 1 UWG einfließen kann. Denn danach ist die Unzumutbarkeit in § 7 Abs. 1 S. 1 UWG eine spezielle Bagatellschwelle, die im Rahmen des § 7 Abs. 1 UWG eine umfassende Wertung ermöglicht und erfordert; eine Doppelregelung durch eine nachgeschaltete Prüfung gemäß der *„allgemeinen Erheblichkeitsschwelle des § 3 Abs. 1 UWG“*[517] wäre nicht sinnvoll.[518] Wenn die Unzumutbarkeit eine umfassende Wertung ermöglichen soll, müssen sich alle Wertungen, d.h. also auch eine mögliche Nachahmungsgefahr, in der Unzumutbarkeitsprüfung abbilden lassen können. Eine Ausklammerung dieses Beurteilungskriteriums war offensichtlich nicht beabsichtigt. Dies gilt umso mehr, als es sich bei de Nachahmungsgefahr um ein Wertungskriterium handelt, das dem Tatbestand des § 7 UWG zugrundeliegt. Es hat in § 7 UWG seinen speziellen gesetzlichen Ausdruck gefunden, so dass es richtig und konsequent ist, es auch dort wertend zu berücksichtigen.[519]

Der Aspekt der Nachahmungsgefahr kann demnach auch unter der heutigen Rechtslage im Zusammenhang mit der unzumutbaren Belästigung gem. § 7 Abs. 1 UWG als Beurteilungskriterium berücksichtigt werden.[520]

(2) Behandlung von Ausreißerfällen

Fraglich ist, wie das Argument des einmaligen Ausreißers unter der neuen Rechtslage einzuordnen ist. Unter UWG 2004 war es streitig, ob das Vorliegen eines Ausreißers ausnahmsweise zu einer Verneinung der Erheblichkeit i.S.d. § 3 UWG 2004

516 Vgl. Mankowski, WRP 2008, 15 (19).

517 Dass die Begründung des Regierungsentwurfes nach wie vor von einer Erheblichkeitsschwelle in § 3 Abs. 1 UWG spricht, ist der Sache nach zwar zutreffend, da die terminologische Änderung von „Erheblichkeit“ zur „Spürbarkeit“ – wie dargelegt – keine inhaltliche Änderung nach sich zog. Dennoch wäre es terminologisch passender, nunmehr von Spürbarkeitsschwelle zu sprechen.

518 Begründung Regierungsentwurf Änderungsgesetz, BT-Drucksache 16/10145, S. 28 zu § 7 UWG.

519 So auch Mankowski, WRP 2008, 15 (19).

520 Neben der Nachahmungsgefahr spielen folgende Beurteilungskriterien bei der Prüfung der Unzumutbarkeit im Rahmen von § 7 Abs. 1 UWG eine Rolle:
- Intensität des Eingriffs in die private oder berufliche Sphäre;
- Zeitaufwand und Aufwand von Kosten, um der Werbung zu entgehen;
- Möglichkeit des Werbenden zum Vorgehen in schonenderer Weise und
- Ausweichmöglichkeiten des Adressaten

Bei der Beurteilung des Einzelfalles kommt es nicht auf das subjektive Empfinden des Einzelnen, sondern – wie bisher – auf den durchschnittlich informierten, aufmerksamen und verständigen Durchschnittsadressaten an (siehe zu den Beurteilungskriterien im Einzelnen statt vieler Hefermehl/Köhler/Bornkamm-*Köhler*, § 7 Rn. 24 ff.; Harte/Henning-*Ubber*, § 7 Rn. 27).

und damit zu einem Ausschluss der Wettbewerbswidrigkeit führen konnte.[521] Vor diesem Hintergrund wird auch die Begründung des Regierungsentwurfes zum Änderungsgesetz kritisiert[522], die in ihrer Argumentation zur Abkopplung des § 7 UWG von § 3 UWG voraussetzt, dass § 3 UWG 2004 neben § 7 UWG 2004 keinen Anwendungsbereich hatte. Denn sie spricht davon, dass die Unzumutbarkeit in § 7 Abs. 1 UWG eine umfassende Wertung ermögliche und erfordere und daher eine *„Doppelregelung"* durch eine nachgeschaltete Prüfung gemäß der allgemeinen Erheblichkeitsschwelle des § 3 Abs. 1 UWG nicht sinnvoll sei.[523] Dieser Auffassung hatte sich – wie oben dargelegt – zuletzt auch der BGH in zwei Entscheidungen zur Telefonwerbung pauschal angeschlossen[524], wobei in der Literatur zu Recht bezweifelt wurde, dass damit in Bezug auf die gesamte Regelung des § 7 UWG 2004 das letzte Wort des BGH gesprochen worden sei.[525]

Mit der Abkopplung des § 7 UWG von § 3 UWG hat der Gesetzgeber mitentschieden, dass das Argument des Ausreißers nicht dazu führen kann, die Wettbewerbswidrigkeit entfallen zu lassen. Durch die Verselbständigung des § 7 UWG bleibt auch bei den Ausreißerfällen kein Raum für einen korrigierenden Rückgriff auf § 3 UWG. Wie bereits vor der UWG Novelle 2008 vertreten[526], kann das Argument allenfalls die Wiederholungsgefahr und damit den für § 8 Abs. 1 UWG erforderlichen Unterlassungsgrund entfallen lassen.

d) Zusammenfassung der Ergebnisse

Die Regelung des § 7 Abs. 1 S. 1 UWG findet zum einen Anwendung auf solche Formen unzumutbar belästigender geschäftlicher Handlungen, die nicht unter

---

521 BGH GRUR 1992, 617 – *Briefkastenwerbung*; MüKoUWG-*Leible*, § 7 Rn. 61; MükoUWG-*Sosnitza*, § 3 Rn. 120; Piper/Ohly-*Ohly*, § 7 Rn. 26; a.A. Köhler, GRUR 2005, 1 (6); Mankowski, WRP 2008, 15 (19).

522 Kritisch auch Sosnitza, WRP 2008, 1014 (1018); Tonner/Reich, VuR 2009, 95 (100).

523 Begründung Regierungsentwurf Änderungsgesetz, BT-Drucksache 16/10145, S. 28 zu § 7 UWG.

524 BGH GRUR 2007, 607 Rz. 23 – *Telefonwerbung für Individualverträge;* BGH GRUR 2008, 189 Rz. 23 – *Suchmaschineneintrag.*

525 Mankowski, WRP 2008, 15 (16). So im Ergebnis wohl auch *Sosnitza*, der bei der Diskussion um die Problematik der Reichweite und Bedeutung der Bagatellschwelle des § 3 UWG im Zusammenhang mit § 7 UWG in WRP 2008, 1014 (1020) die benannten Urteile des BGH völlig unberücksichtigt ließ. Die Kritik ist berechtigt, denn der der BGH traf die Feststellung, dass in den Fällen des § 7 UWG 2004 die Bagatellschwelle stets überschritten sei, unter alleiniger Bezugnahme auf *Köhler* jeweils in nur einem Satz, ohne diese weiter zu begründen oder sich mit den Gegenstimmen aus Rechtsprechung (OLG Nürnberg, WRP 2007, 201 zur E-Mail-Werbung; OLG Stuttgart, Urt. Vom 22.3.2007 – 2 U 159/06 zur Telefaxwerbung; OLG Hamm, GRUR-RR 2006, 379 (380) zur Telefaxwerbung, welches unter § 3 Anhaltspunkte für einen minderschweren Fall prüfte; OLG Hamm, MMR 2007, 54, 55 zur Telefonwerbung; OLG Frankfurt GRUR 2005, 964, 965 zur Telefonwerbung) und Literatur auseinanderzusetzen.

526 Mankowski, WRP 2008, 15 (19, 21).

den Begriff der Werbung zu fassen sind und stellt sich zum anderen als Auffangtatbestand für unzumutbar belästigende Werbung gegenüber Verbrauchern und sonstigen Marktteilnehmern dar, die für den Werbenden nicht erkennbar unerwünscht ist.

Der mit der UWG Novelle 2008 auch in § 7 Abs. 1 UWG neu eingeführte Begriff der geschäftlichen Handlung ist i.S.v. § 2 Abs. 1 Nr. 1 UWG zu verstehen. Dieser Begriff ist in § 7 Abs. 1 UWG aber nicht im Lichte der UGP-Richtlinie in der Weise einschränkend auszulegen, dass der geforderte objektive Zusammenhang eine objektive Zielrichtung der Beeinflussung der geschäftlichen Handlung erfordert. Der Umstand, dass eine Wettbewerbsförderungsabsicht für die Annahme einer geschäftlichen Handlung nicht erforderlich ist, ändert nichts an dem Umstand, dass außergeschäftliche Belästigungen nicht § 7 Abs. 1 UWG unterfallen. Denn insoweit fehlt es an dem nach wie vor erforderlichen Marktbezug.

Die Unzumutbarkeit in § 7 Abs. 1 S. 1 UWG ist eine spezielle Bagatellschwelle, die im Rahmen des § 7 Abs. 1 UWG eine umfassende Wertung ermöglicht und erfordert. Im Rahmen dieser Prüfung lassen sich alle Wertungen abbilden; hierzu zählt auch das Kriterium der Nachahmungsgefahr.

Folge der Verselbständigung des § 7 UWG ist, dass die Ausreißerfälle nicht mehr als Bagatellfälle gewertet werden können.

2. § 7 Abs. 1 S. 2 UWG als Beispielstatbestand

Bei § 7 Abs. 1 S. 2 UWG handelt es sich um einen abstrakt gefassten Beispielstatbestand der unzumutbaren Belästigung i.S.d. § 7 Abs. 1 S. 1 UWG, der bei erkennbar unerwünschter Werbung gegenüber Verbrauchern und gegenüber sonstigen Marktteilnehmern Anwendung findet.

a) Entstehungsgeschichte

Die Regelung des § 7 Abs. 1 S. 2 UWG fand sich zuvor in § 7 Abs. 2 Nr. 1 UWG 2004.[527] Sie konnte in der Konzeption als Per-se-Verbot nicht beibehalten werden, da dies gegen die Vorgaben der UGP-Richtlinie verstoßen hätte.[528] Denn einen § 7 Abs. 2 Nr. 1 UWG 2004 entsprechenden Tatbestand, wonach völlig unabhängig vom verwendeten Kommunikationsmittel jede erkennbar unerwünschte Werbung per se unzulässig wäre, enthält Anhang I UGP-Richtlinie nicht. Nummer 26 des

527 Begründung Regierungsentwurf Änderungsgesetz, BT-Drucksache 16/10145, S. 28 zu § 7 UWG.

528 Dass nationale Per-se-Verbote geschäftlicher Handlungen, die nicht in Anhang I UGP-Richtlinie enthalten sind, mit den Vorgaben der UGP-Richtlinie nicht vereinbar sind, hat auch der EuGH in seinem Urteil vom 23.04.2009, Az. C-261/07, C-299/07, WRP 2009, 722 (727 f. Rz. 52 ff.) – *„Total" und „Sanoma"* noch einmal bestätigt.

Anhang I der Richtlinie ist vielmehr auf solche Medien der Kommunikation beschränkt, die für den Fernabsatz geeignet sind, und fordert darüber hinaus ein hartnäckiges Ansprechen. Ausnahmen von dem Vollharmonisierungsgebot gelten aber, wie dargestellt, wegen Art. 13 UGP-Richtlinie nur für die Kommunikationsmittel Telefon, Telefax und elektronische Post.

b) Anwendungsbereich

§ 7 Abs. 1 S. 2 i.V.m. § 7 Abs. 1 S. 1 UWG soll solche Sachverhalte erfassen, die bisher von § 7 Abs. 2 Nr. 1 UWG 2004 erfasst wurden und über den Anwendungsbereich von Nr. 26 Anhangs I UGP-Richtlinie hinausgehen.[529] Konkret findet § 7 Abs. 1 S. 2 i.V.m. S. 1 UWG damit Anwendung auf die nicht-hartnäckige Brief- und Briefkastenwerbung gegenüber Verbrauchern[530] sowie die Brief- und Briefkastenwerbung gegenüber sonstigen Marktteilnehmern, wobei die Werbung in beiden Fällen erkennbar unerwünscht[531] sein muss, etwa durch die Mitteilung an den Unternehmer, dass Werbung nicht erwünscht sei, durch einen Eintrag in die Robinsonliste oder einen Sperrvermerk am Briefkasten.

c) Anwendbarkeit der Unzumutbarkeitsschwelle

Obgleich § 7 Abs. 1 S. 2 UWG selbst das Tatbestandsmerkmal der Unzumutbarkeit nicht beinhaltet, ist dennoch in Bezug auf jeden Fall der erkennbar unerwünschten Werbung i.S.d. § 7 Abs. 1 S. 2 UWG eine Abwägung widerstreitender Interessen, bei der alle Umstände des Einzelfalles zu berücksichtigen sind, im Rahmen der Unzumutbarkeit vorzunehmen.[532]

VI. Fallgruppen des § 7 Abs. 1 UWG

Im Folgenden werden die Fallgruppen des § 7 Abs. 1 UWG dargestellt. Vor dem Hintergrund des Normzwecks des § 7 UWG und der Notwendigkeit einer klaren Abgrenzung von § 4 Nr. 1 und 2 UWG kommt es bei der Bestimmung der Fallgruppen darauf an, ob es sich bei den Fallgruppen um Belästigungen handelt, die geeignet sind, die wirtschaftliche Entscheidungsfreiheit des Verbrauchers zu be-

529 Begründung Regierungsentwurf Änderungsgesetz, BT-Drucksache 16/10145, S. 29 zu § 7 UWG.

530 Sie hierzu die die Ausführungen oben unter D.III.4.d).

531 Der entgegenstehende Wille kann auch durch den Eintrag in eine sog. Robinson-Liste dokumentiert werden. Entsprechende Listen werden von dem Deutschen Direktmarketing Verband e.V. (Briefwerbung), dem Interessenverband Deutsches Internet e.V. (E-Mail, SMS-, MMS- und Telefonwerbung) und dem BITKOM eV (Faxwerbung) geführt.

532 Begründung Regierungsentwurf Änderungsgesetz, BT-Drucksache 16/10145, S. 29 zu § 7 UWG.

einträchtigen (dann Subsumtion unter § 4 Nr. 1 und 2 UWG) oder um reine Belästigungen (dann Subsumtion unter § 7 Abs. 1 UWG). Dabei sind auch die Vorgaben der UGP-Richtlinie in der Weise zu berücksichtigen, dass solche Belästigungen gegenüber Verbrauchern von vornherein aus dem Anwendungsbereich des § 7 Abs. 1 UWG (und des § 4 Nr. 1 und 2 UWG) auszunehmen sind, die in Umsetzung des Anhang I zur UGP-Richtlinie in Anhang zu § 3 Abs. 3 UWG als stets unlautere Geschäftspraktiken qualifiziert werden.

1. Ansprechen in der Öffentlichkeit

a) Begriff und wirtschaftliche Relevanz

Unter dem Ansprechen in der Öffentlichkeit ist das gezielte individuelle Ansprechen von Passanten an öffentlichen Orten zu Werbezwecken zu verstehen.[533] Diese Werbeform ist wirtschaftlich attraktiv, weil mit geringem Personalaufwand eine Vielzahl von potentiellen Kunden erreicht werden kann. Sie wird beispielsweise von Unternehmen genutzt, die Kunden in ihr Geschäftslokal locken wollen. Verbreitet sind auch Werbestände in Fußgängerzonen, Bahnhöfen und Abflughallen von Flughäfen. Häufig handelt es sich dabei um Werbung für Kreditkarten und Zeitschriftenabonnements.[534]

b) Regelungen in der UGP-Richtlinie

Die Fallgruppe Ansprechen in der Öffentlichkeit findet an zwei Stellen in der UGP-Richtlinie Erwähnung. Einerseits stellt Erwägungsgrund 7 UGP-Richtlinie ausdrücklich klar, dass das Ansprechen in der Öffentlichkeit grundsätzlich nicht in den Anwendungsbereich der UGP-Richtlinie fällt. Andererseits folgt aus Art. 9 lit. c) UGP-Richtlinie, dass bestimmte, die dort benannten Kriterien erfüllende Sonderfälle dieser Fallgruppe, wie das Ansprechen am Unfallort, dem Anwendungsbereich der UGP-Richtlinie unterfallen.

aa) Erwägungsgrund 7 UGP-Richtlinie

In Erwägungsgrund 7 UGP-Richtlinie wird *„das Ansprechen von Personen auf der Straße zu Verkaufszwecken"* als ein Beispiel für Geschäftspraktiken aufgeführt, die in manchen Mitgliedstaaten aus kulturellen Gründen unerwünscht sein können. Erwägungsgrund 7 UGP-Richtlinie erlaubt ausdrücklich, solche Geschäftspraktiken-

533 BGH GRUR 2004, 699 (700) – *Ansprechen in der Öffentlichkeit I*; BGH GRUR 2005, 443 (444) – *Ansprechen in der Öffentlichkeit II*.

534 Vgl. Hefermehl/Köhler/Bornkamm-*Köhler*, § 7 Rn. 63.

ken weiterhin *„aus Gründen der guten Sitten und des Anstands"* zu verbieten, *„auch wenn diese Praktiken die Wahlfreiheit des Verbrauchers nicht beeinträchtigen"*. Hieraus folgt, dass das Ansprechen in der Öffentlichkeit nicht dem Anwendungsbereich der UGP-Richtlinie unterfällt, soweit es im konkreten Fall nicht jedenfalls dazu geeignet ist, die wirtschaftliche Entscheidungsfreiheit des Verbrauchers zu beeinträchtigen. Die Mitgliedstaaten sind demnach frei, diese Fallgruppe in dem bezeichneten Umfang selbständig zu regeln.

bb) Kriterien nach Art. 9 lit. c) UGP-Richtlinie

Art. 9 lit. c) UGP-Richtlinie führt als Kriterien für die Feststellung, ob eine Belästigung, Nötigung oder unzulässige Beeinflussung vorliegt, *„die Ausnutzung durch den Gewerbetreibenden von konkreten Unglückssituationen oder Umständen von solcher Schwere, dass sie das Urteilsvermögen des Verbrauchers beeinträchtigen, worüber sich der Gewerbetreibende bewusst ist, um die Entscheidung des Verbrauchers in Bezug auf das Produkt zu beeinflussen"* auf. Dieses sind Kriterien, die im Rahmen der Fallgruppe Ansprechen am Unfallort als Unterfallgruppe zu dem Ansprechen in der Öffentlichkeit eine Rolle spielen, so dass diese dem Anwendungsbereich der UGP-Richtlinie unterfällt.

c) Grundsätzliche Bewertung nach § 7 Abs. 1 UWG

Bei dem Ansprechen in der Öffentlichkeit geht es in der Regel um den Schutz der Individualsphäre des Betroffenen.[535] Daher ist das Ansprechen in der Öffentlichkeit richtigerweise nach wie vor grundsätzlich nach § 7 Abs. 1 S. 1 UWG zu bewerten.[536] Dies entspricht auch der Wertung in Erwägungsgrund 7 UGP-Richtlinie.

Bei der Beurteilung nach § 7 Abs. 1 UWG können in gemeinschaftsrechtskonformer Weise dieselben Grundsätze beibehalten werden, die der BGH bereits unter Geltung des UWG 2004 in zwei Entscheidungen[537] aufgestellt hatte und die durch das OLG Frankfurt a.M.[538], an welches der BGH die Sache teilweise zurückverwiesen hatte[539], weiter ausgeformt wurden. Danach ist zu differenzieren.

---

535 So auch BGH GRUR 2004, 699 (700) – *Ansprechen in der Öffentlichkeit I;* BGH GRUR 2005, 443 (444) – *Ansprechen in der Öffentlichkeit II.*

536 Vgl. Begründung Regierungsentwurf Änderungsgesetz, BT-Drucksache 16/10145, S. 29 zu § 7 UWG.

537 BGH GRUR 2004, 699 ff. – *Ansprechen in der Öffentlichkeit I;* BGH GRUR 2005, 443 ff. – *Ansprechen in der Öffentlichkeit II.*

538 OLG Frankfurt a.M., GRUR 2008, 353 ff. – *Ansprechen von Passanten.*

539 BGH GRUR 2005, 443 (445) – *Ansprechen in der Öffentlichkeit II.*

aa) Unzulässigkeit bei nicht eindeutiger Erkennbarkeit des Werbenden

Eine unzumutbare Belästigung i.S.d. § 7 Abs. 1 S. 1 UWG ist von vornherein anzunehmen, wenn der Werbende für den Angesprochenen nicht als solcher eindeutig erkennbar ist[540], d.h. kein klares optisches Signal aussendet, welches dem Passanten auf den ersten Blick eine mögliche Werbeansprache durch den Werbenden signalisiert.[541] Denn eine solche verdeckte, aber gezielte und individuelle Direktansprache stelle eine unerbetene Kontaktaufnahme und damit einen belästigenden Eingriff in die Individualsphäre des Umworbenen dar.[542] Der Passant werde in seinem Bedürfnis, auch im öffentlichen Raum möglichst ungestört zu bleiben, beeinträchtigt und unmittelbar persönlich für die gewerblichen Zwecke des werbenden Unternehmens in Anspruch genommen.[543]

Die Unzumutbarkeit der Belästigung hat der BGH zum einen damit begründet, dass bei dieser Werbemethode ein belästigendes Verhalten bewusst und gezielt im eigenen Werbeinteresse angewandt würde. Zudem könnten andere Mitbewerber zu einer Nachahmung gezwungen sein.[544] Wie oben dargelegt[545], kann das Kriterium der Nachahmungsgefahr auch unter der heutigen Rechtslage noch unter § 7 Abs. 1 UWG Berücksichtigung finden.

bb) Grundsätzliche Zulässigkeit bei eindeutiger Erkennbarkeit des Werbenden

Ist hingegen der Werbende als solcher eindeutig erkennbar, stellt das Ansprechen in der Öffentlichkeit grundsätzlich keine unzumutbare Belästigung i.S.d. § 7 Abs. 1 S. 1 UWG dar, sondern ist als zulässig zu bewerten.[546] Dem BGH ist zuzustimmen, dass der Passant in dieser Fallgestaltung fast immer die Möglichkeit hat, sich einem unerwünschten Gespräch ohne große Mühe durch Nichtbeachtung

---

540 BGH GRUR 2004, 699 f. – *Ansprechen in der Öffentlichkeit I;* BGH GRUR 2005, 443 f. – *Ansprechen in der Öffentlichkeit II.*

541 OLG Frankfurt a.M., GRUR 2008, 353 f. – *Ansprechen von Passanten.* Dabei differenziert das OLG Frankfurt a.M. weiter wie folgt: Befindet sich der Werbende vor einem Werbestand, müsse seine Person dieses klare optische Signal aussenden, beispielsweise durch das Tragen einer auffälligen Mütze. Steht der Werbende hinter einem Werbestand, reicht die Zuordnung des Werbenden zum Werbestand aus; der Werbecharakter werde sofort deutlich.

542 BGH GRUR 2004, 699 (700) – *Ansprechen in der Öffentlichkeit I;* BGH GRUR 2005, 443 (444) – *Ansprechen in der Öffentlichkeit II.*

543 BGH GRUR 2004, 699 (701) – *Ansprechen in der Öffentlichkeit I;* BGH GRUR 2005, 443 (444) – *Ansprechen in der Öffentlichkeit II.*

544 BGH GRUR 2004, 699 (701) – *Ansprechen in der Öffentlichkeit I;* BGH GRUR 2005, 443 (445) – *Ansprechen in der Öffentlichkeit II;* vgl. BGH GRUR 1988, 616 – *Btx-Werbung.*

545 Siehe hierzu D. V. 1. c) bb).

546 Vgl. BGH GRUR 2004, 699 (700) – *Ansprechen in der Öffentlichkeit I;* BGH GRUR 2005, 443 (445) – *Ansprechen in der Öffentlichkeit II;* OLG Bremen, BeckRS 2005, 30360299.

des Werbenden oder durch eine kurze abweisende Bemerkung oder Geste zu entziehen. Eine unzumutbare Belästigung soll richtigerweise nur dann gegeben sein, wenn ein Ausweichen nach den gegebenen Verhältnissen nicht möglich ist (z.B. bei einer sehr engen Straße oder im Wartebereich einer Behörde[547]), oder der Werbende nachhaltig auf den Passanten einwirkt, ihn etwa am Weitergehen hindert oder ihm folgt.[548]

cc) Kein Fall des § 4 Nr. 1 und 2 UWG

Begrüßenswerter Weise hat der BGH in beiden Entscheidungen abgelehnt, dass die angesprochenen Passanten durch eine persönliche Ansprache in eine psychische Zwangslage versetzt würden, durch die sie sich zu einem unerwünschten Vertragsschluss bewegen lassen würden[549], d.h. also mit dem Ansprechen in der Öffentlichkeit eine Beeinträchtigung der wirtschaftlichen Entscheidungsfreiheit einhergeht. Die beteiligten Verkehrskreise seien heute stärker als früher auf die Wahrung eigener Interessen und weniger auf die Einhaltung bestimmter Umgangsformen bedacht. Mit der Gefahr einer Verstrickung oder Überrumpelung des Verbrauchers ließe sich die Unlauterkeit der in Rede stehenden Werbemethode nicht mehr begründen.[550]

Vor diesem Hintergrund unterfällt das Ansprechen in der Öffentlichkeit grundsätzlich nicht unter § 4 Nr. 1 und 2 UWG, sondern unter § 7 Abs. 1 UWG.

d) Ansprechen am Unfallort

Für die Unterfallgruppe Ansprechen am Unfallort oder in anderen Unglückssituationen gilt etwas anderes. Das Ansprechen eines Unfallbeteiligten am Unfallort zu Verkaufszwecken, wie Reparaturauftrag, Kfz-Mietvertrag oder Abschleppauftrag, stellt eine erhebliche Belästigung dar.[551] Im Gegensatz zu Passanten auf öffentlichen Straßen befinden sich Unfallbeteiligte regelmäßig in einer psychischen

---

547 OLG Bremen, BeckRS 2005, 30360299, das in Anschluss an die BGH Rechtsprechung eine unzumutbare Belästigung gem. § 7 Abs. 1 UWG 2004 bei der Ansprache in dem Wartebereich einer Kfz-Zulassungsstelle angenommen hat.

548 BGH GRUR 2005, 443 (445) – *Ansprechen in der Öffentlichkeit II;* OLG Bremen, BeckRS 2005, 30360299.

549 So bereits BGH GRUR 2004, 699 (700) – *Ansprechen in der Öffentlichkeit I;* BGH GRUR 2005, 443 (444) – *Ansprechen in der Öffentlichkeit II.*

550 BGH GRUR 2004, 699 (700) – *Ansprechen in der Öffentlichkeit I;* vgl. BGH GRUR 2005, 443 (444) – *Ansprechen in der Öffentlichkeit II.*

551 Vgl. BGH GRUR 1975, 264 (265) – *Werbung am Unfallort I*; BGH GRUR 1975, 266 – *Werbung am Unfallort II*; BGH GRUR 1980, 790 (791) – *Werbung am Unfallort III*; BGH GRUR 2000, 235 (236) – *Werbung am Unfallort IV.*

Ausnahmesituation und sind häufig nicht in der Lage, derartige Angebote kritisch und distanziert zu beurteilen. Die Gefahr eines unüberlegten und übereilten Vertragsschlusses ist in solchen Fällen daher besonders groß. Demnach ist diese Konstellation nach § 4 Nr. 1 und 2 UWG und nicht (auch) nach § 7 Abs. 1 UWG zu bewerten.[552]

e) Bewertung

Diese rechtliche Wertung entspricht den in Erwägungsgrund 7 und Art. 9 lit. c) ausgedrückten Wertungen der UGP-Richtlinie. Das Ansprechen in der Öffentlichkeit kann – nach den oben aufgeführten Kriterien – grundsätzlichen einen belästigenden Eingriff in die Individualsphäre des Umworbenen darstellen, beeinträchtigt den Umworbenen jedoch nicht in seiner wirtschaftlichen Entscheidungsfreiheit. Diese Fallgruppe wird von der UGP-Richtlinie nicht erfasst. Folgerichtig ist sie nach § 7 Abs. 1 UWG zu bewerten.

Anders verhält es sich bei dem Ansprechen am Unfallort oder in anderen Unglückssituationen, in denen es regelmäßig zu einer Beeinträchtigung der wirtschaftlichen Entscheidungsfreiheit kommt, weswegen die diese Fallgruppe charakterisierenden Kriterien auch in Art. 9 lit. c) UGP-Richtlinie aufgeführt werden. Daher ist diese Fallgruppe nach § 4 Nr. 1 und 2 UWG zu bewerten, unter die – wie dargelegt – auch die aggressiven Geschäftspraktiken i.S.d. Art. 8 und 9 UGP-Richtlinie zu fassen sein sollen. Dabei ist § 4 Nr. 1 und 2 UWG richtlinienkonform auszulegen. Diese Sachverhaltskonstellationen auch unter § 7 Abs. 1 UWG zu bewerten, würde dem Normzweck von § 7 UWG und der der gebotenen Transparenz im Verhältnis zu § 4 UWG als Umsetzungstatbestand der aggressiven Geschäftspraktiken i.S.d. Art. 8 und 9 UGP-Richtlinie entgegenwirken.

f) Auswirkungen der Abkopplung von § 3 UWG

Praktische Auswirkungen für diese Fallgruppe sind durch die Abkopplung von § 3 UWG nicht zu erwarten. Von der Rechtsprechung ist unter UWG 2004 die Überschreitung der Bagatellschwelle angenommen worden. Das gezielte Ansprechen von Passanten an öffentlichen Orten zu zunächst nicht eindeutig erkennbaren Wettbewerbszwecken sei in jedem Fall geeignet, den Wettbewerb nicht unerheblich zum Nachteil der anderen Marktteilnehmer zu verfälschen.[553]

---

552 A.A. Harte/Henning-*Ubber*, § 7 Rn. 48; Hefermehl/Köhler/Bornkamm-*Köhler*, § 7 Rn. 73 und § 4 Rn. 2.38, die das Ansprechen am Unfallort sowohl unter § 7 Abs. 1 UWG als auch unter § 4 Nr. 1 und 2 UWG fassen wollen. Dem ist aus den benannten Gründen aber nicht zuzustimmen, siehe auch sogleich unter e). *Ohly* sah in Piper/Ohly, § 7 Rn. 78 richtigerweise schon unter § 7 UWG 2004 den Schwerpunkt der Unlauterkeit auf der Ausnutzung der Zwangslage.

553 BGH GRUR 2005, 443 (445) – *Ansprechen in der Öffentlichkeit II.*

g) Zusammenfassung der Ergebnisse

Das Ansprechen in der Öffentlichkeit ist grundsätzlich nach § 7 Abs. 1 UWG zu bewerten. Denn im Vordergrund steht die Beeinträchtigung der Individualsphäre der Betroffenen. Dabei wird eine unzumutbare Belästigung i.S.d. § 7 Abs. 1 UWG regelmäßig vorliegen, wenn a) der Werbende als solcher nicht eindeutig erkennbar ist und sich der Betroffene daher einem Gespräch nicht ohne Weiteres entziehen kann, oder b) der Werbende als solcher zwar eindeutig erkennbar war, aber Umstände vorliegen, die es dem Betroffenen nicht möglich machen, sich dem Gespräch zu entziehen.

Das Ansprechen am Unfallort zu Verkaufszwecken als Unterfallgruppe des Ansprechens in der Öffentlichkeit ist hingegen grundsätzlich nach § 4 Nr. 1 und 2 UWG zu bewerten. Denn aufgrund der Sondersituation ist diese belästigende Handlung zugleich geeignet, die wirtschaftliche Entscheidungsfreiheit des Betroffenen zu beeinträchtigen.

Diese Differenzierung spiegelt die gemeinschaftsrechtlichen Wertungen in Erwägungsgrund 7 und Art. 8 und 9 UGP-Richtlinie wider und stimmt mit den Normzwecken von § 7 UWG – in Abgrenzung zu § 4 Nr. 1 und 2 UWG – überein.

2. Haustürwerbung

Die grundsätzliche rechtliche Problematik der Haustürwerbung besteht darin, dass der Verkauf an der Haustür einerseits eine lange Tradition besitzt und für viele Verbraucher jedenfalls in Bezug auf bestimmte Produkte, wie ländliche Produkte, eine erwünschte Art des Produkterwerbs darstellt, andererseits aber zu einer erheblichen Störung der Privatsphäre – und in Einzelfällen auch zu einer Beeinträchtigung der wirtschaftlichen Entscheidungsfreiheit – der Verbraucher führen kann.

a) Begriff und wirtschaftliche Relevanz

Unter Haustürwerbung ist das Aufsuchen potentieller Kunden ohne deren Aufforderung in ihren privaten oder betrieblichen Räumlichkeiten mit dem Ziel der Absatzwerbung zu verstehen. Als Mittel des Direktvertriebs von Waren- und Dienstleistungen hat die traditionell verbreitete Haustürwerbung erheblich an Bedeutung verloren. Zu Beginn des 20. Jahrhunderts war der ambulante Handel vor allem für die Bevölkerung in dünn besiedelten Gebieten geradezu lebensnotwenig. In der Nachkriegszeit kam es mehr und mehr zum Direktvertrieb von Produkten (wie Staubsaugern und Zeitungen) und Dienstleistungen (vor allem Versicherungen) von Unternehmen unter Einschaltung eines Außendienstes (sogenannte Vertreterbesuche).

b) Regelung in der UGP-Richtlinie

In Nr. 25 Anhang I UGP-Richtlinie ist die Nichtbeachtung der Aufforderung des Verbrauchers bei persönlichen Besuchen in dessen Wohnung, diese zu verlassen bzw. nicht in diese zurückzukehren, als Beispiel einer unter allen Umständen unlauteren Geschäftspraktik angeführt.[554]

Weitergehende Regelungen zur Haustürwerbung, insbesondere für Fälle unterhalb dieser Unlauterkeitsschwelle, enthält die UGP-Richtlinie nicht. Eine Beurteilung der Haustürwerbung gegenüber Verbrauchern außerhalb des Anwendungsbereiches von Nr. 25 Anhang I UGP-Richtlinie anhand von Art. 8 und 9 UGP-Richtlinie ist nur denkbar, wenn dieser in seiner wirtschaftlichen Entscheidungsfreiheit beeinträchtigt wird, wie etwa in konkreten Unglückssituationen (Art. 9 a) und c) UGP-Richtlinie), beispielweise in einem Todesfall. Aufgrund des nach Art. 18 UGP-Richtlinie zugrunde zu legenden Maßstabs eines Durchschnittsverbrauchers, der angemessen gut unterrichtet und angemessen aufmerksam und kritisch ist, wird die Beeinträchtigung der wirtschaftlichen Entscheidungsfreiheit über diese extremen Fälle hinaus bei der Haustürwerbung in aller Regel nicht gegeben sein.

c) Umsetzung in das UWG

Nr. 25 Anhang I UGP-Richtlinie ist in Nr. 26 Anhang zu § 3 Abs. 3 UWG umgesetzt worden. Sofern die Haustürwerbung die darin beschriebene Intensität erreicht, ist demnach zwingend, ein Verbot nach § 3 Abs. 3 i.V.m. Nr. 26 Anhang zu § 3 Abs. 3 UWG auszusprechen.[555] Ein solches Verhalten fällt zugleich unter § 123 StGB oder § 240 StGB. Für ein Verbot nach § 3 Abs. 3 i.V.m. Nr. 26 Anhang zu § 3 Abs. 3 UWG kommt es aber nicht darauf an, ob die Schwelle der Strafbarkeit überschritten ist.[556]

---

554 Nr. 26 Anhang zu § 3 Abs. 3 UWG: *„[...] bei persönlichem Aufsuchen in der Wohnung die Nichtbeachtung einer Aufforderung des Besuchten, diese zu verlassen oder nicht zu ihr zurückzukehren, es sein denn, der Besuch ist zur rechtmäßigen Durchsetzung einer vertraglichen Verpflichtung gerechtfertigt."*

555 In der Begründung zum Regierungsentwurf zum Änderungsgesetz, BT-Drucksache 16/10145, S. 34, wird betont, dass das in Nr. 26 beschriebene Verhalten zugleich auch einen Verstoß gegen § 4 Nr. 1 und Nr. 11 UWG darstellen würde. Diese Regelungen können aufgrund der Einschlägigkeit von Nr. 26 Anhang zu § 3 Abs. 3 UWG und der angestrebten Vollharmonisierung bei den bezeichneten Sachverhaltskonstellationen nur im Zusammenhang mit einen entsprechenden Verhalten gegenüber sonstigen Marktteilnehmern eine Rolle spielen.

556 Begründung Regierungsentwurf Änderungsgesetz, BT-Drucksache 16/10145, S. 34 zu Nr. 26 Anhang zu § 3 Abs. 3 UWG.

d) Verbleibender Anwendungsbereich für § 7 Abs. 1 UWG

Aufgrund der beschriebenen engen Regelungswirkung der Tatbestände des Anhang I UGP-Richtlinie bzw. des Anhangs zu § 3 Abs. 3 UWG[557] ist aus dem neuen Per-se-Verbot in Nr. 26 Anhang zu § 3 Abs. 3 UWG nicht etwa der Umkehrschluss zu ziehen, dass die Haustürwerbung im Übrigen zulässig ist und ein weitergehendes Verbot der Haustürwerbung gemeinschaftsrechtswidrig wäre.[558] Vielmehr gilt auch für Nr. 26 Anhang zu § 3 Abs. 3 UWG, dass diese Regelung keine automatische Sperrwirkung für eine mögliche Untersagung einer nicht den Kriterien von Nr. 26 Anhang zu § 3 Abs. 3 UWG entsprechenden Haustürwerbung nach § 7 Abs. 1 UWG entfaltet.

Wie dargelegt, besteht bei der Haustürwerbung in aller Regel nicht die Gefahr, dass die wirtschaftliche Entscheidungsfreiheit der Verbraucher beeinträchtigt wird. Vielmehr geht es auch bei der Haustürwerbung in der Hauptsache um den Schutz seiner Individualsphäre. Wie dargelegt, erlaubt Erwägungsgrund 7 UGP-Richtlinie insoweit nationale Verbote. Daraus folgt, dass eine Bewertung und Untersagung dieser Sachverhalte nach § 7 Abs. 1 UWG unter der heutigen Rechtslage möglich ist. Findet eine Werbung an der Haustür in konkreten Unglückssituationen (Art. 9 a) und c) UGP-Richtlinie), beispielweise in einem Todesfall, statt, muss – wie bei dem Ansprechen am Unfallort – eine Bewertung nach § 4 Nr. 1 und 2 UWG stattfinden.[559]

e) Haustürwerbung im Spiegel der aktuellen Rechtslage

Fraglich ist, ob unter der aktuellen Rechtslage an der bisher zur Haustürwerbung ergangenen Rechtsprechung festgehalten werden kann.

aa) Geltung des „Opt-out"-Prinzips unter § 1 UWG a.F. und § 7 Abs. 1 UWG 2004

Nach ständiger Rechtsprechung[560] und Teilen des Schrifttums[561] ist die Durchführung von Hausbesuchen ohne Anmeldung durch Vertreter grundsätzlich zu-

557 Siehe hierzu unter D.III.4.d)aa).

558 Köhler, GRUR 2005, 793 (800 FN 51).

559 So auch Piper/Ohly-*Ohly*, § 7 Rn. 82. *Köhler* will diese Kriterien zur Begründung der Unlauterkeit der Haustürwerbung gem. § 7 Abs. 1 UWG heranziehen (Hefermehl/Köhler/Bornkamm-*Köhler*, § 7 Rn. 58). Dem ist nicht zuzustimmen; da dies dem Normzweck von § 7 UWG widersprechen und der gebotenen Transparenz im Verhältnis zu § 4 UWG entgegenwirken würde.

560 Vgl. BGH GRUR 1955, 541 (541) – *Bestattungswerbung*; BGH GRUR 1959, 277 (279 f.) – *Künstlerpostkarten*; BGH GRUR 1967, 430 (431) – *Grabsteinaufträge*; BGH GRUR 1970, 523 (524) – *Telefonwerbung I*; BGH GRUR 1971, 317 (318) – *Grabsteinwerbungen II*; BGH GRUR 1994, 380 (381) – *Lexikothek*; BGH GRUR 1994, 818 (819) – *Schriftliche Voranmeldung*;

lässig, sofern nicht – ausnahmsweise – wegen besonderer Umstände das Risiko einer untragbaren oder sonst unzulässigen Belästigung oder Störung der privaten Lebenssphäre gegeben ist.[562] Damit galt für die Haustürwerbung nach wie vor das „Opt-out“-Prinzip.

Dies wird von Teilen der Literatur berechtigterweise heftig kritisiert, insbesondere im Verhältnis zu der strikten rechtlichen Bewertung der Telefonwerbung einerseits und der Beurteilung des Ansprechens in der Öffentlichkeit durch die Rechtsprechung bei nicht eindeutiger Erkennbarkeit des Werbenden andererseits.[563]

Die UGP-Regelung zwingt jedoch nicht zu einer Änderung der bisherigen rechtlichen Bewertung im Übrigen, und zwar weder zu einer Verschärfung noch zu einer weitergehenden Liberalisierung (wobei Nr. 26 Anhang zu § 3 Abs. 3 UWG insoweit eine zwingende Grenze darstellt).[564]

bb) Bewertung

Der BGH hat seine Auffassung u.a. mit dem Argument begründet, dass die Haustürwerbung die Privatsphäre/Individualsphäre der Verbraucher weniger beeinträchtigte als das Ansprechen in der Öffentlichkeit bei nicht eindeutiger Erkennbarkeit des Werbenden[565] bzw. als die Telefonwerbung[566]. Dem ist nicht zuzustimmen. Vielmehr ist das Gegenteil der Fall.

Im Vergleich zum Ansprechen in der Öffentlichkeit stellt die Haustürwerbung, bei der der Werbenden in der Regel nicht eindeutig als solcher zu erkennen ist, einen stärkeren Eingriff in die Individualsphäre dar. Während man den Straßenwerber – selbst wenn er nicht von vornherein als solcher eindeutig erkennbar

---

BGH GRUR 2004, 699 (701) – *Ansprechen in der Öffentlichkeit I*; BGH GRUR 2005, 443 (445) – *Ansprechen in der Öffentlichkeit II.*

561 Harte/Henning-*Ubber*, § 7 Rn. 58.

562 Zu den einzelnen Umständen, die nach der bisherigen Rechtsprechung eine Unlauterkeit bei der Haustürwerbung begründen können, siehe Hefermehl/Köhler/Bornkamm-*Köhler*, § 7 Rn. 52 ff. und Harte/Henning-*Ubber*, § 7 Rn. 59 ff.

563 Fezer-*Mankowski*, § 7 Rn. 181; Hefermehl/Köhler/Bornkamm-*Köhler*, § 7 Rn. 47; Piper/Ohly-*Ohly,* § 7 Rn. 80.

564 Wie dargelegt, ist es aber geboten, eine Bewertung nach § 4 Nr. 1 und 2 UWG vorzunehmen, sofern im Einzelfall die wirtschaftliche Entscheidungsfreiheit des Verbrauchers durch die Haustürwerbung beeinträchtigt wird.

565 So aber BGH GRUR 2004, 699 (701) – *Ansprechen in der Öffentlichkeit I,* wo es ausdrücklich heißt, dass die grundsätzliche Zulässigkeit der Haustürwerbung es nicht rechtfertige, eine weiterreichendere Störung der Individualsphäre durch unaufgefordertes Ansprechen im öffentlichen Verkehrsraum zuzulassen.

566 Vgl. BGH GRUR 1970, 523 (524) – *Telefonwerbung I*; BGH GRUR 1994, 380 (381 f.) – *Lexikothek.*

ist – bereits durch Weitergehen leicht abschütteln kann, ist es auch für den Durchschnittsverbraucher schwierig, den Werbenden aus der Wohnung zu verweisen und das Gespräch zu beenden.[567] Selbst wenn dies umgehend gelingt, hat die Störung der Privatsphäre zu dem Zeitpunkt bereits stattgefunden. Denn der Adressat musste seine Tätigkeit unterbrechen und zur Tür bzw. Sprechanlage gehen, um herauszufinden, wer nach ihm verlangt.

Mit der Haustürwerbung ist ebenfalls keine geringere Belästigung verbunden als mit der Telefonwerbung. Sie ist nicht leichter, sondern schwieriger abzuwehren als die Telefonwerbung.[568] Der Durchschnittsverbraucher kann das Telefonat jederzeit durch Auflegen beenden. Demgegenüber ist die Hürde, den Werbenden von Angesicht zu Angesicht der der Wohnung zu verweisen – auch aus Gründen der Höflichkeit[569] – schwieriger. Das Argument des BGH, dass der Vertreter an der Haustür alsbald erkannt und abgeschüttelt werden könne, während man sich am Telefon auf das Gespräch einlassen müsse, kann nicht überzeugen.[570] Es ist der Privatperson auch nicht zumutbar, selbst für seinen Schutz zu sorgen, etwa durch Anbringung von Verbotsschildern an der Haustür, zumal solche Schilder deutlich lesbar sein müssten und daher verunzierend wirken können.[571]

Die bisherige Argumentation der Rechtsprechung lässt sich nur damit begründen, dass der Warenabsatz durch Hausierer und Vertreter zur Zeit der grundlegenden höchstrichterlichen Entscheidungen noch üblich war. Seitdem haben sich die Marktbedingungen aber geändert.[572] Hinzu kommt, dass durch die mit der UWG Novelle 2008 und dem Gesetz gegen unerlaubte Telefonwerbung vorgenommenen Änderungen zu § 7 Abs. 2 Nr. 2 UWG die Kluft zwischen der herkömmlichen Handhabung der Haustürwerbung und der Telefonwerbung in Bezug auf die rechtliche Handhabung noch größer geworden ist. Während die Haustürwerbung grundsätzlich zulässig sein soll, ist die Telefonwerbung gegenüber einem Verbraucher ohne das Vorliegen einer vorherigen ausdrücklichen Einwilligung ohne jede Wertungsmöglichkeit per se verboten. Diese unterschiedliche rechtliche Bewertung ist aber mit Blick auf die Intensität der Störung der Privatsphäre durch die Haustürwerbung im Vergleich zu der Telefonwerbung nicht gerechtfertigt.

Nach all dem ist eine Änderung dieser rechtlichen Wertung geboten. In Anlehnung an die Rechtsprechung zum Ansprechen in der Öffentlichkeit bei nicht eindeutig zu erkennenden Werbenden, sollte auch die Haustürwerbung als

---

567 Vgl. Piper/Ohly-*Ohly*, § 7 Rn. 80.

568 So aber BGH GRUR 1994, 380 (381) – *Lexikothek*.

569 So BGH GRUR 2005, 443 (444) – *Ansprechen in der Öffentlichkeit II*.

570 BGH GRUR 1994, 380 (381) – *Lexikothek*.

571 So auch Köhler/Lettl, WRP 2003, 1019 (1045); Hecker, WRP 2006, 640 (645).

572 So bereits Piper/Ohly-*Ohly*, § 7 Rn. 80.

grundsätzlich unzumutbar belästigend eingestuft werden, sofern keine vorherigen Einwilligung des Adressaten zu einem Hausbesuch vorliegt.

Allerdings müsste dabei zum einen berücksichtigt werden, dass sich auf Grund der historischen Gegebenheiten Besitzstände gebildet haben.[573] Zum anderen kann der Verkauf an der Haustür gerade in ländlichen Gegenden durchaus auch eine nützliche Funktion erfüllen. Vor diesem Hintergrund ist es Sache des Gesetzgebers (und nicht der Rechtsprechung) einen – teilweisen – Richtungswechsel vorzunehmen und, unter Einräumung einer mehrjährigen Übergangsfrist, einen entsprechenden, ggf. nach einzelnen Branchen und Stadt und Land differenzierenden, Verbotstatbestand[574] zu schaffen.[575]

f) Zusammenfassung der Ergebnisse

Erfüllt eine Haustürwerbung den Tatbestand von Nr. 26 Anhang zu § 3 Abs. 3 UWG, ist sie zwingend unzulässig. Erreicht die Haustürwerbung nicht die dort beschriebene Intensität, ist sie in der Regel nach § 7 Abs. 1 UWG zu bewerten, da es bei der Haustürwerbung in der Hauptsache um den Schutz der Privatsphäre geht. Geht im Einzelfall die belästigende Handlung mit einer Beeinträchtigung der wirtschaftlichen Entscheidungsfreiheit einher – beispielsweise bei der Haustürwerbung zu Verkaufszwecken im Todesfall – ist eine Bewertung nach § 4 Nr. 1 und 2 UWG vorzunehmen.

Nach der bisherigen Rechtsprechung wurde die Haustürwerbung grundsätzlich als zulässig i.S.d. § 7 UWG angesehen. Die gemeinschaftsrechtlichen Vorgaben zwingen nicht zu einer anderen Bewertung. Dennoch ist eine Änderung dieser rechtlichen Wertung geboten. In Anlehnung an die Rechtsprechung zum Ansprechen in der Öffentlichkeit bei nicht eindeutig als solche zu erkennende Werbende, sollte auch die Haustürwerbung als grundsätzlich unzumutbar belästigend eingestuft werden, sofern keine vorherige Einwilligung des Adressaten zu einem Hausbesuch vorliegt. Es ist Sache des Gesetzgebers (und nicht der Rechtsprechung) einen – teilweisen – Richtungswechsel vorzunehmen und, unter Einräumung einer mehrjährigen Übergangsfrist, einen entsprechenden, ggf. nach einzelnen Branchen und Stadt und Land differenzierenden, Verbotstatbestand zu schaffen.

---

573 So BGH GRUR 1970, 523 (524) – *Telefonwerbung I.* Dies gilt für Unternehmen, die bereits längere Zeit im Direktvertrieb tätig sind und entsprechende Investitionen getätigt haben.

574 Beispielsweise die Gewerbeordnung nimmt für das Reisegewerbe in §§ 55 ff. GewO solche Differenzierungen vor.

575 Ähnlich bereits Krüger-Nieland, GRUR 1974, 561 (564 f.).

3. Zusendung unbestellter Waren

a) Wirtschaftliche Bedeutung

Die Zusendung unbestellter Waren und die Erbringung unbestellter Dienstleistungen als Direktvertriebsform spielen in der Praxis keine große Rolle.[576] Dies ist auf die hohen Kosten dieser Methode des Direktvertriebs und den verstärkten Schutz der Verbraucher durch die Einführung von § 241 a BGB[577] zurückzuführen, wonach durch die Lieferung unbestellter Sachen oder durch die Erbringung unbestellter sonstiger Leistungen durch einen Unternehmer an einen Verbraucher keine Ansprüche begründet werden, wobei insoweit nicht nur vertragliche, sondern auch gesetzliche Ansprüche ausgeschlossen werden.[578] Diese Form der Direktwerbung ist aber immer noch anzutreffen.[579]

b) Regelung in der UGP-Richtlinie

Nach Nr. 29 Anhang I UGP-Richtlinie ist es unter allen Umständen unlauter, einen Verbraucher zur sofortigen oder späteren Bezahlung oder zur Rücksendung oder Verwahrung von Produkten aufzufordern, die der Gewerbetreibende geliefert, der Verbraucher aber nicht bestellt hat. Weitergehende unmittelbare Vorgaben zu der Zusendung unbestellter Waren enthält die UGP-Richtlinie nicht.

c) Umsetzung in das UWG

Nr. 29 Anhang I UGP-Richtlinie wurde durch Nr. 29 Anhang zu § 3 Abs. 3 UWG umgesetzt. Danach ist die Aufforderung zur Bezahlung nicht bestellter Waren oder Dienstleistungen oder eine Aufforderung zur Rücksendung oder Aufbewahrung nicht bestellter Sachen, sofern es sich nicht um eine nach den Vorschriften über Vertragsabschlüsse im Fernabsatz zulässige Ersatzlieferung handelt, unter allen Umständen unlauter. Diese Fallgruppe wurde zuvor unter § 4 Nr. 3 UWG subsumiert.[580]

---

576 Harte/Henning-*Ubber*, § 7 Rn. 91; Piper/Ohly-*Ohly*, § 7 Rn. 84.

577 § 241 a BGB setzt Art. 9 Fernabsatzrichtlinie um (Richtlinie 97/7/EG des Europäischen Parlaments und des Rates vom 20. 5. 1997 über den Verbraucherschutz bei Vertragsabschlüssen im Fernabsatz, ABl L 144 v 4. 6. 1997, S 19).

578 Piper/Ohly-*Ohly*, § 7 Rn. 84.

579 Harte/Henning-*Ubber*, § 7 Rn. 91 unter Verweis auf KG GRUR-RR 2001, 189 – *Kostenlose Zeitung*; OLG Köln, NJW-RR 2002, 472; OLG Köln, GRUR-RR 2002, 236 – *Sonderhefte*.

580 Begründung Regierungsentwurf Änderungsgesetz, BT-Drucksache 16/10145, S. 35 zu Nr. 29 Anhang zu § 3 Abs. 3 UWG; Hoeren, BB 2008, 1182 (1191).

d) *Verbleibender Anwendungsbereich für § 7 UWG*

Verbleibender möglicher Anwendungsbereich für § 7 Abs. 1 UWG könnte demnach die Zusendung unbestellter Waren und die Erbringung unbestellter Dienstleistungen zum einen an Verbraucher ohne Aufforderung zur Zahlung, Rücksendung oder Aufbewahrung und zum anderen an sonstige Marktteilnehmer mit und ohne Aufforderung zur Zahlung, Rücksendung oder Aufbewahrung sein.

aa) *Zusendung unbestellter Waren an Verbraucher ohne jede Aufforderung*

Aufgrund der beschriebenen engen Regelungswirkung der Tatbestände des Anhang I UGP-Richtlinie bzw. des Anhangs zu § 3 Abs. 3 UWG[581] ist aus dem neuen Per-se-Verbot in Nr. 29 Anhang zu § 3 Abs. 3 UWG nicht etwa der Umkehrschluss zu ziehen, dass ein weitergehendes Verbot der Zusendung unbestellter Waren und die Erbringung unbestellter Dienstleistungen von vornherein unzulässig wäre.[582]

Die Zusendung unbestellter Waren ohne jede Aufforderung stört den Durchschnittsverbraucher in seiner Privatsphäre. Daher unterliegt die Zusendung unbestellter Waren in diesem beschränkten Anwendungsbereich § 7 Abs. 1 UWG[583], wenn auch der praktische Anwendungsbereich insoweit gering sein wird[584]. Ob die mit der Zusendung einhergehende Belästigung unzumutbar ist, hängt von den Umständen des Einzelfalles ab. Ist der Ware keine eindeutige Freistellung von jeder Verpflichtung zur Zahlung, Rücksendung oder Aufbewahrung beigefügt, ist eine unzumutbare Belästigung unter dem Aspekt anzunehmen, dass der Empfänger gezwungen ist, die Warenlieferung entgegenzunehmen, die Verpackung zu öffnen und sich Gedanken darüber zu machen, wie er mit der Ware verfahren soll. Entschließt er sich zur Rücksendung, verursacht ihm dies Kosten und Mühe. Stellt das werbende Unternehmen den Adressaten hingegen ausdrücklich frei von jeder Verpflichtung und baut es auch sonst keinen moralischen Druck auf, ist eine unzumutbare Belästigung i.S.d. § 7 Abs. 1 S. 1 UWG nicht anzunehmen.

Eine Beeinträchtigung der wirtschaftlichen Entscheidungsfreiheit ist in dieser Sachverhaltskonstellation abzulehnen.[585] Sie ist nur denkbar, wenn der Ware

---

581 Siehe hierzu D.III.4.d)aa).

582 Vgl. Köhler, GRUR 2005, 793 (800).

583 Köhler, GRUR 2005, 793 (800); vgl. Hefermehl/Köhler/Bornkamm-*Köhler*, § 7 Rn. 82 ff.

584 Vgl. Harte/Henning-*Ubber*, § 7 Rn. 96, nach dem § 7 UWG im Wesentlichen nur noch bei der Zusendung unbestellter Waren an Unternehmer selbständige Bedeutung zukommt.

585 Hefermehl/Köhler/Bornkamm-*Köhler*, § 7 Rn. 84. Die gegenteilige Rechtsprechung BGH GRUR 1959, 277 (279 f.) – *Künstlerpostkarten* und BGH GRUR 1960, 382 (383) – *Verbandsstoffe* in

eine Zahlungsaufforderung beigefügt ist. Diese Fälle fallen aber abschließend unter Nr. 29 Anhang zu § 3 Abs. 3 UWG.

bb) Zusendung unbestellter Waren an sonstige Marktteilnehmer

Wie dargelegt, gilt der Anhang zu § 3 Abs. 3 UWG nur in Bezug auf Geschäftspraktiken gegenüber Verbrauchern.

(1) Zusendung mit Aufforderung

Die Zusendung unbestellter Waren an sonstige Marktteilnehmer unter Aufforderung zur Zahlung, Rücksendung oder Aufbewahrung ist – genau wie an Verbraucher – nach § 4 Nr. 3 UWG zu bewerten.[586]

(2) Zusendung ohne jede Aufforderung

Es gelten dieselben Grundsätze wie bei der Zusendung unbestellter Waren ohne Aufforderung zur Zahlung, Rücksendung oder Aufbewahrung gegenüber Verbrauchern. Es kommt eine unzumutbare Belästigung i.S.d. § 7 Abs. 1 S. 1 UWG in Betracht. Hier ist von einer Beeinträchtigung der beruflichen Sphäre dadurch auszugehen, dass der Unternehmer Kosten und Mühe dafür aufwenden muss, sich mit der zugesandten Ware auseinandersetzen zu müssen und die Ware anschließend ggf. zurückzusenden. Auf die obigen Ausführungen unter d) aa) wird verwiesen. Sie gelten entsprechend.

e) Bewertung

Diese Fallgruppe hat in Bezug auf § 7 Abs. 1 UWG nur geringe Bedeutung, da die Zusendung unbestellter Waren und die Erbringung unbestellter Dienstleistungen vornehmlich gegenüber Verbrauchern vorgenommen werden und in der Regel mit einer Aufforderung zur Zahlung, Rücksendung oder Aufbewahrung einhergeht.

Bezug auf nicht geringwertige Gegenstände lässt sich nicht mehr aufrechterhalten. Das in BGH GRUR 1960, 382 (383) – *Verbandsstoffe* vorgebrachte Argument, der Empfänger werde diese Freistellung nicht ernst nehmen, lässt sich mit dem heute geltenden Leitbild des Durchschnittsverbrauchers nicht vereinbaren.

586 Vgl. Begründung Regierungsentwurf Änderungsgesetz, BT-Drucksache 16/10145, S. 35; Hoeren, BB 2008, 1182 (1191). A.A. Hefermehl/Köhler/Bornkamm-*Köhler*, § 7 Rn. 82, der eine rechtliche Bewertung dieser Fallgruppe nach § 7 Abs. 1, § 4 Nr. 1 und 3 UWG vornehmen will.

f) Zusammenfassung der Ergebnisse

Erfüllt eine Zusendung unbestellter Waren oder die Erbringung unbestellter Dienstleistungen den Tatbestand von Nr. 29 Anhang zu § 3 Abs. 3 UWG, ist sie zwingend unzulässig. Geht mit der Zusendung gegenüber einem Verbraucher keine Aufforderung zur Bezahlung, Rücksendung oder Aufbewahrung einher, ist der Sachverhalt nach § 7 Abs. 1 UWG zu bewerten. Erfolgt die Zusendung gegenüber einem sonstigen Marktteilnehmer, ist zu differenzieren. Wird die Zusendung mit einer Aufforderung zur Zahlung, Rücksendung oder Aufbewahrung verbunden, richtet sich die Beurteilung nach § 4 Nr. 3 UWG. Geht die Zusendung oder Erbringung hingegen nicht mit einer solchen Aufforderung einher, richtet sie sich ebenfalls nach § 7 Abs. 1 UWG. Diese Fallgruppe hat für § 7 Abs. 1 UWG nur geringe Bedeutung.

4. Scheibenwischerwerbung

Die Befestigung von Handzetteln unter parkenden Autos wird in der Literatur immer wieder unter § 7 UWG diskutiert, aus der Rechtsprechung ist – soweit ersichtlich – nur eine Entscheidung bekannt[587]. Bemerkenswerter Weise zählt die Regierungsbegründung zum Änderungsgesetz die Scheibenwischerwerbung ausdrücklich als Anwendungsfall des § 7 Abs. 1 S. 1 UWG auf.[588] Die ergangenen Gesetzesänderungen haben keine Auswirkungen auf die rechtliche Bewertung der Scheibenwischerwerbung. Sie ist nicht dazu geeignet, den Adressaten in seiner wirtschaftlichen Entscheidungsfreiheit zu beeinträchtigen, sondern stört ihn in seinem Besitz/Eigentum, so dass sich hier auch keine Abgrenzungsfragen zu § 4 Nr. 1 und 2 UWG stellen.

Nach dem ergangenen Urteil des OLG Hamm stellt die Scheibenwischerwerbung keine unzumutbare Belästigung dar. Zwar lege der Werbende dem Halter oder dem Fahrer des Fahrzeuges das Entsorgungsproblem auf und mute ihm eine Zweckentfremdung seiner Wischblätter als Briefkasten zu. Hiermit sei jedoch keine hinreichend schwere Belästigung verbunden; das Werbematerial ließe sich mit wenigen Handgriffen in einem Papierkorb ablagern. Diese Entscheidung

587 OLG Hamm, GRUR 1991, 229 – *Scheibenwischer-Werbung.*

588 Begründung Regierungsentwurf Änderungsgesetz, BT-Drucksache 16/10145, S. 29 zu § 7 UWG: *„[...] das Ansprechen in der Öffentlichkeit oder die „Scheibenwischerwerbung" können richtlinienkonform nur nach § 7 Abs. 1 UWG erfasst werden."*

wird in der Literatur kritisiert.[589] Mit den soeben benannten Argumenten wird eine unzumutbare Belästigung angenommen.

5. Jüngere Formen unzumutbarer Belästigungen

In der letzten Zeit sind neue Formen der unzumutbaren Belästigung i.S.d. § 7 Abs. 1 UWG diskutiert worden. Um den Anwendungsbereich des § 7 Abs. 1 UWG zu veranschaulichen, sollen diese Fallgruppen nachfolgend in aller Kürze vorgestellt werden.

a) Werbung im Internet

aa) Exit-Pop-Up-Fenster

Bei Exit-Pop-Up-Fenstern öffnen sich bei Anklicken des Befehls „Datei schließen" entgegen dem erklärten Willen des Nutzers immer neue Internetseiten, die Werbung enthalten. Der Nutzer kann in diesem Fall den Besuch allenfalls über den Browser oder den Task Manager beenden; ein Verlassen der Website auf üblichem Wege ist nicht möglich.

Die Verwendung von Exit-Pop-Up-Fenstern im Internet kann eine unzumutbare Belästigung des Nutzers darstellen und zwar sowohl im Hinblick auf die nutzlos aufgewendete Zeit und auf den aus der Benutzung resultierenden Ärger als auch auf die mit Kosten verbundene Belegung des Internetanschlusses für die Dauer des unfreiwillig fortgesetzten Besuches.[590]

bb) Metatags

Metatags sind Schlagworte im – dem Internetnutzer verborgenen – Quelltext (HTML-Code) einer Internetseite, die als Schlüsselworte für Internetsuchmaschinen dienen. Die Verwendung von Metatags bewirkt, dass diese Internetseite bei der Eingabe des Schlagwortes in eine Suchmaschine als Treffer aufgeführt wird.

Die Verwendung von Metatags stellt – jedenfalls nach dem derzeitigen technischen Stand von Suchmaschinen – keine unzumutbare Belästigung dar.[591] Damit ist keine nennenswerte Beeinträchtigung der Nutzung der Internet-Informa-

---

589 Fezer-*Mankowski*, § 7 Rn. 220; Hefermehl/Köhler/Bornkamm-*Köhler*, § 7 Rn. 117; Piper/Ohly-*Ohly*, § 7 Rn. 77.

590 OLG Düsseldorf, MMR 2004, 319 (321); LG Düsseldorf, MMR 2003, 486 (487).

591 Vgl. OLG Düsseldorf, MMR 2004, 257 (259); OLG Düsseldorf, GRUR-RR 2003, 48 (49). Die Zulässigkeit von Metatags wird vor allem im Zusammenhang mit markenrechtlichen Ansprüchen diskutiert. Siehe hierzu BGH MMR 2006, 812 ff. – *Impuls III* und BGH MMR 2007, 648 – *Aidol*.

tionsmöglichkeit oder sonstiger Ressourcen des Nutzers verbunden.[592] Die Trefferlisten von Suchmaschinen sind aktuell in der Regel auch ohne die Verwendung von Metatags sehr groß. Eine andere Beurteilung unter § 7 UWG ergibt sich auch nicht daraus, dass die Funktionsweise der Suchmaschinen gefährdet wäre, wenn dieses Verhalten nachgeahmt würde.[593] Eine solche Gefährdung besteht nicht.

b) Slamming

Unter Slamming bekannt geworden ist die Umstellung eines Endkunden Telefonanschlusses auf einen neuen Betreiber ohne Wissen und Einverständnis des Kunden. Telekommunikationsunternehmen schicken den meist telefonisch kontaktierten Kunden eine Auftragsbestätigung über die Umstellung zu und kündigen gleichzeitig in deren Namen den Vertrag mit dem bisherigen Dienstanbieter, verbunden mit dem Antrag auf technische Umsetzung des neuen Dienstes.

Diese Geschäftspraxis kann den Verbraucher unzumutbar belästigen i.S.d. § 7 Abs. 1 UWG, weil er mit der Mühe der Auseinandersetzung mit dem Anbieter und der Verhinderung oder Rückgängigmachung der Umstellung belastet wird.[594]

Zur Bekämpfung dieser missbräuchlichen Praxis und zur Schaffung größerer Rechtsklarheit für den Verbraucher[595] hat der Gesetzgeber als Reaktion auf zahlreiche Verbraucherbeschwerden[596] im Rahmen des Gesetzes gegen unerlaubte Telefonwerbung einen neuen § 312 f BGB geschaffen. Zudem hat er im Rahmen des Ersten Gesetzes zur Änderung des Telekommunikationsgesetzes und des Gesetzes über die elektromagnetische Verträglichkeit von Betriebsmitteln[597] (im Folgenden „Änderungsgesetz TKG“) eine neue Regelung in § 40 Abs. 1 S. 4 TKG eingefügt.

§ 312 f BGB knüpft an die spezielle Situation der Ersetzung eines Dauerschuldverhältnisses durch ein anderes im Wege eines Fernabsatzvertrages an und regelt die Form der Kündigung und der Vollmacht zur Kündigung durch den Verbraucher. Danach gilt: Die Kündigung durch den Verbraucher bedarf der Textform i.S.d. § 126 b BGB, wenn von dem Verbraucher die Kündigung des bestehenden Dauerschuldverhältnisses erklärt und der Unternehmer oder ein von

---

592 Hefermehl/Köhler/Bornkamm-*Köhler*, § 7 Rn. 93.

593 Vgl. OLG Düsseldorf, MMR 2004, 257 (259).

594 LG Hamburg, WRP 2008, 841 (844); Hefermehl/Köhler/Bornkamm-*Köhler*, § 7 Rn. 95.

595 Vgl. Ditscheid/Ufer, MMR 2009, 367; Köhler, NJW 2009, 2567 (2571).

596 Begründung Regierungsentwurf Gesetz gegen unerlaubte Telefonwerbung, BT-Drucksache 16/10734, S. 8.

597 Erstes Gesetz zur Änderung des Telekommunikationsgesetzes und des Gesetzes über die elektromagnetische Verträglichkeit von Betriebsmitteln vom 29.07.2009, BGBl. Teil I Nr. 49 vom 03.08.2009, S. 2409 ff.

ihm beauftragter Dritter zur Übermittlung der Kündigung an den bisherigen Vertragspartner des Verbrauchers beauftragt wird (§ 312 f BGB). Wird die Textform nicht eingehalten, ist die Erklärung nichtig, § 125 BGB.

Die Neuregelung gilt allerdings nicht für Erklärungen des Verbrauchers gegenüber Telekommunikationsunternehmen in Bezug auf einen Tarifwechsel oder eine Änderung der Betreibervorauswahl (Preselection).[598] Daher wurde eine Parallelnorm in § 40 Abs. 1 S. 4 TKG geschaffen. § 40 Abs. 1 S. 4 TKG sieht vor, dass die Erklärung des Teilnehmers zur Einrichtung oder Änderung der Betreibervorauswahl oder die von ihm erteilte Vollmacht zur Abgabe dieser Erklärung der Textform bedarf. Bislang muss der aktuelle Anbieter des Telefonanschlusses diesen schon dann umstellen, wenn der neue Anbieter bloß behauptete, der Kunde wolle wechseln und er habe seinen alten Vertrag gekündigt.[599] Diese Regelung tritt allerdings – anders als § 312 f BGB – erst am ersten Tag des siebten auf die Verkündung dieses Gesetzes folgenden Kalendermonats in Kraft, d.h. also am 01.03.2010.[600]

Ob diese Regelungen dazu führen werden, die Praxis des Slammings nachhaltig einzudämmen, wird sich in der Zukunft zeigen.

c) Duftwerbung

Eine unzumutbare Belästigung kommt auch bei der Werbung mit Düften in öffentlich zugänglichen Räumen – wie etwa einem Kino – in Betracht.[601] Diese neue Werbeform befindet sich noch in der Testphase. Derzeit wird sie beispielsweise von Wrigley in verschiedenen Kinos in Hamburg erprobt, was die Verbraucherzentrale Hamburg zum Anlass genommen hat, rechtliche Schritte auf Basis eines Verstoßes gegen § 7 UWG zu prüfen.[602] Denkbar ist eine unzumutbare Belästigung unter den Aspekten, dass sich der betroffene Marktteilnehmer gezwungenermaßen mit der Werbung auseinandersetzen muss und sich ihr nur entziehen kann, wenn er das Kino verlässt. Richtigerweise wird man hier darauf abstellen müssen, ob der Besucher von der Werbung vorher in Kenntnis gesetzt

598 Ditscheid/Ufer, MMR 2009, 367; Köhler, NJW 2009, 2567 (2571). Bei Preselection handelt es sich primär um die Einrichtung lediglich eines Dienstmerkmals am bestehenden Teilnehmeranschluss (der DTAG), so dass ein darauf bezogener Vorgang nicht unter den die Kündigung von Vertragsverhältnissen regelnden Wortlaut des § 312 f BGB subsumierbar ist (vgl. Ditscheid/Ufer, MMR 2009, 367).

599 Ditscheid/Ufer, MMR 2009, 367.

600 Vgl. Art. 5 Abs. 2 Änderungsgesetz TKG.

601 Vgl. http://www.abendblatt.de/hamburg/article1135610/Dufte-Kino-Werbung-oder-Geruchsbelaestigung.html.

602 Vgl. http://www.abendblatt.de/hamburg/article1135610/Dufte-Kino-Werbung-oder-Geruchsbelaestigung.html.

wurde und er daher die Möglichkeit hat, sich der Duftwerbung von vornherein zu entziehen.

6. Zusammenfassendes Ergebnis

Der Anwendungsbereich des § 7 Abs. 1 UWG stellt sich im Spiegel der gesetzlichen Änderungen durch die UWG Novelle 2008 wie folgt dar:

Unter Berücksichtigung des Normzweckes von § 7 UWG und der gebotenen Ausklammerung solcher Belästigungen, die eine abschließende Regelung in Anhang zu § 3 Abs. 3 UWG gefunden haben und/oder mit der Beeinträchtigung der wirtschaftlichen Entscheidungsfreiheit einhergehen, stellt sich der Anwendungsbereich von § 7 Abs. 1 UWG wie folgt dar.

Das Ansprechen in der Öffentlichkeit, die Haustürwerbung, die Scheibenwischerwerbung und das Zusenden unbestellter Waren ohne eine Aufforderung zur Zahlung, Rücksendung oder Aufbewahrung sind nach wie vor grundsätzlich Anwendungsfälle des § 7 Abs. 1 UWG. Zu dem Anwendungsbereich des § 7 Abs. 1 UWG zählen zudem die Verwendung so genannter Exit-Pop-Up-Fenster, die Geschäftspraxis des Slammings und die Duftwerbung. Diese Werbeformen stören den Adressaten der Werbung in deren Privatsphäre/Individualsphäre bzw. beruflichen Sphäre und/oder ihren Besitz/Eigentum oder in sonstigen Ressourcen.

Nicht unter § 7 Abs. 1 UWG, sondern unter § 4 Nr. 1 und 2 UWG zu fassen sind das Ansprechen am Unfallort und die Haustürwerbung im Todesfall oder vergleichbaren Unglückssituationen. Diese Belästigungen sind dazu geeignet, den Adressaten in seiner wirtschaftlichen Entscheidungsfreiheit zu beeinträchtigen. Unter § 4 Nr. 3 UWG zu fassen ist die Zusendung unbestellter Waren an sonstige Marktteilnehmer, wenn der Ware eine Aufforderung zur Zahlung, Aufbewahrung oder Rücksendung beigefügt ist.

Ebenfalls zwingend nicht unter § 7 Abs. 1 UWG (oder § 4 Nr. 1 und 2 UWG), sondern unter Nr. 29 Anhang zu § 3 Abs. 3 UWG zu fassen ist die Zusendung unbestellter Waren an Verbraucher, sofern der Ware eine Aufforderung zur Zahlung, Aufbewahrung oder Rücksendung beigefügt ist. Dasselbe gilt für die Haustürwerbung, wenn sie mit der Nichtbeachtung einer Aufforderung des Besuchten, die Wohnung zu verlassen oder nicht zu ihr zurückzukehren, verbunden ist, und damit unter Nr. 26 Anhang zu § 3 Abs. 3 UWG zu fassen ist.

E. Rechtsfolgen der Zuwiderhandlung gegen § 7 UWG

I. Verstoß gegen § 7 Abs. 2 Nr. 2 1. Alt. UWG als Ordnungswidrigkeit

Im Rahmen des Gesetzes gegen unerlaubte Telefonwerbung wurde, trotz vielfältiger Kritik im Vorfeld zum und im Rahmen des Gesetzgebungsverfahrens[603], mit § 20 UWG ein neuer Ordnungswidrigkeitstatbestand geschaffen.

1. Die Regelung des § 20 UWG

Nach § 20 Abs. 1 UWG handelt ordnungswidrig, wer vorsätzlich oder fahrlässig entgegen § 7 Abs. 2 Nr. 2 UWG gegenüber einem Verbraucher ohne dessen vorherige ausdrückliche Einwilligung mit einem Telefonanruf wirbt. Die Ordnungswidrigkeit kann mit einem Bußgeld von bis zu € 50.000 geahndet werden, § 20 Abs. 2 UWG. Zuständige Verwaltungsbehörde ist die Bundesnetzagentur für Elektrizität, Gas, Telekommunikation, Post und Eisenbahnen (im Folgenden: „Bundesnetzagentur"), § 20 Abs. 3 UWG i.V.m. § 36 Abs. 1 OWiG.

Adressaten des Verbotes sind der Unternehmer, der die Telefonwerbung von Mitarbeitern betreiben lässt bzw. bei einem Call Center in Auftrag gibt, der Betreiber des Call Centers, das die Telefonaktion durchführt, und auch der Mitarbeiter des Unternehmens bzw. Call-Centers, der den konkreten Anruf vornimmt.[604]

Anders als bei der gerichtlichen Durchsetzung des Unterlassungsanspruches ist einer vorherige Abmahnung des unerlaubt Werbenden nicht erforderlich.[605]

---

603 Köhler, WRP 2007, 866 (867); Ohly, Stellungnahme zum Entwurf eines Gesetzes zur Bekämpfung unerlaubter Telefonwerbung und zur Verbesserung des Verbraucherschutzes bei besonderen Vertriebsformen vom 22.01.2009, a.a.O., S. 8 Rn. 25 ff; Seichter/Witzmann, 699 (701); Ufer, K & R 2008, 493 (497); Vander, MMR 2008, 639 (641).

604 Begründung Regierungsentwurf Gesetz gegen unerlaubte Telefonwerbung, BT-Drucksache 16/10734, S. 13 zu § 20 UWG.

605 Begründung Regierungsentwurf Gesetz gegen unerlaubte Telefonwerbung, BT-Drucksache 16/10734, S. 13 zu § 20 UWG.

2. Bewertung des § 20 UWG

Diese Neuregelung ist unter verschiedenen Aspekten zu kritisieren.

a) § 20 UWG als Systembruch

Die bisherigen Sanktionen bei unerlaubter Telefonwerbung sind rein zivilrechtlicher Natur: Mitbewerbern, Verbänden, qualifizierten Einrichtungen, Industrie- und Handelskammern sowie Handwerkskammern stehen lauterkeitsrechtliche Unterlassungsansprüche zu, § 8 UWG. Mitbewerber können Schadensersatz verlangen, § 9 UWG. Von Verbänden, qualifizierten Einrichtungen, Industrie- und Handelskammern sowie Handwerkskammern i.S.d. § 8 Abs. 3 Nr. 2 bis 4 UWG können Gewinnabschöpfungsansprüche geltend gemacht werden, § 10 UWG. Der betroffene Verbraucher selbst kann Unterlassungs- und Schadensersatzansprüche nach §§ 823 ff. BGB (i.V.m. § 1004 BGB analog) verlangen[606], der sonstige Marktteilnehmer, der nicht als Mitbewerber betroffen ist, grundsätzlich ebenfalls[607].

Vor diesem Hintergrund erweist sich die Einführung des Bußgeldtatbestandes mit § 20 UWG als Systembruch.[608] Sie führt zu einem Nebeneinander von zivilrechtlicher und ordnungsbehördlicher Verfolgung. Diese parallel zu den zivilrechtlichen Möglichkeiten vorgesehene ordnungsbehördliche Zuständigkeit könnte vor allem unter dem Aspekt der Rechtssicherheit Probleme aufwerfen.[609] Denn die Aufspaltung der Rechtsschutzmöglichkeiten begründet die Gefahr divergierender Rechtsprechung.[610]

Die Einführung des Bußgeldtatbestandes zusätzlich zu den zivilrechtlichen Sanktionsmöglichkeiten verwundert zudem vor dem Hintergrund, dass der Gesetzgeber die (allein) zivilrechtlich konzipierte Struktur der Rechtsdurchsetzung i.R.d. UWG Novellen 2004 und 2008 noch mit der Begründung beibehalten wollte, dass es sich um ein bewährtes System handele. Auch zukünftig bedürfe es keiner Behörde, die das Lauterkeitsrecht durchsetze.[611] Der Gesetzgeber widerspricht sich demnach mit der Einführung des Bußgeldtatbestandes selbst.

---

606 Siehe hierzu ausführlich sogleich unter E. II. 2.

607 Siehe hierzu ausführlich sogleich unter E. III. 2.

608 So auch Ufer, K & R 2008, 493 (498); Vander, MMR 2008, 639 (641).

609 Ufer, K & R 2008, 493 (498); Vander, MMR 2008, 639 (641).

610 So auch Ufer, K & R 2008, 493 (498).

611 Begründung Regierungsentwurf UWG 2004, BT-Drucksache 15/1487, S. 22 zu § 8 UWG; Begründung Regierungsentwurf Änderungsgesetz, BT-Drucksache 16/10145, S. 18 zu Art. 11 bis 13 UGP-Richtlinie.

b) Sonderbehandlung der Telefonwerbung

Weiterhin erscheint es verfehlt, allein die unerlaubte Telefonwerbung gegenüber einem Verbraucher als eine von vielen unlauteren Geschäftspraktiken mit einem Bußgeld zu bedrohen. Alle anderen Sachverhalte und Tatbestände wettbewerbswidrigen Verhaltens sind – mit Ausnahme der wenigen strafrechtlichen Regelungen in §§ 16 ff. UWG – auch weiterhin allein zivilrechtlich zu verfolgen. Das Gesetz differenziert sogar zwischen den Einzelfällen des § 7 Abs. 2 UWG. Es lässt sich zwischen unerlaubter Telefonwerbung und unerlaubter E-Mail- oder Telefax-Werbung aber nicht sinnvoll unterscheiden. Vielmehr ist eine Sonderbehandlung unerlaubter Telefonwerbung nicht gerechtfertigt; der Unrechtsgehalt bei den Fallgruppen des § 7 Abs. 2 UWG erlaubt keine Abstufung.[612]

Mit der Bußgeldbewehrung allein der unerlaubten Telefonwerbung gegenüber Verbrauchern werden auch gemeinschaftsrechtliche Wertungen unterlaufen. Die UGP-Richtlinie ordnet die Fallgruppen der § 7 Abs. 2 Nr. 1, Nr. 2 1. Alt. und Nr. 3 UWG mit Nr. 26 Anhang I UGP-Richtlinie unter bestimmten Voraussetzungen gleichermaßen als aggressive Geschäftspraktiken ein. Die E-Datenschutzrichtlinie handhabt die unerlaubte Werbung unter Verwendung einer automatischen Anrufmaschine, eines Faxgerätes oder elektronischer Werbung grundsätzlich sogar strenger als die Telefonwerbung.[613]

Auch vor diesem Hintergrund ist der neue § 20 UWG unbefriedigend.

---

612 Vgl. auch Ohly, Stellungnahme zum Entwurf eines Gesetzes zur Bekämpfung unerlaubter Telefonwerbung und zur Verbesserung des Verbraucherschutzes bei besonderen Vertriebsformen vom 22.01.2009, a.a.O., S. 8 Rn. 27, der vor diesem Hintergrund entweder die Umstellung des gesamten UWG auf das in der EU vorherrschende Behördenmodell (große Lösung) oder eine Ausgliederung des § 7 UWG, verbunden mit einer generellen Androhung von Bußgeldern für belästigende Werbung (kleine Lösung) für systematisch stimmig hält.

613 Diese Wertung ergibt sich aus den Erwägungsgründen 40 und 42 E-Datenschutzrichtlinie, wonach die Teilnehmer gegen die Verletzung ihrer Privatsphäre durch unerbetene Nachrichten für Zwecke der Direktwerbung, insbesondere die Direktwerbung durch automatische Anrufsysteme, Faxgeräte und elektronische Post, geschützt werden sollen. Diese Formen von unerbetenen Werbenachrichten könnten zum einen relativ leicht und preiswert zu versenden sein und zum anderen einen Belastung und/oder Kostenaufwand für den Empfänger bedeuten, während sonstige Formen der Direktwerbung kostspieliger seien und für die Teilnehmer und Nutzer keine finanziellen Kosten mit sich bringen würden, wie etwa Sprach-Telefonanrufe zwischen Einzelpersonen. Vor diesem Hintergrund sieht die E-Datenschutzrichtlinie nur für die Direktwerbung durch automatische Anrufsysteme, Faxgeräte und elektronische Post zwingend ein Opt-in-Verfahren vor und räumt den Mitgliedstaaten hinsichtlich anderer Werbeformen diesbezüglich in Art. 13 Abs. 3 einen Spielraum ein.

c) § 20 UWG als „Symbolgesetz"?

Weiterhin darf auch die Wirkung von § 20 UWG in Frage gestellt werden. Nicht zu Unrecht wird die Regelung bereits jetzt als „Symbolgesetz" bezeichnet, d.h. also als eine Regelung, deren praktische Bedeutung gegen Null tendiert.[614]

Bereits vor der UWG Novelle 2008 und dem Gesetz gegen unerlaubte Telefonwerbung war die Telefonwerbung ohne Einwilligung des Adressaten unlauter. An möglichen Sanktionen in einem „bewährten System"[615] mangelte es grundsätzlich nicht. Allerdings stieß die Durchsetzung des Rechts in der Praxis auf Schwierigkeiten. Diesem Zustand sollte mit dem Gesetz gegen unerlaubte Telefonwerbung entgegengewirkt werden.[616] Es ist durchaus fraglich, ob mit § 20 UWG dieses Ziel erreicht wird. Denn es steht zu erwarten, dass die Bundesnetzagentur sich bei der Durchsetzung des in § 7 Abs. 2 Nr. 2 1. Alt. UWG geregelten Verbots ähnlichen Schwierigkeiten ausgesetzt sehen wird, wie die, mit denen Verbraucherverbände bereits kämpfen.[617] Die Schwierigkeit der Verfolgung bestand (und besteht) für Verbraucherverbände u.a. gerade darin, dass der Angerufene in der Regel nicht wusste, von wem der Anruf ausging, da der Anrufer das Unternehmen häufig zu Beginn des Gesprächs nicht nannte und zugleich die Anzeige der Rufnummer unterdrückte.[618] Gerade dieses Problem besteht auch unter der heutigen Rechtslage. Zwar hatte der Gesetzgeber diese Problematik im Blick, indem er mit §§ 102 Abs. 2 S. 1, Abs. 3, 149 Abs. 1 Nr. 17 d TKG neue Regelungen geschaffen hat, wonach derjenige, der vorsätzlich oder fahrlässig seine Rufnummernanzeige unterdrückt oder eine Unterdrückung veranlasst, ordnungswidrig handelt, und ihm nach § 149 Abs. 2 S. 1 TKG eine Geldbuße bis zu € 10.000 droht. Der Angerufene kann bei einer Rufnummernunterdrückung aber gerade nicht feststellen, von welchem Anschluss der Anruf getätigt wurde.

Vor diesem Hintergrund ist es sehr fraglich, ob unseriöse Unternehmer, die schon bislang in Kenntnis der Gefahr einer wettbewerbsrechtlichen Inanspruchnahme die bestehenden Verbote nicht beachtet haben, sich aufgrund der neuen Sanktionsmöglichkeit von einer Weiterführung der Geschäftspraxis abhalten

---

614 So ausdrücklich Vahle, DSB 2009, 10 (11).

615 Begründung Regierungsentwurf UWG 2004, BT-Drucksache 15/1487, S. 22 zu § 8 UWG; Begründung Regierungsentwurf Änderungsgesetz, BT-Drucksache 16/10145, S. 18 zu Art. 11 bis 13 UGP-Richtlinie.

616 Begründung Regierungsentwurf Gesetz gegen unerlaubte Telefonwerbung, BT-Drucksache 16/10734, S. 1.

617 Vgl. Ohly, Stellungnahme zum Entwurf eines Gesetzes zur Bekämpfung unerlaubter Telefonwerbung und zur Verbesserung des Verbraucherschutzes bei besonderen Vertriebsformen vom 22.01.2009, a.a.O., S. 8, Rn 26.

618 Seichter/Witzmann, WRP 2007, 699 (701).

lassen.[619] Vielmehr muss davon ausgegangen werden, dass Unternehmen, die weiterhin unerlaubte Telefonwerbung betreiben wollen, Abwehrstrategien entwickeln werden, um zu verhindern, dass sie in das Visier der Bundesnetzagentur geraten. Hierzu gehört es, auch weiterhin die Rufnummer zu unterdrücken oder ausländische Call Center zu beauftragen. Geht die unerlaubte Telefonwerbung vom Ausland aus – womöglich aus einem Land, in dem das cold calling erlaubt ist – wird eine Verfolgung der Ordnungswidrigkeit aus tatsächlichen und rechtlichen Gründen kaum möglich sein.[620]

d) Ergebnis

Nach alledem ist der neue Tatbestand des § 20 UWG unter verschiedenen Aspekten sehr unbefriedigend. Er bedeutet einen Systembruch. Er gewährt der Telefonwerbung gegenüber Verbrauchern eine Sonderstellung, die nicht gerechtfertigt ist, und zugleich gemeinschaftsrechtliche Wertungen unterläuft. Darüber hinaus ist es sehr fraglich, ob § 20 UWG dazu beitragen kann, die unerlaubte Telefonwerbung tatsächlich wirksam einzudämmen.

II. Ansprüche betroffener Verbraucher

1. Keine individualrechtlichen Ansprüche nach dem UWG

Dem Verbraucher stehen nach dem UWG nach wie vor keine individualrechtlichen Ansprüche zu. In Bezug auf Verstöße gegen § 7 UWG besteht insoweit keine Ausnahme. Wie dargelegt, sind anspruchsberechtigt für einen lauterkeitsrechtlichen Unterlassungsanspruch allein Mitbewerber, Verbände, qualifizierte Einrichtungen, Industrie- und Handelskammern sowie Handwerkskammern, § 8 Abs. 3 UWG. Schadensersatz können nur Mitbewerber verlangen, § 9 UWG. Gewinnabschöpfungsansprüche können wiederum nur von Verbänden, qualifizierten Einrichtungen, Industrie- und Handelskammern sowie Handwerkskammern i.S.d. § 8 Abs. 3 Nr. 2 bis 4 UWG geltend gemacht werden, § 10 UWG.

---

619 So auch Hecker, K & R 2009, 601 (605); Köhler, NJW 2009, 2567 (2569); Vahle, DSB 2009, 10 (11). *Köhler* vertritt in NJW 2009, 2567 (2569) vor diesem Hintergrund die Auffassung, dass die neuen TKG-Regelungen nur indirekt abschreckende Wirkung erzielen können: Wer Mitarbeitern die Anweisung gibt, die Rufnummer zu unterdrücken, wisse, dass er damit eine Ordnungswidrigkeit begehe und müsse damit rechnen, dass dies nach außen dringt. Mindestens wisse der Verbraucher, der einen derartigen Werbeanruf erhält, dass er es nicht mit einem serösen Unternehmen zu tun hat.

620 Vgl. Köhler, WRP 2007, 866 (867); ders., NJW 2009, 2567 (2569); Ufer, K & R 2008, 493 (498); Vahle, DSB 9/2009, 10 (11).

Der Gesetzgeber ist der Forderung nach der Installation individueller Rechte der Verbraucher in das UWG[621] auch im Zuge der UWG Novelle 2008 nicht nachgekommen, nachdem er sich bereits im Rahmen der UWG Novelle 2004 ganz bewusst dagegen entschieden hatte.

a) Ablehnung im Rahmen der UWG Novelle 2004

Im Rahmen der UWG Novelle 2004 hatte der Gesetzgeber die Aufnahme individueller Rechte der Verbraucher in das UWG – wenig überzeugend[622] – mit der Begründung abgelehnt, dass die Anerkennung von individuellen Rechten der Verbraucher bei Verstößen gegen das UWG das hohe Schutzniveau des UWG im Ergebnis in Frage stellen würde. Der Unternehmer müsse bei Beibehaltung des hohen Schutzniveaus jederzeit mit einer Vielzahl von Klagen rechnen. Dies würde zu hohen Belastungen für die Wirtschaft führen und hätte einen erheblichen Standortnachteil zur Folge. Diese Belastungen ließen sich nur dadurch auf ein für die Wirtschaft akzeptables Maß verringern, dass man das Schutzniveau absenke und dadurch das Prozessrisiko für die Unternehmen verringere.[623] Die Regelungen zu den zivilrechtlichen Rechtsfolgen seien hinsichtlich der Klagebefugnis und der Anspruchsberechtigung abschließend.[624]

b) Ablehnung im Rahmen der UWG Novelle 2008

Auch im Rahmen der UWG Novelle 2008 hat der Gesetzgeber die Aufnahme von Individualrechten des Verbrauchers abgelehnt. Zur Umsetzung der UGP-Richtlinie in das UWG müssten keine individuellen Klagerechte für Verbraucher geschaffen werden. Die bestehenden Sanktionssysteme hätten sich in der Praxis bewährt; sie würden den Anforderungen der Art. 11-13 UGP-Richtlinie genügen.[625]

621 Zu der jüngeren Diskussion siehe Augenhofer, WRP 2006, 169 (176 f.); Engels/Salomon, WRP 2004, 32 (41); Fezer, WRP 2006, 781 (789); Keßler, WRP 2005, 264, 272 f.; Sack, FS für Ullmann, 825 ff.; ders., WRP 2009, 1330 (1333 f.); Säcker WRP 2004, 1199 (1219 f.).

622 Kritisch auch Augenhofer, WRP 2006, 169 (177); Keßler, WRP 2005, 264 (272 f.); Sack, WRP 2009, 1330 (1333); ders., FS für Ullmann, 825 (841 ff.); Säcker, WRP 2004, 1199 (1219). Siehe ausführlich hierzu sogleich unter 2.b).

623 Begründung Regierungsentwurf UWG 2004, BT-Drucksache 15/1487, S. 22 zu § 8 UWG.

624 Begründung Regierungsentwurf UWG 2004, BT-Drucksache 15/1487, S. 22 zu § 8 UWG.

625 Begründung Regierungsentwurf Änderungsgesetz, BT-Drucksache 16/10145, S. 18 f. zu Art. 11-13 UGP-Richtlinie. Dass die UGP-Richtlinie die Mitgliedstaaten nicht zu der Installation individueller Klagerechte für die Verbraucher zwingt, entspricht der ganz überwiegenden Meinung in der Literatur. Zustimmend: Augenhofer, WRP 2006, 169 (172); Alexander, GRURInt. 2005, 809 (813); Köhler/Lettl, WRP 2003, 1019 (1047); Veelken, WRP 2004, 1 (27). A.A. Fezer, WRP 2006, 781 (787 f.). Die UGP-Richtlinie hätte die Schaffung individueller Rechte von Verbrauchern aber erlaubt (so ausdrücklich auch Augenhofer, WRP 2006, 169 (172)).

c) *Kollektivrechtlicher Schutz*

Den Verbrauchern verbleibt nach den Regelungen im UWG allein der kollektivrechtliche Schutz. Er hat die Möglichkeit, bei einem Verbraucherverband oder einer anderen der in § 8 Abs. 3 UWG genannten Einrichtungen auf Verstöße gegen § 7 UWG hinzuweisen und eine Verfolgung anzuregen. Auf ein Vorgehen der von ihm angesprochenen Einrichtung hat er aber keinen klagbaren Anspruch.

2. Ansprüche nach dem allgemeinen Deliktsrecht

a) *Allgemeines*

Verstöße gegen das UWG erfüllen regelmäßig auch die Voraussetzungen von Haftungstatbeständen des allgemeinen Deliktsrechts.[626] Dies gilt auch für Verstöße gegen § 7 UWG.[627] Dann stellt sich die Frage nach dem Verhältnis der lauterkeitsrechtlichen Ansprüche und der Ansprüche nach §§ 823 ff. BGB.[628] Dies ist insbesondere aufgrund der unterschiedlichen, die Haftungsmodalitäten regelnden „Ergänzungsnormen"[629] im allgemeinen Deliktsrecht und dem UWG, wie etwa die verschiedenen Verjährungsfristen in § 11 UWG einerseits und §§ 195, 199 BGB andererseits[630] sowie die örtliche Zuständigkeit von Gerichten[631], von erheblicher praktischer Bedeutung.

Die Konkurrenzproblematik in Bezug auf die Abwehr- und Ersatzansprüche aus dem UWG einerseits und dem BGB andererseits stellt sich allerdings nur im

---

626 BGH GRUR 1962, 310 (314) – *Gründerbildnis*; Hefermehl/Köhler/Bornkamm-*Köhler*, Einl., Rn. 7.3; Sack, FS für Ullmann, S. 825.

627 Vgl. zuletzt BGH WRP 2009, 1246 f. – *E-Mail-Werbung II.*

628 Siehe zu dem deliktsrechtlichen Schutz vor belästigender Werbung ausführlich *Grobe, Simone Gabriele*, Belästigende Werbung in Selbstbedienungsgeschäften, Würzburg 2000, S. 66 ff.; *Loydl, Uwe Karl Arthur*, Der Schutz des Verbrauchers vor belästigender Werbung, Bayreuth 1993, S. 80 ff.; *Rothley, Oliver*, Persönlichkeitsverletzung durch unverlangte kommerzielle Kommunikation, Berlin 2003, S. 152 ff. Vor dem Hintergrund dieser umfassenden Darstellungen der Problematik wird nachfolgend nur auf die diesbezüglichen aktuellen Entwicklungen eingegangen.

629 So ausdrücklich Sack, FS für Ullmann, S. 825.

630 Nach § 11 UWG verjähren Ansprüche aus dem UWG grundsätzlich in sechs Monaten, sobald der Anspruch entstanden ist und der Gläubiger die haftungsbegründenden Tatumstände und die Person des Schuldners kannte oder ohne grobe Fahrlässigkeit kennen musste. Ansprüche aus §§ 823 ff. BGB verjähren hingegen nach §§ 195, 199 BGB grundsätzlich in 3 Jahren, nachdem der Anspruch entstanden ist und der Gläubiger die haftungsbegründenden Tatumstände und die Person des Schuldners kannte oder ohne grobe Fahrlässigkeit kennen musste.

631 Für Ansprüche aus dem allgemeinen Deliktsrecht richtet sich der Gerichtsstand nach §§ 13, 32 ZPO. Für Ansprüche aus dem UWG ist § 14 UWG maßgeblich.

Hinblick auf Personen, die nach § 8 Abs. 3 UWG anspruchsberechtigt sind.[632] Wer hingegen nicht zu dem Kreis der nach § 8 Abs. 3 UWG Anspruchsberechtigten gehört – wie der Verbraucher –, kann bürgerlich-rechtliche Ansprüche grundsätzlich auch dann geltend machen, wenn die tatbestandsmäßige Handlung einen Verstoß gegen das UWG darstellt.[633] Das Lauterkeitsrecht schränkt den bürgerlich-rechtlichen Schutz der Verbraucher nicht ein.[634]

Bürgerlich-rechtliche Abwehr- und Ersatzansprüche aufgrund eines lauterkeitsrechtlichen Verstoßes gegen § 7 UWG können von einem Verbraucher allerdings nur geltend gemacht werden, wenn dieser Verstoß zugleich einen Eingriff in ein deliktisch geschütztes Recht oder Rechtsgut i.S.d. § 823 Abs. 1 BGB dieses Verbrauchers darstellt und/oder § 7 UWG als Schutzgesetz i.S.d. § 823 Abs. 2 BGB einzuordnen ist. Während nach ganz allgemeiner Meinung bei einem Verstoß gegen § 7 UWG eine Verletzung des allgemeinen Persönlichkeitsrechts des Verbrauchers im Raume steht[635], ist der Schutzgesetzcharakter des § 7 UWG umstritten[636].

b) Anspruch nach § 823 Abs. 2 BGB i.V.m. § 7 UWG?

Fraglich ist, ob § 7 UWG als Schutzgesetz i.S.d. § 823 Abs. 2 BGB qualifiziert werden kann mit der Folge, dass der Verbraucher bei einem Verstoß gegen § 7 UWG einen Unterlassungsanspruch nach §§ 823 Abs. 2 i.V.m. § 7 UWG, § 1004 BGB analog und einen Schadensersatzanspruch nach § 823 Abs. 2 BGB geltend machen könnte.

aa) § 7 UWG als Schutzgesetz?

Für die Einordnung des § 7 UWG als Schutzgesetz ist maßgeblich, ob § 7 UWG dem Schutz von Individualinteressen der Verbraucher zu dienen bestimmt ist.

---

632 Siehe hierzu statt vieler Hefermehl/Köhler/Bornkamm-*Köhler*, Einl., Rn. 7.3. A.A. wohl nur GK-*Schünemann*, Einl., E 70 und E 80, nach dem für § 823 Abs. 1 BGB (Allgemeines Persönlichkeitsrecht) in Fällen mit wettbewerbsrechtlicher Prägung kein Anwendungsbereich verbleibt. Nach Baumbach/Hefermehl, 22. Auflage 2000, Allg., Rn. 142 sollte ebenfalls allein das UWG-Recht zur Anwendung kommen, wenn Handeln zu Zwecken des Wettbewerbs vorliege. Diese Auffassung wurde aufgegeben, vgl. nunmehr Hefermehl/Köhler/Bornkamm-*Köhler*, Einl., Rn. 7.3. Zu der Konkurrenzproblematik bei Mitbewerbern siehe sogleich unter III. 2.

633 Siehe hierzu statt vieler Hefermehl/Köhler/Bornkamm-*Köhler*, Einl., Rn. 7.3. Vgl. auch BGH GRUR 89, 225 ff. – *Handzettel-Wurfsendung* und BGH GRUR 73, 552 ff. – *Briefwerbung*. In beiden Urteilen hat der BGH die Verletzung des Persönlichkeitsrechts des Betroffenen und einen Anspruch nach § 1004 BGB (*Handzettel-Wurfsendung*) bzw. § 823 BGB (*Briefwerbung*) bejaht, ohne einen etwaigen Vorrang des UWG zu problematisieren.

634 Hefermehl/Köhler/Bornkamm-*Köhler*, Einl., Rn. 7.3.

635 Siehe hierzu sogleich unter c).

636 Siehe hierzu sogleich unter b).

Dabei muss der Individualschutz nicht der ausschließliche Zweck des Gesetzes sein, sondern es reicht aus, wenn auch Individualinteressen geschützt werden sollen.[637]

§ 7 UWG schützt als eigenständiger Verbotstatbestand auch den Verbraucher vor unzumutbar belästigenden geschäftlichen Handlungen.[638] § 7 UWG dient gerade auch dazu, die Privatsphäre sowie Besitz, Eigentum und sonstige Ressourcen des Verbrauchers zu schützen.[639]

Dass § 7 UWG auch dem Schutz der Verbraucher zu dienen bestimmt ist, wird von der Schutzzweckregelung in § 1 UWG bestätigt, wonach das UWG den Schutz der Mitbewerber, der Verbraucher sowie der sonstigen Marktteilnehmer vor unlauteren geschäftlichen Handlungen bezweckt. Mit der ausdrücklichen Aufnahme des Verbrauchers in § 1 UWG 2004 im Rahmen der UWG Novelle 2004 sollte klargestellt werden, dass die Marktteilnehmer durch das UWG gleichermaßen und gleichrangig geschützt werden.[640] Der Gesetzgeber hat im Rahmen der UWG Novelle 2008 ausdrücklich betont, dass der umfassende Schutzzweck des UWG auch weiterhin gelte, der sich gleichermaßen auf Mitbewerber, Verbraucher und sonstige Marktteilnehmer erstrecke.[641]

§ 7 UWG ist demnach als Schutzgesetz für Verbraucher i.S.d. § 823 Abs. 2 UWG zu bewerten.[642]

bb) Entgegenstehender Wille des Gesetzgebers

Zweifel könnten sich an der Schutzgesetzqualität des § 7 UWG allerdings daraus ergeben, dass der Gesetzgeber im Rahmen der UWG Novelle 2004 ausdrücklich betont hat, dass das UWG – und mithin auch § 7 UWG – kein Schutzgesetz i.S.d. § 823 Abs. 2 BGB darstelle.[643] Die Regelungen zu den zivilrechtlichen Rechtsfolgen bei lauterkeitsrechtlichen Verstößen seien sowohl hinsichtlich der Klagebefugnis als auch hinsichtlich der Anspruchsgrundlagen abschließend. Dies hätte

637 MüKoBGB-*Wagner,* § 823 Rn. 346.

638 So auch Sack, WRP 2009, 1330 (1332) zu § 7 Abs. 2 Nr. 3 UWG in Bezug auf jedweden Empfänger.

639 Siehe ausführlich zu den Schutzzwecken von § 7 UWG unter D.IV.

640 Begründung Regierungsentwurf UWG 2004, BT-Drucksache 15/1487, S. 15 zu § 1 UWG.

641 Begründung Regierungsentwurf Änderungsgesetz, BT-Drucksache 16/10145, S. 21 zu § 2 UWG.

642 So auch Sack, WRP 2009, 1330 (1333 f.); ders., FS für Ullmann, 825 (842). Zu verbraucherschützenden Normen des UWG allgemein: Augenhofer, WRP 2006, 169 (176 f.); Fezer, WRP 2006, 781 (789); Fezer-*Koos*, § 9 Rn. 3; Keßler, WRP 2005, 264 (273); Lehmann, FS für Schricker, 77 (80); Säcker, WRP 2004, 1199 (1219). A.A. Engels/Salomon, WRP 2004, 32 (41); Hefermehl/Köhler/Bornkamm-*Köhler*, Einl., Rn. 7.5; Harte/Henning-*Brüning/Ahrens*, Einl. F, Rn. 137; Harte/Henning-*Goldmann*, § 9 Rn. 10 zu § 7 UWG.

643 Begründung Regierungsentwurf UWG 2004, BT-Drucksache 15/1487, S. 22 zu § 8 UWG.

zur Folge, dass das UWG auch weiterhin kein Schutzgesetz im Sinne von § 823 Abs. 2 BGB sei.[644]

Dafür, dass der Gesetzgeber im Rahmen der UWG Novelle 2008 lauterkeitsrechtliche verbraucherschützende Nomen als Schutzgesetze anerkennen wollte, bestehen keine Anhaltspunkte. Vielmehr wollte er es in Bezug auf die individuellen Klagerechte von Verbrauchern wohl beim geltenden Rechtszustand belassen.[645] Dies gilt auch für den als eigenständigen Verbotstatbestand ausgestalteten § 7 UWG, der in das bestehende Sanktionssystem eingebunden wurde, indem §§ 8 Abs. 1, 9 S. 1 und 10 Abs. 1 UWG nunmehr an unzulässige geschäftliche Handlungen nach § 3 oder nach § 7 UWG anknüpfen.

Diese Einschränkung des Verbraucherschutzes steht aber im Widerspruch zu dem Schutzzweck des § 1 UWG und den entsprechenden Ausführungen in der Begründung des Gesetzesentwurfes zu UWG 2004 und zu dem Änderungsgesetz, wonach Mitbewerber, Verbraucher und sonstige Marktteilnehmer durch das UWG gleichrangig und gleichermaßen geschützt werden sollen.[646]

Zudem überzeugt die bereits soeben und unter 1. a) dargelegte Begründung des Gesetzgebers zu der Ablehnung individualrechtlicher Ansprüche der Verbraucher auch nach § 823 Abs. 2 UWG – letztlich aus Angst vor zu hohen Belastungen für die Wirtschaft – nicht: Das deutsche Lauterkeitsrecht zeichnet sich nicht mehr durch ein besonders hohes Schutzniveau innerhalb Europas aus.[647] Auch die Befürchtung einer hohen Zahl von Verbraucherklagen dürfte haltlos sein[648], wie ein Blick nach Österreich zeigt, wo nach der Anerkennung von Verbraucheransprüchen aus dem UWG durch den OHG im Jahre 1998[649] keine Flut von Verbraucheransprüchen ausgelöst worden ist.[650] Auch in der Schweiz, deren § 10 UWG Verbraucheransprüche vorsieht, gab und gibt es ebenfalls keine Flut von Verbraucherklagen.[651] Zudem würde eine solche Flut von Verbraucheransprüchen nicht gegen, sondern für eine Anerkennung individualrechtlicher Ansprüche von Verbrauchern sprechen. Dies würde eine Durchsetzungslücke offenbaren.[652]

644 Begründung Regierungsentwurf UWG 2004, BT-Drucksache 15/1487, S. 22 zu § 8 UWG. Etwas anderes gelte nur für die Strafbestimmungen der §§ 16 ff UWG, da insoweit keine erschöpfende Regelung der zivilrechtlichen Rechtsfolgen erfolge.

645 Vgl. Begründung Regierungsentwurf Änderungsgesetz, BT-Drucksache 16/10145, S. 18 f. zu Art. 11-13 UGP-Richtlinie. So auch Harte/Henning-*Keller*, Einl. A, Rn. 43.

646 Vgl. zu UWG 2004 Augenhofer, WRP 2006, 169 (176); Fezer-*Koos*, § 9 Rn. 3; Keßler, WRP 2005, 264 (272); Sack, WRP 2009, 1330 (1332 f.); Säcker, WRP 2004, 1199 (1219).

647 Sack, WRP 2009, 1330 (1333).

648 Augenhofer, WRP 2006, 169 (173); Keßler, WRP 2005, 264 (272).

649 ÖOHG WRP 1998, 789 (790) – *1. Hauptpreis*.

650 Augenhofer, WRP 2006, 169 (173); Sack, WRP 2009, 1330 (1333).

651 Lehmann, FS für Schricker, 77 (80); Sack, WRP 2009, 1330 (1333) m.w.N.

652 Sack, WRP 2009, 1330 (1333).

Fraglich ist, ob der eindeutige Wille des Gesetzgebers dennoch zu der Verneinung eines Anspruches des Verbrauchers nach § 823 Abs. 2 BGB i.V.m. § 7 UWG führen muss.[653] Dies ist abzulehnen: Wenn der Wortlaut des Gesetzes den erläuternden Bemerkungen zu dem Gesetz widerspricht und zudem – wie vorliegend – auch die erläuternden Bemerkungen in sich widersprüchlich sind, müssen die Wort- und die teleologische Interpretation der historischen Interpretation des Tatbestandes vorgehen.[654]

cc) Ergebnis

§ 7 UWG ist für Verbraucher Schutzgesetz im Sinne des § 823 Abs. 2 BGB. Es ist nunmehr an dem BGH in – Abweichung der überholten *Prüfzeichen*-Entscheidung[655] – dem Verbraucher entsprechende Ansprüche zuzugestehen.

c) Anspruch nach § 823 Abs. 1 BGB

Bei Verstößen gegen § 7 UWG kommen Ansprüche des Verbrauchers nach § 823 Abs. 1 BGG, gestützt auf eine Verletzung des allgemeinen Persönlichkeitsrechts und/oder auf die Beeinträchtigung des Eigentums/Besitzes, in Betracht.

aa) Telefon-, Telefax- und E-Mail-Werbung

In Bezug auf unerlaubte Telefon-, Telefax- und E-Mail-Werbung i.S.d. § 7 Abs. 2 Nr. 2 und 3 UWG ist mit der ganz herrschenden Meinung in Rechtsprechung[656] und Literatur[657] sowohl ein Unterlassungsanspruch gem. §§ 823 Abs. 1

---

653 So Hefermehl/Köhler/Bornkamm-*Köhler*, Einl., Rn. 7.5, der sich zur Begründung der Verneinung der Schutzzweckqualität lauterkeitsrechtlicher Normen allein auf die Begründung des Regierungsentwurfes zu UWG 2004 stützt.

654 Augenhofer, WRP 2006, 169 (176); vgl. Canaris, Systemdenken und Systembegriff, S. 91 Fn. 23. Im Ergebnis so auch Keßler, WRP 2005, 264 (272), der in diesem Zusammenhang darauf hinweist, dass den Stellungnahmen des Gesetzgebers nicht der Charakter einer verbindlichen Richtschnur im Rahmen des Interpretations- und Normanwendungsprozesses zukommt.

655 BGH NJW 1974, 1503 (1505) – *Prüfzeichen*. Im Ergebnis auch Augenhofer, WRP 2006, 169 (177); Keßler, WRP 2005, 264 (273); Säcker, WRP 2004, 1199 (1219 f.).

656 *Zur Telefonwerbung*: LG Hamburg, GRUR-RR 2007, 61; OLG Stuttgart, NJW 1988, 2615. *Zur E-Mail-Werbung*: KG, CR 2003, 291; LG Berlin, NJWE-WettbR 2000, 91; LG Berlin, NJW 1998, 3208; AG Brakel, NJW 1998, 3209. *Zur SMS-Werbung*: LG Berlin, MMR 2003, 419 f.

657 Fezer-*Mankowski,* § 7 Rn. 97; Hefermehl/Köhler/Bornkamm-*Köhler*, § 7 Rn. 119 zur Telefonwerbung, Rn. 195 zur Telefaxwerbung, Rn. 199 zur E-Mail-Werbung; jurisPK-*Koch*, § 7 Rn. 189; Leistner/Pothmann, WRP 2003, 815 (817); Roggenkamp, jurisPR-ITR 8/2006 Anm. 4 zur E-Mail-Werbung; Prasse, MDR 2006, 361 (362 f.) zur E-Mail-Werbung; Sack, FS für Ullmann, S. 839 f.; Sack, WRP 2009, 1330 (1332 f.).

i.V.m. 1004 BGB analog als auch ein Schadensersatzanspruch gem. § 823 Abs. 1 BGB wegen der aufgrund der Beeinträchtigung der Privatsphäre anzunehmende Verletzung des allgemeinen Persönlichkeitsrechts zu bejahen.[658] Bei Telefaxwerbung gilt dies auch unter dem Aspekt der Beeinträchtigung des Eigentums/Besitzes.[659]

Bei der Beurteilung der benannten Werbemaßnahmen nach §§ 823, 1004 BGB analog sind die Wertungen des § 7 Abs. 2 UWG zu berücksichtigen, um Wertungswidersprüche zu vermeiden.[660] Daraus folgt, dass bereits ein unerlaubter Telefonanruf bei einem Verbraucher oder das Übersenden einer einzigen unerwünschten Werbung per Telefax oder E-Mail als Rechtsverletzung angesehen werden kann.[661] Allerdings ist im Rahmen des § 823 Abs. 1 BGB (i.V.m. § 1004 BGB analog) – anders als im Rahmen des neuen § 7 Abs. 2 UWG – eine Abwägung widerstreitender Interessen erlaubt und erforderlich[662], so dass Besonderheiten des Einzelfalles berücksichtigt werden können und müssen.

bb) Brief- und Briefkastenwerbung

Die Brief- und Briefkastenwerbung gegen den Willen des Empfängers kann ebenfalls Eigentum und Besitz des Betroffenen beeinträchtigen sowie sein allgemeines Persönlichkeitsrecht verletzen.[663] Die Nichtbeachtung der Willensäußerung des Verbrauchers, keine Werbung zugestellt zu erhalten, kann als eine Beeinträchtigung des Selbstbestimmungsrechts als Schutzgut des allgemeinen Persönlichkeitsrechts grundsätzlich gem. §§ 1004, 903, 862, 823 Abs. 1 BGB beanstandet werden.[664]

---

658 Siehe hierzu auch unter D. III. 1. bb) (1); D. III. 2. e) aa) und D. IV. 1.

659 Hefermehl/Köhler/Bornkamm-*Köhler*, § 7 Rn. 195 zur Telefaxwerbung; jurisPK-*Koch*, § 7 Rn. 189. Siehe hierzu auch unter D. III. 2. e) aa) und D. IV. 2.

660 Vgl. jurisPK-*Koch*, § 7 Rn. 190; Hefermehl/Köhler/Bornkamm-*Köhler*, § 7 Rn. 14. So auch BGH WRP 2009, 1246 (1247) – *E-Mail-Werbung II* zu deliktsrechtlichen Ansprüchen eines Gewerbetreibenden.

661 Vgl. Fezer-*Mankowski*, § 7 Rn. 97; jurisPK-*Koch*, § 7 Rn. 190. So auch BGH WRP 2009, 1246 (1247) – *E-Mail-Werbung II* zu deliktsrechtlichen Ansprüchen eines Gewerbetreibenden. Zu der Diskussion, ob bereits eine einzige Werbe-E-Mail einen Eingriff in den eingerichteten und ausgeübten Gewerbebetrieb darstellen kann, siehe sogleich unter III. 2. c) bb).

662 jurisPK-*Koch*, § 7 Rn. 190; BGH WRP 2009, 1246 (1247) – *E-Mail-Werbung II* zu deliktsrechtlichen Ansprüchen eines Gewerbetreibenden.

663 Siehe hierzu unter D. IV. 1 und 2.

664 Vgl. BGH GRUR 1973, 552 (553) – *Briefwerbung*; BGH GRUR 1989, 225 (226) – *Handzettel-Wurfsendung*; OLG Karlsruhe, NJW-RR 1990, 244; KG, NJW 2002, 379; LG Bremen, NJW 1990, 456 (457); jurisPK-*Koch*, § 7 Rn. 142.

cc) *Ansprechen in der Öffentlichkeit*

Ein deliktischer Unterlassungs- und Schadensersatzanspruch des Verbrauchers kommt ebenfalls bei dem Ansprechen in der Öffentlichkeit unter dem Aspekt der Beeinträchtigung der Individualsphäre als Ausfluss des allgemeinen Persönlichkeitsrechts in Betracht.[665] Um Wertungswidersprüche zu vermeiden, sind hier ebenfalls dieselben Maßstäbe wie bei der Bewertung nach § 7 Abs. 1 UWG zugrunde zu legen.[666]

dd) *Haustürwerbung*

Die unerbetene Haustürwerbung kann eine Eigentums- bzw. Besitzstörung i.S.d. §§ 1004, 858 BGB sein[667] und unter dem Aspekt der Beeinträchtigung der Privatsphäre eine Verletzung des allgemeinen Persönlichkeitsrecht des Betroffenen darstellen. So etwa, wenn ein Werber ein erkennbares Hausverbot missachtet oder sich nach Aufforderung des Wohnungsinhabers nicht entfernt.[668] Die Haustürwerbung kann dann ebenfalls als deliktisches Verhalten nach § 823 Abs. 1 BGB und ggf. § 823 Abs. 2 i.V.m. § 123 StGB gewertet werden.[669]

ee) *Wille des Gesetzgebers*

Der Wille des Gesetzgebers steht Ansprüchen des Verbrauchers nach § 823 Abs. 1 BGB von vornherein nicht entgegen. Auch der Gesetzgeber ging bei der UWG Novelle 2004 von der Existenz dieser Ansprüche aus.[670] Im Zusammenhang mit § 7 Abs. 2 UWG 2004 äußerte er ausdrücklich, dass – unabhängig von einer nicht unerheblichen Wettbewerbsverfälschung – ein Unterlassungsanspruch des Empfängers gem. §§ 823 Abs. 1 und 1004 BGB analog bestehen könne.[671]

---

665 BGH GRUR 2005, 443 – *Ansprechen in der Öffentlichkeit II;* BGH GRUR 2004, 699 (701) – *Ansprechen in der Öffentlichkeit I.* Siehe hierzu unter D. IV. 1.

666 Siehe hierzu unter D.VI.1.

667 Hefermehl/Köhler/Bornkamm-*Köhler*, § 7 Rn. 40; Harte/Henning-*Ubber*, § 7 Rn. 52.

668 Hefermehl/Köhler/Bornkamm-*Köhler*, § 7 Rn. 40.

669 Harte/Henning-*Ubber*, § 7 Rn. 52.

670 Vgl. Begründung Regierungsentwurf UWG 2004, BT-Drucksache 15/1487, S. 21 zu § 7 UWG und S. 42, wo zustimmend auf die Rechtsprechung eingegangen wird, wonach ein unerlaubter Telefonanruf bei einem Verbraucher einen erheblichen Eingriff in die Privatsphäre darstelle und zugleich als Eingriff in das durch § 823 Abs. 1 BGB geschützte Persönlichkeitsrecht zu werten sei.

671 Begründung Regierungsentwurf UWG 2004, BT-Drucksache 15/1487, S. 21 zu § 7 UWG. Vor diesem Hintergrund ist auch *Sack* zu widersprechen, nach dem konsequenterweise auch Ansprüche nach § 823 Abs. 1 BGB abzulehnen wären, würde man den in der Regierungsbegründung UWG 2004 geäußerten Willen des Gesetzgebers ernst nehmen, wonach die zivilrechtlichen Rechtsfolgen hinsichtlich der Klagebefugnis und der Anspruchsgrundlagen abschließend

d) Ergebnis

Bei Verstößen gegen § 7 UWG kann der Verbraucher Unterlassungs- und Schadensersatzansprüche nach §§ 823 Abs. 1, 1004 BGB analog geltend machen.

3. Verlagerung des Belästigungsschutzes in das allgemeine Deliktsrecht?

Vor dem Hintergrund, dass – wie soeben aufgezeigt – die in § 7 UWG geregelten unzumutbaren Belästigungen gegenüber einem Verbraucher als Eingriffe in sein allgemeines Persönlichkeitsrecht bzw. als Beeinträchtigungen seines Eigentums/Besitzes grundsätzlich von § 823 Abs. 1 BGB erfasst werden, ist zu hinterfragen, ob eine lauterkeitsrechtliche Regelung unzumutbarer Belästigungen im UWG überhaupt noch angebracht ist, oder der Schutz hiervor nicht vielmehr in das allgemeine Deliktsrecht verlagert werden sollte, flankiert von einem Kollektivschutz durch das Unterlassungsklagegesetz.

a) Beschränkter Anwendungsbereich der UGP-Richtlinie

Für eine solche Verlagerung des reinen Belästigungsschutzes in das allgemeine Deliktsrecht könnte zunächst sprechen, dass die UGP-Richtlinie den Schutz vor belästigenden Handlungen, welche die wirtschaftliche Entscheidungsfreiheit der Verbraucher nicht beeinträchtigen, aus ihrem Anwendungsbereich ausklammert.[672] Vor diesem Hintergrund würde eine Verlagerung des von § 7 UWG gewährleisteten reinen Belästigungsschutzes in das BGB das UWG näher an das vom Gemeinschaftsrecht vorgesehene lauterkeitsrechtliche Regelungsmodell bringen.[673]

Die UGP-Richtlinie zeigt zwar auf, dass eine andere Systematik möglich wäre[674] und dass der reine Belästigungsschutz nicht notwendigerweise vom Lauter-

---

seien (Sack, WRP 2009, 1330 (1333)). Ausdrücklich bezieht sich die Regierungsbegründung – wie dargelegt – aber nur auf Ansprüche nach § 823 Abs. 2 UWG i.V.m. UWG-Tatbeständen. Von deliktsrechtlichen Ansprüchen nach § 823 Abs. 1 BGB ist nicht die Rede.

672 Siehe hierzu unter C. I. 1., 2., 5.

673 Die Frage der möglichen Ausklammerung der unzumutbaren Belästigungen gegenüber Verbrauchern aus dem UWG werfen vor dem Hintergrund der Systematik der UGP-Richtlinie auch Glöckner/Henning-Bodewig, WRP 2005, 1311 (1333); Ohly, WRP 2006, 1401 (1410 ff.); ders., WRP 2008, 177 (178) auf. *Glöckner/Henning-Bodewig* schlagen vor, die Belästigungstatbestände des *§ 7 UWG* als Verletzung des allgemeinen Persönlichkeitsrechts zu qualifizieren und diese Verletzungen dann unter dem Gesichtspunkt der Vorsprungserlangung durch Rechtsbruch zu Lauterkeitsverstößen transponieren.

674 Vgl. Ohly, WRP 2006, 1401 (1411).

keitsrecht erfasst werden muss.[675] Sie zwingt allerdings nicht zu einer entsprechenden Neuordnung des UWG. Vielmehr stellt die UGP-Richtlinie es den Mitgliedstaaten frei, auch den reinen Belästigungsschutz lauterkeitsrechtlich zu regeln.[676] Die UGP-Richtlinie ordnet selbst in Nr. 26 S. 1 Anhang I UGP-Richtlinie bestimmte in § 7 UWG geregelte Formen unzumutbarer Belästigungen unter gewissen Voraussetzungen als aggressive Geschäftspraktiken ein. Auch wenn diese Regelung – wie aufgezeigt – an sich einen Widerspruch in der Richtlinie selbst offenbart[677], lässt sich aus diesem Umstand entnehmen, dass die UGP-Richtlinie jedenfalls bestimmte Formen unzumutbarer Belästigungen als lauterkeitsrechtliches Schutzgut anerkennt.

b) Einheitliche lauterkeitsrechtliche Beurteilung belästigender Handlungen

Die Ausklammerung der unzumutbar belästigenden Handlungen gegenüber Verbrauchern liefe dem durch das UWG gewährleisteten gleichberechtigten Schutz von Mitbewerbern, Verbrauchern und sonstigen Marktteilnehmern (§ 1 UWG) zuwider. Dieser integrierte Ansatz trägt dem Umstand Rechnung, dass das Verhalten von Unternehmen am Markt im Prinzip unteilbar ist.[678] Denn durch ein unlauteres Verhalten werden Verbraucher und Mitbewerber im Regelfall gleichermaßen geschädigt. Sowohl Verbraucher als auch Mitbewerber erwarten daher die Einhaltung bestimmter Regeln des Lauterkeitsrechts im Geschäftsverkehr. Diese Regeln sollen – möglichst durch denselben Rechtsakt – sowohl Verbraucher als auch Mitbewerber vor unlauterem Marktverhalten schützen.[679]

Zu diesen Regeln zählt § 7 UWG. Auch bei diesem Tatbestand kommt der untrennbar bestehende sachliche Zusammenhang zwischen Mitbewerber- und Verbraucherschutz zum Ausdruck.[680] In den nach § 7 UWG zu beurteilenden Sachverhaltskonstellationen steht das Interesse des Unternehmers an – möglichst eindringlicher – Werbung dem Interesse des adressierten Verbrauchers gegenüber, in seiner Privat- und Individualsphäre von Werbung verschont zu bleiben und seinen Besitz/Eigentum sowie sonstige Ressourcen vor unerwünschter Werbung zu schützen. Die Interessen des werbenden Unternehmers einerseits und des Verbrauchers andererseits sind dementsprechend verschiedene Aspekte desselben

675 Vgl. Ohly, WRP 2008, 177 (178), der unter dem Aspekt der fehlenden gemeinschaftsweiten Einigkeit über die Grenzen des Lauterkeitsrechts darauf hinweist, dass in anderen Rechtsordnungen die belästigende Werbung eher den eigentums- und persönlichkeitsrechtlichen Bestimmungen zum Schutz der Privatsphäre zugeordnet wird.

676 Vgl. Erwägungsgrund 7 UGP-Richtlinie.

677 Siehe hierzu unter D. III. 4. c).

678 Vgl. Begründung Regierungsentwurf Änderungsgesetz, BT-Drucksache 16/10145, S. 11.

679 Vgl. Begründung Regierungsentwurf Änderungsgesetz, BT-Drucksache 16/10145, S. 11.

680 Vgl. Lettl, WRP 2004, 1079 (1089).

Sachverhalts. Dieser kann nicht auf der einen Seite lauterkeitsrechtlich beurteilt werden, soweit die Interessen der Mitbewerber an einem rechtmäßigen Verhalten ihrer Konkurrenten betroffen sind, und auf der anderen Seite nach § 823 Abs. 1 BGB, soweit der Schutz der Interessen des Verbrauchers betroffen ist. Es handelt sich vielmehr um einen unteilbaren Sachverhalt, der dementsprechend auch einheitlich nach dem Lauterkeitsrecht beurteilt werden sollte.

Eine Verlagerung des reinen Belästigungsschutzes des Verbrauchers in das allgemeine Deliktsrecht würde demnach dem gleichberechtigten Schutz der Verbraucher im Lauterkeitsrecht nicht gerecht und verkennen, dass sich Verbraucherschutz und Mitbewerberschutz nicht trennen lassen.

c) Begriff der geschäftlichen Handlung als richtiges Abgrenzungsmerkmal

Unter Berücksichtigung des Vorhergesagten kann für die Frage der Verlagerung des reinen Belästigungsschutzes in das allgemeine Deliktsrecht nicht entscheidendes Kriterium sein, dass der Tatbestand des § 7 UWG regelmäßig zugleich einen deliktsrechtlichen Tatbestand erfüllt, zumal dies für lauterkeitsrechtliche Tatbestände häufig gilt.[681] Anknüpfungspunkt für die Abgrenzung von UWG zum BGB sollte vielmehr weiterhin auch in Bezug auf den reinen Belästigungsschutz des Verbrauchers die Frage sein, ob die streitgegenständliche belästigende Handlung gegenüber dem Verbraucher eine geschäftliche Handlung i.S.d. § 2 Abs. Nr. 1 UWG darstellt. Dieser Begriff dient – wie unter UWG 2004 der Begriff der Wettbewerbshandlung – dazu, das Lauterkeitsrecht gegenüber dem allgemeinen Deliktsrecht abzugrenzen.[682] In seiner Definition kommt auch der umfassende Schutzzweck des UWG zum Ausdruck[683]; der gleichberechtigte Schutz von Verbrauchern und Mitbewerbern findet darin Berücksichtigung.

d) Vermeidung der Aufspaltung einheitlicher Fallgruppen

Eine Verlagerung der unzumutbaren Belästigungen i.S.d. § 7 UWG in das allgemeine Deliktsrecht würde darüber hinaus dazu führen, dass einzelne Fallgruppen unzumutbar belästigender Handlungen gegenüber einem Verbraucher einerseits nach dem UWG und andererseits nach dem BGB zu behandeln wären, und es so zu einer Aufspaltung einheitlicher Fallgruppen kommen würde.

Dies würde nach der hier vertretenen Auffassung für die Fallgruppen des Ansprechens in der Öffentlichkeit[684], die Haustürwerbung[685] und die Zusendung

681 Siehe hierzu unter E. II. 2. a) und auch nachfolgend unter E. III. 2. a).

682 Siehe hierzu unter C. II. 2. und D. V. 1. b).

683 Begründung Regierungsentwurf Änderungsgesetz, BT-Drucksache 16/10145, S. 21 zu § 2 UWG.

684 Siehe hierzu unter D. VI. 1.

unbestellter Waren[686] gelten. Diese Fallgruppen sind nach der hier vertretenen Auffassung je nach Lage des Falles nach § 7 Abs. 1 UWG, Anhang zu § 3 Abs. 3 UWG oder nach § 4 Nr. 1 und 2 UWG zu bewerten.

Würde der reine Belästigungsschutz i.S.d. § 7 UWG aus dem UWG ausgeklammert, würde dies demnach zur Folge haben, dass einheitliche Fallgruppen einerseits nach § 823 Abs. 1 BGB und andererseits nach Anhang zu § 3 Abs. 3 oder § 4 Nr. 1 und 2 UWG bewertet werden müssten. Dies sollte bereits aus Gründen der Rechtssicherheit vermieden werden.

e) Ergebnis

Der Schutz des Verbrauchers vor unzumutbaren Belästigungen i.S.d. § 7 UWG sollte nicht in das allgemeine Deliktsrecht verlagert werden. Dies würde dem durch das UWG gewährleisteten gleichberechtigten Schutz von Mitbewerbern, Verbrauchern und sonstigen Marktteilnehmern (§ 1 UWG) zuwiderlaufen. Anknüpfungspunkt für die Abgrenzung von UWG zum BGB sollte vielmehr auch in Bezug auf § 7 UWG weiterhin die Frage sein, ob die streitgegenständliche belästigende Handlung eine geschäftliche Handlung i.S.d. § 2 Abs. 1 Nr. 1 UWG darstellt.

4. Zusammenfassendes Ergebnis

Dem Verbraucher stehen als Adressaten einer unzumutbar belästigenden Werbung i.S.d. § 7 UWG keine individualrechtlichen Ansprüche unmittelbar nach dem UWG zu. § 7 UWG ist jedoch als Schutzgesetz i.S.d. § 823 Abs. 2 BGB zu qualifizieren, so dass der betroffene Verbraucher einen Unterlassungsanspruch nach § 823 Abs. 2 BGB i.V.m. § 7 UWG i.V.m. § 1004 BGB analog und einen Schadensersatzanspruch nach § 823 Abs. 2 i.V.m. § 7 UWG geltend machen kann. Darüber hinaus stehen ihm diese Ansprüche regelmäßig auch aus § 823 Abs. 1 BGB (i.V.m. § 1004 BGB analog) zu. Auch wenn die unzumutbar belästigenden Handlungen gegenüber Verbrauchern i.S.d. § 7 UWG in der Regel auch von § 823 Abs. 1 BGB erfasst werden, sollte der Schutz hiervor nicht in das allgemeine Deliktsrecht verlagert werden.

685 Siehe hierzu unter D.VI.2.

686 Siehe hierzu unter D.VI.3.

III. Ansprüche von Mitbewerbern und sonstigen Marktteilnehmern

1. Mitbewerberansprüche nach dem UWG

Wie dargelegt, stehen nur Mitbewerbern bei Verstößen gegen § 7 UWG Unterlassungs- und Schadensersatzansprüche nach §§ 8 und 9 UWG zu.[687] Sonstige Marktteilnehmer, die nicht als Mitbewerber im Horizontalverhältnis, sondern im Vertikalverhältnis betroffen sind[688], sind hingegen nicht anspruchsberechtigt nach §§ 8 und 9 UWG i.V.m. § 7 UWG.[689]

2. Ansprüche nach dem allgemeinen Deliktsrecht

a) Allgemeines

Wie ausgeführt, erfüllen Verstöße gegen das UWG regelmäßig auch die Voraussetzungen von Haftungstatbeständen des allgemeinen Deliktsrechts.[690] Unlautere geschäftliche Handlungen gegenüber Mitbewerbern und sonstigen Marktteilnehmern stellen häufig betriebsbezogene Eingriffe in das Recht am eingerichteten und ausgeübten Gewerbebetrieb dar[691], das nach ständiger Rechtsprechung zu den sonstigen Rechten i.S.v. § 823 Abs. 1 BGB zählt.[692] In Bezug auf unzumutbar belästigende geschäftliche Handlungen i.S.d. § 7 UWG wurde in der Vergangen-

---

687 Köhler weist in WRP 2009, 499 (502 Fn 25) zutreffend daraufhin, dass eine unzumutbare Belästigung im Horizontalverhältnis kaum je praktisch wird. In Betracht kommt insbesondere der Fall, dass ein Unternehmer oder ein von ihm beauftragter Headhunter mittels Telefonanrufen im Betrieb eines Mitbewerbers dessen Mitarbeiter abzuwerben versucht (Hefermehl/Köhler/Bornkamm-*Köhler*, § 7 Rn. 30).

688 Im Folgenden sind mit sonstigen Marktteilnehmern – wie in § 1 UWG – nur solche Marktteilnehmer gemeint, die nicht Mitbewerber und nicht Verbraucher sind.

689 Siehe nur Beater, WRP 2009, 768 (771).

690 Siehe zu den Nachweisen oben unter E.II.2.a).

691 BGH GRUR 1962, 310 (314) – *Gründerbildnis*.

692 Zuletzt BGH WRP 2009, 1246 f – *E-Mail-Werbung II*. Zu der allgemeinen Kritik an diesem Rechtsinstitut soll vorliegend angesichts der Themenstellung dieser Arbeit und der bereits zahlreich existierenden wissenschaftlichen Auseinandersetzungen mit dieser Thematik nicht näher eingegangen werden. Siehe hierzu ausführlich MüKoUWG-*Ann*, Grundl E, Rn. 72 ff.; *Sack*, Das Recht am Gewerbebetrieb, Tübingen 2007; *ders.*, Die Subsidiarität des Rechts am Gewerbebetrieb, VersR 2006, 1001; *Wilhelm*, Das Recht am eingerichteten und ausgeübten Gewerbebetrieb, FS für Canaris, S. 1293 ff. Zu dem problematischen Schutz von Vermögensinteressen über das Rechtsinstitut des Rechts am eingerichteten und ausgeübten Gewerbebetrieb siehe auch Hefermehl/Köhler/Bornkamm-*Köhler*, Einl., Rn. 7.14; MüKoBGB-*Wagner*, Rn. 197.

heit wiederholt festgestellt und kürzlich vom BGH bestätigt, dass sie unter bestimmten Voraussetzungen einen Eingriff in das Recht am eingerichteten und ausgeübten Gewerbebetrieb darstellen und Ansprüche nach § 823 Abs. 1 BGB (i.V.m. § 1004 BGB analog) auslösen können.[693]

Vor diesem Hintergrund stellt sich hier ebenfalls die Frage nach dem Verhältnis der Ansprüche aus dem UWG und der Ansprüche aus dem BGB. Wie dargelegt, besteht die Konkurrenzproblematik aber nur im Hinblick auf Personen, die nach § 8 Abs. 3 UWG anspruchsberechtigt sind.[694] Nur der als Mitbewerber betroffene Marktteilnehmer kann Ansprüche nach dem UWG geltend machen. Ein sonstiger Marktteilnehmer, der von einer unzumutbar belästigenden Handlung im Vertikalverhältnis betroffen ist, ist – wie der Verbraucher – hingegen nicht für lauterkeitsrechtliche Ansprüche nach §§ 8 und 9 UWG aktivlegitimiert, so dass sich auch in diesen Fällen die aufgezeigte Konkurrenzproblematik nicht stellt. Vor diesem Hintergrund ist bei der weiteren Darstellung der Ansprüche zwischen Mitbewerbern und sonstigen Marktteilnehmern zu differenzieren.

Voraussetzung für deliktsrechtliche Ansprüche nach §§ 823 ff. BGB ist die Verletzung eines geschützten Rechts oder Rechtsguts des Marktteilnehmers und/oder, dass § 7 UWG auch für ihn ein Schutzgesetz i.S.d. § 823 Abs. 2 UWG darstellt.

b) Anspruch nach § 823 Abs. 2 BGB i.V.m. § 7 UWG?

aa) Mitbewerber

§ 7 UWG schützt ebenfalls die Mitbewerber vor unzumutbar belästigenden geschäftlichen Handlungen.[695] Zu den Normzwecken des § 7 UWG zählt auch der Schutz der beruflichen Sphäre sowie der Schutz von Besitz, Eigentum und sonstigen Ressourcen der Mitbewerber und sonstiger Marktteilnehmer.[696]

In Rechtsprechung und Literatur ist umstritten, ob das UWG – und damit auch § 7 UWG – ein Schutzgesetz für Mitbewerber i.S.d. § 823 Abs. 2 BGB darstellt.[697] Das UWG dient gem. § 1 UWG auch dem Individualschutz der Mitbewerber. § 7 UWG schützt auch die berufliche Sphäre des Mitbewerbers sowie sein Eigen-

693 BGH WRP 2009, 1246 f. – *E-Mail-Werbung II.*

694 Siehe hierzu statt vieler Hefermehl/Köhler/Bornkamm-*Köhler*, Einl., Rn. 7.3.

695 Vgl. Hefermehl/Köhler/Bornkamm-*Köhler*, § 7 Rn. 30; vgl. Sack, FS für Ullmann, 825 (836) zu dem UWG allgemein.

696 Vgl. D. IV.

697 Bejahend: BGH GRUR 1964, 218 (219) – *Düngekalkhandel* zu § 1 UWG a.F.; BGH GRUR 1974, 99 (100) – *Brünova*; BGH GRUR 1992, 176 (177) – *Abmahnkostenverjährung*; Sack, FS für Ullmann, 825 (836). Verneinend: Begründung Regierungsentwurf UWG 2004, BT-Drucksache 15/1487, S. 21 zu § 8 UWG; Hefermehl/Köhler/Bornkamm-*Köhler*, Einl., Rn. 7.5.

tum/Besitz vor unzumutbar belästigenden geschäftlichen Handlungen. Unter Berücksichtigung des Schutzzweckes des UWG im Allgemeinen und des Normzweckes von § 7 UWG im Speziellen und zur Vermeidung eines Widerspruchs hierzu ist § 7 UWG auch für Mitbewerber als Schutzgesetz anzuerkennen.[698]

Ebenfalls strittig ist, wie der Anspruch nach § 823 Abs. 2 BGB i.V.m. mit dem UWG zu den Mitbewerberansprüchen nach §§ 8 und 9 UWG steht. Nach einer Auffassung sollen Mitbewerberansprüche nach § 823 Abs. 2 BGB i.V.m. einem UWG-Tatbestand der kurzen Verjährung des § 11 UWG unterliegen (so genannte einwirkende Anspruchskonkurrenz).[699] Nach anderer Auffassung wird der Anspruch nach § 823 Abs. 2 BGB i.V.m. einem UWG-Tatbestand von den Ansprüchen nach §§ 8 und 9 UWG verdrängt.[700]

Der letztgenannten Ansicht ist zuzustimmen. Die Vorschriften des UWG enthalten besondere Regelungen für unlautere geschäftliche Handlungen und halten – wie dargelegt – insbesondere auch spezielle Ergänzungsnormen vor.[701] In ihrem Regelungsbereich verdrängen diese Vorschriften das allgemeine Deliktsrecht. Diese Auffassung macht es zudem entbehrlich, § 11 UWG analog anstelle der gesetzlichen Verjährungsfrist der §§ 195 und 197 BGB anzuwenden.[702]

bb) Sonstige Marktteilnehmer

In Bezug auf sonstige Marktteilnehmer kann hier nichts anderes gelten als für Verbraucher.[703] Zu den Normzwecken des § 7 UWG zählt auch der Schutz der beruflichen Sphäre sowie der Schutz von Besitz, Eigentum und sonstigen Ressourcen sonstiger Marktteilnehmer.[704] Auch für sie stellt § 7 UWG demnach ein Schutzgesetz dar mit der Folge, dass sie als Adressaten unzumutbar belästigender geschäftlicher Handlungen Ansprüche nach § 823 Abs. 2 i.V.m. § 7 UWG i.V.m. § 1004 BGB analog und nach § 823 Abs. 2 i.V.m. § 7 UWG geltend machen können.[705]

---

698 Vgl. Sack, FS für Ullmann, 825 (836) allgemein zu dem UWG.

699 Vgl. BGH GRUR 1964, 218 (219) – *Düngekalkhandel*; BGH GRUR 1974, 99 (100) – *Brünova*; BGH GRUR 1992, 176 (177) – *Abmahnkostenverjährung*; Fezer-*Büscher*, § 11 Rn. 7.

700 Vgl. Fezer-*Koos*, § 9 Rn. 2; Sack, FS für Ullmann, 825 (836).

701 Zu den unterschiedlichen „Ergänzungsnormen" des UWG und des BGB siehe oben unter E. II. 2. a).

702 Vgl. Sack, FS für Ullmann, 825 (836 f.).

703 Sie zu den Ausführungen oben unter E. II. 2. b). Sie gelten entsprechend.

704 Siehe hierzu ausführlich unter D.IV.

705 So ausdrücklich Sack, WRP 2009, 1330, 1333 zu § 7 Abs. 2 Nr. 3 UWG. A.A. wohl BGH WRP 2009, 1246 f. – *E-Mail-Werbung II*, der in seiner Entscheidung diesen Anspruch unerwähnt gelassen hat.

c) Anspruch nach § 823 Abs. 1 BGB

Bei Verstößen gegen § 7 UWG kommt ein Anspruch nach § 823 Abs. 1 BGB unter dem Aspekt des Eingriffs in das Recht am eingerichteten und ausgeübten Gewerbebetrieb in Betracht.

aa) Mitbewerber

Nach ständiger Rechtsprechung des BGH[706] und ganz herrschender Lehre[707] haben Ansprüche aus § 823 Abs. 1 BGB unter dem Gesichtspunkt des Eingriffs in das Recht am eingerichteten und ausgeübten Gewerbebetrieb grundsätzlich nur eine lückenfüllende Funktion; sie greifen nur subsidiär ein. Zwischen Ansprüchen nach § 823 Abs. 1 BGB und §§ 8 und 9 UWG besteht Gesetzeskonkurrenz i.S.v. Subsidiarität.[708] Dies gilt auch bei Verstößen gegen § 7 UWG und entsprechenden Ansprüchen nach §§ 8 und 9 UWG i.V.m. § 7 UWG.[709]

Fraglich ist, ob Ansprüche aus § 823 Abs. 1 BGB wegen eines Eingriffs in das Recht am eingerichteten und ausgeübten Gewerbebetrieb auch dann verdrängt werden, wenn die Verjährungsfrist des § 11 UWG bereits abgelaufen ist, die Verjährungsfrist der §§ 195, 199 BGB hingegen noch läuft. Denn in diesen – praktisch relevanten – Fällen könnte mangels der möglichen Geltendmachung von Ansprüchen nach §§ 8 und 9 UWG eine Lücke im Rechtsschutz angenommen werden.

Der vom Gesetzgeber mit der kurzen Verjährungsfrist des § 11 UWG verfolgte rechtspolitische Zweck[710] verbietet es, diese Vorschrift durch Anwendung von § 823 Abs. 1 BGB i.V.m. §§ 195, 199 BGB auf die meisten unlauteren geschäftlichen Handlungen praktisch leerlaufen zu lassen.[711] Dies wäre aber der Fall, da – wie dargelegt – eine unlautere geschäftliche Handlung regelmäßig auch einen Eingriff in das Recht am eingerichteten und ausgeübten Gewerbebetrieb darstellt.

---

706 Stetige Rechtsprechung seit BGH GRUR 1962, 310 (314) – *Gründerbildnis*; BGH GRUR 1974, 99 (100) – *Brünova*; BGH GRUR 1972, 189 (191) – *Wandsteckdose II*; BGH GRUR 1983, 467 (468) – *Photokina*; BGH GRUR 2004, 877 (880) – *Werbeblocker*.

707 Hefermehl/Köhler/Bornkamm-*Köhler*, Einl., Rn. 7.4; MüKoBGB-*Wagner*, § 823 Rn. 197; Piper/Ohly-*Ohly*, Einführung, Rn. 59 f.; Sack, WRP 2009, 1330 (1334); ders., FS für Ullmann, 825 (829); ders., VersR 2006, 1001.

708 Hefermehl/Köhler/Bornkamm-*Köhler*, Einl., Rn. 7.27; Piper/Ohly-*Ohly*, Einführung, Rn. 59 f.; Sack, FS für Ullmann, 825 (826).

709 Folgerichtig hat der BGH in BGH WRP, 1246 f. – *E-Mail-Werbung II* zunächst geprüft, ob Ansprüche nach §§ 8 und 9 i.V.m. § 7 Abs. 2 Nr. 3 UWG in Betracht kommen, bevor er Ansprüche nach dem allgemeinen Deliktsrecht geprüft hat.

710 Vgl. BGH GRUR 1962, 310 (314) – *Gründerbildnis*.

711 Vgl. Sack, Das Recht am Gewerbebetrieb, S. 171 ff.

Auf eine Verletzung des Rechts am eingerichteten und ausgeübten Gewerbebetrieb kann sich der von einer unzumutbar belästigenden geschäftlichen Handlung i.S.d. § 7 UWG betroffene Mitbewerber demnach nicht berufen und zwar auch dann nicht, wenn die Verjährungsfrist des § 11 UWG bereits abgelaufen ist. Er ist auf die Geltendmachung der Ansprüche aus den §§ 8 und 9 UWG i.V.m. § 7 UWG beschränkt.

bb) Sonstige Marktteilnehmer

Wenn eine unerlaubte Telefon-, Telefax- und E-Mail-Werbung gem. § 7 Abs. 2 Nr. 2 und 3 UWG[712] vorliegt, kann sich der sonstige Marktteilnehmer regelmäßig auf einen Eingriff in das Recht am eingerichteten und ausgeübten Gewerbebetrieb berufen und Ansprüche nach § 823 Abs. 1 BGB (i.V.m. § 1004 BGB analog) geltend machen.[713] Deren Anwendung ist nicht schon wegen einer Subsidiarität gegenüber den §§ 8 und 9 i.V.m. § 7 UWG ausgeschlossen, da der sonstige Marktteilnehmer – wie dargelegt – nur im Vertikalverhältnis und nicht als Mitbewerber betroffen ist und daher nicht aus §§ 8 und 9 UWG vorgehen kann.[714]

Diese Rechtsauffassung hat der BGH kürzlich im Zusammenhang mit einer unverlangten E-Mail-Werbung bestätigt.[715] In seiner Entscheidung bejahte der BGH Unterlassungsansprüche einer BGB-Gesellschaft gegen die unverlangte Zusendung von E-Mail-Werbung.[716] Der BGH hielt Ansprüche aus dem UWG mangels eines konkreten Wettbewerbsverhältnisses[717] zwischen den Parteien für unbegründet und stützte die Unterlassungsansprüche auf §§ 823 Abs. 1 i.V.m.

---

712 Die übrigen Fallgruppen des § 7 UWG spielen im Verhältnis zum sonstigen Marktteilnehmer praktisch keine Rolle.

713 *Zur Telefonwerbung*: OLG Hamm, Urteil vom 26.03.2009, Az. 4 U 219/09; Hefermehl/Köhler/Bornkamm-*Köhler*, § 7 Rn. 119; jurisPK-*Koch*, § 7 Rn. 189. *Zur Telefaxwerbung*: OLG Hamm, Urteil vom 26.03.2009, Az. 4 U 219/09; Hefermehl/Köhler/Bornkamm-*Köhler*, § 7 Rn. 195; jurisPK-*Koch*, § 7 Rn. 189. *Zur E-Mail-Werbung*: BGH WRP 2009, 1246 f. – *E-Mail-Werbung II*; KG, MMR 2002, 685; KG, GRUR-RR 2005, 66; OLG München, MMR 2004, 324; OLG Düsseldorf, MMR 2004, 820; OLG Düsseldorf, MMR 2006, 681; OLG Bamberg, MMR 2006, 481; OLG Naumburg, DB 2007, 911; LG Berlin, MMR 2000, 441 (442); LG Berlin, NJW 2002, 2569; LG Berlin, MMR 2004, 44; LG München I, NJW-RR 2003, 764; AG München, Urteil vom 09.07.2009, Az. 161 C 6412/09; AG Ludwigshafen, MMR 2006, 421; AG Dresden, NJW 2005, 2561; Baetge, NJW 2006, 1037 (1038); Fezer-*Mankowski*, § 7 Rn. 97; Hefermehl/Köhler/Bornkamm-*Köhler*, § 7 Rn. 199; jurisPK-*Koch*, § 7 Rn. 189; Leistner/Pothmann, WRP 2003, 815 (817); Ullmann, jurisPR-WettbR 5/2006, Anm. 3.

714 Zu der Frage, ob die Anwendung von § 823 Abs. 1 BGB aufgrund der Subsidiarität zu einem Anspruch nach § 823 Abs. 2 BGB i.V.m. § 7 UWG auszuschließen ist, siehe nachfolgend unter d).

715 BGH WRP 2009, 1246 f. – *E-Mail-Werbung II.*

716 BGH WRP 2009, 1246 f. – *E-Mail-Werbung II.*

717 Hierzu kritisch, im Ergebnis aber zustimmend, Sack, WRP 2009, 1330 f.

1004 BGB analog unter dem Gesichtspunkt eines Eingriffs in das Recht am eingerichteten und ausgeübten Gewerbebetrieb.[718]

Fraglich ist, ob bereits ein unerlaubter Telefonanruf bzw. die Übersendung einer unerwünschten Telefax- oder einer E-Mail-Werbung zu einer Verletzung des Rechts am eingerichteten und ausgeübten Gewerbebetrieb und entsprechenden deliktsrechtlichen Ansprüchen führen kann. Diese Frage stellt sich unter zwei Aspekten: zum einen bei der für die Bejahung eines Eingriffs in das Recht am eingerichteten und ausgeübten Gewerbebetrieb notwendigen Betriebsbezogenheit des Eingriffs und zum anderen bei der durch Interessenabwägung festzustellenden Rechtswidrigkeit des Eingriffs.

(1) Betriebsbezogenheit des Eingriffs

Nach einer Auffassung kann ein Anspruch wegen eines Eingriffs in das Recht am eingerichteten und ausgeübten Gewerbebetrieb nur dann bestehen, wenn die Telefon-, Telefax- oder E-Mail-Werbung derart massiv erfolgt, dass es tatsächlich zu einer Betriebsstörung kommt.[719] Dass bereits ein unerlaubter Telefonanruf zu Werbezwecken, eine Telefaxwerbung oder eine E-Mail-Werbung eine solche Eingriffsintensität aufweisen könnte, wurde bezweifelt.[720] Die überwiegende Ansicht in der Rechtsprechung und ein Teil des Schrifttums bejahen dagegen auch bei einer einmaligen Aktion eine entsprechende Rechtsverletzung.[721] Diese letztgenannte Auffassung wurde nunmehr auch vom BGH zur E-Mail-Werbung ausdrücklich bestätigt.[722] Die erforderliche Betriebsbezogenheit des Eingriffs sah der BGH darin, dass eine unaufgeforderte E-Mail-Werbung regelmäßig den Betriebsablauf beeinträchtige. Sie verursache einen zusätzlichen Arbeitsaufwand und zusätzliche Kosten. Ohne Einschränkung der E-Mail-Werbung sei mit einem weiteren Umsichgreifen dieser Werbeart zu rechnen.[723]

---

718 BGH WRP 2009, 1246 f. – *E-Mail-Werbung II.*

719 Vgl. AG Dresden, NJW 2005, 2561 zur E-Mail-Werbung; Brömmelmeyer, GRUR 2006, 285 (289 f.) zur E-Mail-Werbung; Baetge, NJW 2006, 1037 (1038) zur E-Mail-Werbung; Hefermehl/Köhler/Bornkamm-*Köhler*, § 7 Rn. 199 zur E-Mail-Werbung; Piper/Ohly-*Ohly*, § 7 Rn. 22.

720 Hefermehl/Köhler/Bornkamm-*Köhler*, § 7 Rn. 199 zur E-Mail-Werbung; Piper/Ohly-*Ohly*, § 7 Rn. 22.

721 BGH WRP 2009, 1246 f.; KG, MMR 2002, 685; KG, GRUR-RR 2005, 66; OLG München, MMR 2004, 324; OLG Düsseldorf, MMR 2004, 820; OLG Düsseldorf, MMR 2006, 681; OLG Bamberg, MMR 2006, 481; OLG Naumburg, DB 2007, 911; LG Berlin, NJW 2002, 2569; AG München, Urteil vom 09.07.2009, Az. 161 C 6412/09; AG Ludwigshafen, MMR 2006, 421; Fezer-*Mankowski*, § 7 Rn. 97; jurisPK-*Koch*, § 7 Rn. 189; Ullmann, jurisPR-WettbR 5/2006, Anm. 3.

722 BGH WRP 2009, 1246 (1247) – *E-Mail-Werbung II.*

723 BGH WRP 2009, 1246 (1247) – *E-Mail-Werbung II.* Sack merkt in WRP 2009, 1330 (1334) zu Recht an, dass es für die Frage der Betriebsbezogenheit keine Relevanz hat, ob mit einem

(2) Rechtswidrigkeit des Eingriffs

Die Rechtswidrigkeit des Eingriffs in das Recht am eingerichteten und ausgeübten Gewerbebetrieb ist durch eine Abwägung der widerstreitenden Interessen festzustellen.[724] Fraglich ist, ob dabei die Wertungen des § 7 Abs. 2 UWG zu berücksichtigen sind, wonach jede Werbung per Telefon, Telefax oder unter Verwendung elektronischer Post ohne vorherige ausdrückliche Einwilligung des Adressaten eine unzumutbare Belästigung darstellt. Dies ist zur Vermeidung von Wertungswidersprüchen zu bejahen.[725] Daher ist bereits die Übersendung einer Werbung per Telefax oder per E-Mail bzw. bereits ein unerlaubter Telefonanruf zu Werbezwecken grundsätzlich rechtswidrig.[726] Allerdings gilt auch hier, dass – anders als bei § 7 Abs. 2 Nr. 2 und 3 UWG selbst – im Rahmen der Interessenabwägung Besonderheiten des Einzelfalles berücksichtigt werden können.[727]

cc) Ergebnis

Der sonstige Marktteilnehmer hat als Empfänger eines unerlaubten Telefonanrufes zu Werbezwecken, einer unverlangten Telefaxwerbung oder einer unverlangten E-Mail-Werbung wegen der Verletzung des Rechts des eingerichteten und ausgeübten Gewerbebetriebes grundsätzlich einen Unterlassungsanspruch nach §§ 823 Abs. 1 i.V.m. 1004 BGB analog und einen Schadensersatzanspruch nach § 823 Abs. 1 BGB.

d) Verhältnis der Ansprüche nach § 823 Abs. 1 BGB und § 823 Abs. 2 BGB i.V.m. § 7 UWG

Fraglich ist, wie die Ansprüche des sonstigen Marktteilnehmers gem. § 823 Abs. 1 BGB (i.V.m. § 1004 BGB analog) einerseits und § 823 Abs. 2 BGB i.V.m. § 7 UWG (i.V.m. § 1004 BGB analog) andererseits zueinander stehen.

Das Recht am eingerichteten und ausgeübten Gewerbebetrieb greift als Auffangtatbestand[728] nur ein, wenn die übrigen Vorschriften des Lauterkeits- und

---

weiteren Umsichgreifen der Werbeart zu rechnen ist. Dies ist im Zusammenhang mit § 823 Abs. 1 BGB (Recht am eingerichteten und ausgeübten Gewerbebetrieb) eine Frage der Rechtswidrigkeit.

724 Zuletzt BGH WRP 2009, 1246 (1247) – *E-Mail-Werbung II*.

725 BGH WRP 2009, 1246 (1247) – *E-Mail-Werbung II*; OLG Hamm, Urteil vom 26.03.2009, Az. 4 U 219/09, Rz. 13; jurisPK-*Koch*, § 7 Rn. 190.

726 BGH WRP 2009, 1246 (1247) – *E-Mail-Werbung II*; OLG Hamm, Urteil vom 26.03.2009, Az. 4 U 219/09, Rz. 13; jurisPK-*Koch*, § 7 Rn. 190.

727 Vgl. jurisPK-*Koch*, § 7 Rn. 190.

728 MüKoUWG-*Ann*, Grundl., Rn. 117.

auch des allgemeinen Deliktsrechts keinen ausreichenden Schutz bieten.[729] Da die sonstigen Marktteilnehmer nach der hier vertretenen Auffassung Ansprüche gem. § 823 Abs. 2 i.V.m. § 7 UWG (i.V.m. § 1004 BGB analog) geltend machen können, besteht keine Lücke im Rechtsschutz.[730] Eine subsidiäre Anwendung des § 823 Abs. 1 BGB (i.V.m. § 1004 BGB analog) ist folglich gerade nicht notwendig.

e) Zusammenfassendes Ergebnis

Bei einer unzumutbar belästigenden geschäftlichen Handlung i.S.d. § 7 UWG stehen dem Mitbewerber aufgrund der Subsidiarität des Rechts am eingerichteten und ausgeübten Gewerbebetrieb kein Anspruch nach § 823 Abs. 1 BGB zu. Insoweit besteht Gesetzeskonkurrenz in Form der Subsidiarität. Ansprüche des Mitbewerbers nach § 823 Abs. 2 BGB i.V.m. § 7 UWG werden von §§ 8 und 9 UWG i.V.m. § 7 UWG verdrängt.

Dem sonstigen Marktteilnehmer stehen hingegen bei einer unzumutbar belästigenden geschäftlichen Handlung i.S.d. § 7 UWG Ansprüche nach § 823 Abs. 2 BGB i.V.m. § 7 UWG (i.V.m. § 1004 BGB analog) und nach § 823 Abs. 1 BGB (i.V.m. § 1004 BGB analog) unter dem Aspekt des Eingriffs in den eingerichteten und ausgeübten Gewerbebetrieb zu. Der Anspruch nach § 823 Abs. 1 BGB ist gegenüber dem Anspruch nach § 823 Abs. 2 BGB i.V.m. § 7 UWG subsidiär.

729 So ausdrücklich Sack, VersR 2006, 1001; vgl. hierzu oben unter 2.c).

730 So ausdrücklich Sack, WRP 2009, 1330 (1334).

F. Zusammenfassung

Im Spiegel der durch das Gesetz gegen unerlaubte Telefonwerbung und die UWG Novelle 2008 ergangenen Änderungen und unter Berücksichtigung der jüngsten Rechtsprechung des BGH zu § 7 UWG 2004 stellt sich die Regelung der unzumutbaren Belästigungen in § 7 UWG wie folgt dar:

I. Bei Vorliegen ihrer Tatbestandsmerkmale begründet § 7 UWG nunmehr selbst die Unzulässigkeit einer geschäftlichen Handlung und stellt damit, losgelöst von § 3 UWG, einen eigenständigen Verbotstatbestand dar. Mit der Neuregelung ist eine materielle Zweiteilung der Unlauterkeitstatbestände des UWG vorgenommen worden. Auf der einen Seite steht der Tatbestand des § 3 UWG i.V.m. §§ 4-6 UWG. Auf der anderen Seite steht die Regelung des § 7 UWG mit ihren Tatbeständen, bei denen die Frage der Unzulässigkeit nach eigenständigen Kriterien zu beantworten ist.[731]

II. § 7 UWG hat eine neue Systematik erfahren.[732]
   - § 7 Abs. 1 UWG besteht nunmehr aus einer kleinen Generalklausel in § 7 Abs. 1 S. 1 UWG und einem Beispielstatbestand in § 7 Abs. 1 S. 2 UWG. Im Rahmen der kleinen Generalklausel und auch bei Anwendung des Beispielsfalles ist eine umfassende Wertung des Einzelfalles über das Unzumutbarkeitskriterium vorzunehmen.
   - § 7 Abs. 2 UWG enthält vier Anwendungsfälle unzumutbarer Belästigungen, die als Per-se-Verbote konzipiert sind. Liegen die Tatbestandsmerkmale eines Anwendungsfalles des § 7 Abs. 2 Nr. 1-4 UWG vor, ist die entsprechende Handlung ohne jede Wertungsmöglichkeit verboten.

III. Gemeinschaftsrechtlicher Maßstab für § 7 Abs. 2 Nr. 2-4 und Abs. 3 UWG ist weiterhin die E-Datenschutzrichtlinie, bei der der Schutz der Privatsphäre im Vordergrund steht.[733]

   § 7 Abs. 2 Nr. 1 UWG stellt eine Umsetzung von Nr. 26 S. 1 UGP-Richtlinie dar, beschränkt auf die nicht in § 7 Abs. 2 Nr. 2 und 3 UWG geregelten sonstigen für den Fernabsatz geeigneten Kommunikationsmittel, und ist da-

731 D. I.

732 D. II.

733 B. II. 2., C. I. 5.

her an der UGP-Richtlinie zu messen. Die UGP-Richtlinie schützt die wirtschaftlichen Interessen und die wirtschaftliche Entscheidungsfreiheit der Verbraucher.[734]

IV. In Bezug auf den geänderten § 7 Abs. 2 Nr. 2 UWG (Telefonwerbung) gilt Folgendes[735]:

- Das durch das Gesetz gegen unerlaubte Telefonwerbung neu eingeführte Erfordernis der Ausdrücklichkeit der Einwilligung bei der Telefonwerbung gegenüber Verbrauchern stellt sich nicht als materiell-rechtliche Verschärfung, sondern als eine Präzisierung der Rechtslage dar. Dies ergibt sich in richtlinienkonformer Auslegung des Begriffes der ausdrücklichen Einwilligung sowie aus einer Analyse der zu § 7 Abs. 2 Nr. 2 UWG 2004 ergangenen Rechtsprechung. Dementsprechend ist nach der hier vertretenen Rechtsauffassung nicht damit zu rechnen, dass es durch die vorgenommene Änderung in der Praxis zu einer merklichen Verbesserung für den Verbraucher, der keine Telefonwerbung wünscht, kommen wird.[736]
- Von hoher praktischer Relevanz ist die noch zu § 7 Abs. 2 Nr. 3 UWG 2004 zu vorformulierten Einwilligungserklärungen ergangene Rechtsprechung des BGH (*Payback*-Urteil). Nach der hier vertretenen Auffassung müssen für die Einwilligung in die Telefonwerbung und die Einwilligung i.S.d. § 7 Abs. 2 Nr. 3 UWG dieselben Anforderungen gelten, so dass sich die in dem Urteil in einem obiter dictum aufgestellten Kriterien auf vorformulierte Einwilligungserklärungen in die Telefonwerbung übertragen lassen. Eine Abkehr von der bisherigen strikten Rechtsprechung des BGH zu vorformulierten Einwilligungserklärungen in die Telefonwerbung ist geboten. Bis in diesem Punkt Rechtssicherheit besteht, sollten in der Praxis die von dem BGH in dem *Payback*-Urteil zugrunde gelegten Kriterien bei der Konzeption von vorformulierten Einwilligungserklärungen berücksichtigt werden. Sie werden den Anforderungen an eine ausdrückliche Einwilligung gerecht.[737]
- Der Tatbestand des § 7 Abs. 2 Nr. 2 UWG erstreckt sich auch nach den erfolgten Gesetzesänderungen auf Nachfragehandlungen. Dies gebietet Sinn und Zweck der Regelung. Das neue Ausdrücklichkeitserfordernis zwingt nicht zu einer Abkehr dieser von dem BGH jüngst vorgenommenen Auslegung des Begriffes der Werbung.[738]

---

734 C. I. 1., 2. und 5.

735 D. III. 1.

736 D. III. 1. e).

737 D. III. 1. f).

738 D. III. 1. d).

- Die Konzeption des § 7 Abs. 2 Nr. 2 UWG als Per-se-Verbot ist in Bezug auf den Wegfall der Bagatellklausel in § 3 UWG 2004 als Klarstellung zu bewerten. Der Wegfall der Unzumutbarkeitsprüfung hat hingegen zu einer materiell-rechtlichen Verschärfung geführt, wobei insoweit nur mit geringen Auswirkungen für wettbewerbsrechtliche Streitigkeiten in der Praxis zu rechnen ist.[739]

IV. In Bezug auf den geänderten § 7 Abs. 2 Nr. 3 UWG (Werbung unter Verwendung eines Faxgerätes, einer automatischen Anrufmaschine oder elektronischer Post) gilt Folgendes:

- Das durch das Änderungsgesetz neu eingeführte Erfordernis der Ausdrücklichkeit der Einwilligung bei einer Werbung i.S.d. § 7 Abs. 2 Nr. 3 UWG gegenüber einem jedweden Adressaten stellt sich – genau wie in Bezug auf die Telefonwerbung – nicht als materiell-rechtliche Verschärfung, sondern als Präzisierung der Rechtslage dar. Auch in Bezug auf § 7 Abs. 2 Nr. 3 UWG ergibt sich dies in richtlinienkonformer Auslegung des Begriffes der ausdrücklichen Einwilligung sowie aus einer Analyse der zu § 7 Abs. 2 Nr. 3 UWG 2004 ergangenen Rechtsprechung. Die gemeinschaftsrechtlichen Anforderungen an die Einwilligung beanspruchen Geltung auch für die Werbung gegenüber sonstigen Marktteilnehmern. In richtlinienkonformer Auslegung des Begriffes der ausdrücklichen Einwilligung kann die Angabe der Telefaxnummer in einem öffentlichen Verzeichnis und die Angabe der E-Mail-Adresse auf der Website eines Unternehmens als ausdrückliche Einwilligung gewertet werden, die in ihrer Reichweite auf Nachfragehandlungen in Bezug auf das Kerngeschäft des Unternehmens beschränkt ist.[740]
- Die von dem BGH in dem *Payback*-Urteil aufgestellten Grundsätze in Bezug auf Einwilligungserklärungen in AGB haben auch unter der geltenden Rechtslage für § 7 Abs. 2 Nr. 3 UWG grundlegende Bedeutung bezüglich der Gestaltung solcher Einwilligungserklärungen.[741]
- Der Tatbestand des § 7 Abs. 2 Nr. 3 UWG erstreckt sich auch nach den erfolgten Gesetzesänderungen auf Nachfragehandlungen. Dies gebietet Sinn und Zweck der Regelung. Vor dem Hintergrund der Bewertung des Ausdrücklichkeitserfordernisses in Bezug auf die Einwilligung als klarstellende Präzisierung, zwingt es nicht zu einer Abkehr dieser von dem BGH vorgenommenen Auslegung des Begriffes der Werbung und zwar

739 D. III. 1. h).
740 D. III. 2. f).
741 D. III. 2. f).

auch nicht vor dem Hintergrund, dass dieses Erfordernis ebenfalls für eine Werbung gegenüber sonstigen Marktteilnehmern gilt.[742]

- Die Konzeption des § 7 Abs. 2 Nr. 3 UWG als Per-se-Verbot stellt sich in Bezug auf den Wegfall der möglichen Prüfung der Unzumutbarkeitsschwelle als eine materiell-rechtliche Verschärfung der Rechtslage dar, die aber für wettbewerbsrechtliche Streitigkeiten von nur geringer Relevanz sein wird. Das Argument des versehentlichen Ausreißers kann aufgrund der neuen Konzeption keinen Erfolg mehr haben.[743]

V. In Bezug auf den neuen § 7 Abs. 2 Nr. 1 UWG (hartnäckige Brief- und Briefkastenwerbung gegenüber einem Verbraucher) gilt Folgendes[744]:

- In § 7 Abs. 2 Nr. 1 UGP-Richtlinie wird mit Nr. 26 Anhang I UGP-Richtlinie ein von der UGP-Richtlinie als aggressive Geschäftspraktik eingeordneter Tatbestand umgesetzt, obgleich aggressive Geschäftspraktiken grundsätzlich von § 4 Nr. 1 und 2 UWG erfasst werden.[745] Denn anders als die aggressiven Geschäftspraktiken i.S.d. UGP-Richtlinie setzt § 7 UWG die Beeinträchtigung der wirtschaftlichen Entscheidungsfreiheit durch die geschäftliche Handlung nicht voraus.[746]
- Die Umsetzung von Nr. 26 S. 1 Anhang I UGP-Richtlinie in § 7 Abs. 2 Nr. 1 UWG ist dennoch nicht als systemwidrig zu qualifizieren. Denn da auch die hartnäckige Brief- und Briefkastenwerbung nicht dazu geeignet ist, die wirtschaftliche Entscheidungsfreiheit der Verbraucher zu beeinträchtigen, stellt Nr. 26 S. 1 Anhang I UGP-Richtlinie selbst einen Ausnahmetatbestand im Gefüge der UGP-Richtlinie dar.[747]
- § 7 Abs. 2 Nr. 1 UWG entfaltet keine Sperrwirkung für eine mögliche Untersagung einer nicht-hartnäckigen, aber erkennbar unerwünschten Brief- und Briefkastenwerbung nach § 7 Abs. 1 S. 2 i.V.m. S. 1 UWG. Eine Untersagung dieser Sachverhalte ist auch unter der heutigen Rechtslage möglich. Eine Liberalisierung der Brief- und Briefkastenwerbung ist damit durch die Umsetzung der UGP-Richtlinie nicht eingetreten.[748]
- Der Begriff der Werbung in § 7 Abs. 2 Nr. 1 UWG erfasst sowohl die Absatz- als auch die Nachfragewerbung gegenüber Verbrauchern.[749]

---

742 D. III. 2. e).
743 D. III. 2. h).
744 D. III. 4.
745 C. II. 5.
746 D. III. 4. b), c).
747 D. III. 4. c).
748 D. III. 4. d).
749 D. III. 4. e).

VI. In Bezug auf § 7 Abs. 1 UWG gilt Folgendes:[750]

- Der mit der UWG Novelle 2008 auch in § 7 Abs. 1 UWG neu eingeführte Begriff der geschäftlichen Handlung ist i.S.v. § 2 Abs. 1 Nr. 1 UWG zu verstehen.
  - Dieser Begriff ist in § 7 Abs. 1 UWG aber nicht im Lichte der UGP-Richtlinie in der Weise einschränkend auszulegen, dass der geforderte objektive Zusammenhang eine objektive Zielrichtung der Beeinflussung der geschäftlichen Handlung erfordert.[751]
  - Dass eine Wettbewerbsförderungsabsicht für die Annahme einer geschäftlichen Handlung nicht erforderlich ist, ändert nichts an dem Umstand, dass außergeschäftliche Belästigungen nicht § 7 Abs. 1 UWG unterfallen. Insoweit fehlt es an dem erforderlichen Marktbezug.[752]
- Die Unzumutbarkeit in § 7 Abs. 1 S. 1 UWG ist eine spezielle Bagatellschwelle, die im Rahmen des § 7 Abs. 1 UWG eine umfassende Wertung ermöglicht und erfordert. Im Rahmen dieser Prüfung lassen sich alle Wertungen abbilden; hierzu zählt auch das Kriterium der Nachahmungsgefahr.[753]
- Folge der Abkopplung des § 7 UWG von § 3 UWG für die Praxis ist, dass Ausreißerfälle nicht mehr als Bagatellfälle gewertet werden können.[754]

VII. Die Normzwecke des § 7 UWG sind wie folgt zu definieren:

- Zu den Normzwecken des § 7 UWG zählt der Schutz der privaten und beruflichen Sphäre sowie der Schutz von Besitz, Eigentum und sonstigen Ressourcen.
- Nicht zu den Normzwecken des § 7 UWG zählt der Schutz vor Beeinträchtigungen der wirtschaftlichen Entscheidungsfreiheit. Dies gebietet auch nicht der Umstand, dass mit dem neuen § 7 Abs. 2 Nr. 1 UWG ein Tatbestand des Anhangs I UGP-Richtlinie umgesetzt wurde. Denn auch der in § 7 Abs. 2 Nr. 1 UWG umgesetzte Nr. 26 S. 1 Anhang I UGP-Richtlinie dient nicht dem Schutz der wirtschaftlichen Entscheidungsfreiheit, sondern dem Schutz der privaten Sphäre und dem Schutz vor Beeinträchtigung von Besitz, Eigentum und sonstigen Ressourcen.[755]

---

750 D. V. 1.
751 D. V. 1. b).
752 D. V. 1. b).
753 D. V. 1. c).
754 D. V. 1. c).
755 D. III. 4. c).

- Der Schutz der wirtschaftlichen Entscheidungsfreiheit wird von § 4 Nr. 1 und 2 UWG gewährleistet. Belästigungen, die dazu geeignet sind, die wirtschaftliche Entscheidungsfreiheit zu beeinträchtigen, werden daher von § 4 Nr. 1 und 2 UWG und nicht von § 7 Abs. 1 UWG erfasst.[756] In der einheitlichen Erfassung der Belästigung, Nötigung und unzulässigen Beeinflussung i.S.d. UGP-Richtlinie durch § 4 Nr. 1 und 2 UWG lassen sich die Umsetzung der UGP-Richtlinie und ihre Vorgaben im Hinblick auf einen einheitlichen Schutz der wirtschaftlichen Entscheidungsfreiheit vor den benannten Geschäftspraktiken sowie ihr hierauf beschränkter Anwendungsbereich transparent nachvollziehen.[757]
- Dieser Umstand gebietet es, bei der Anwendung der Generalklausel des § 7 Abs. 1 UWG nur solche Belästigungen zu erfassen, die nicht dazu geeignet sind, die wirtschaftliche Entscheidungsfreiheit zu beeinträchtigen. Liegt eine solche Eignung vor, muss die Geschäftspraktik konsequent nach § 4 Nr. 1 und 2 UWG i.V.m. § 3 UWG beurteilt werden.[758]

VIII. Der praktische Anwendungsbereich des § 7 Abs. 1 UWG stellt sich vor diesem Hintergrund wie folgt dar[759]:

- Das Ansprechen in der Öffentlichkeit, die Haustürwerbung, die Scheibenwischerwerbung, das Zusenden unbestellter Waren ohne eine Aufforderung zur Zahlung, Rücksendung oder Aufbewahrung, die Verwendung von Exit-Pop-Up-Fenstern, die Geschäftspraxis des Slammings und die Duftwerbung sind grundsätzlich Anwendungsfälle des § 7 Abs. 1 UWG. Diese Werbeformen stören den Adressaten der Werbung in seiner Privatsphäre/Individualsphäre bzw. beruflichen Sphäre und/oder beeinträchtigen ihn in seinem Besitz, Eigentum oder sonstigen Ressourcen.[760]
- Nicht unter § 7 Abs. 1 UWG, sondern unter § 4 Nr. 1 und 2 UWG zu fassen sind das Ansprechen am Unfallort und die Haustürwerbung im Todesfall oder vergleichbaren Unglückssituationen. Diese Belästigungen sind dazu geeignet, den Adressaten in seiner wirtschaftlichen Entscheidungsfreiheit zu beeinträchtigen.[761]
- Ebenfalls zwingend nicht unter § 7 Abs. 1 UWG (oder § 4 Nr. 1-3 UWG), sondern unter Nr. 29 Anhang zu § 3 Abs. 3 UWG zu fassen ist die Zusendung unbestellter Waren an Verbraucher, sofern der Ware eine Aufforderung zur Zahlung, Aufbewahrung oder Rücksendung beigefügt ist.

756 D. IV.
757 D. IV. 3.
758 D. IV. 3.
759 D. VI.
760 D. VI. 1., 2., 3., 5.
761 D. VI. 1. d), 2. d).

Dasselbe gilt für die Haustürwerbung gegenüber einem Verbraucher, wenn sie mit der Nichtbeachtung einer Aufforderung des Besuchten, die Wohnung zu verlassen oder nicht zu ihr zurückzukehren verbunden ist, und damit unter Nr. 26 Anhang zu § 3 Abs. 3 UWG zu fassen ist.[762]

IX. Mit dem Ordnungswidrigkeitstatbestand des § 20 UWG ist eine neue Sanktionsmöglichkeit bei einem Verstoß gegen § 7 Abs. 2 Nr. 2 1. Alt. UWG geschaffen worden. Diese Regelung ist unter verschiedenen Aspekten sehr unbefriedigend. Als Ordnungswidrigkeitstatbestand bedeutet § 20 UWG einen Systembruch. Er gewährt der Telefonwerbung gegenüber Verbrauchern zudem eine Sonderstellung, die nicht gerechtfertigt ist und zugleich gemeinschaftsrechtliche Wertungen unterläuft. Darüber hinaus ist es sehr fraglich, ob § 20 UWG tatsächlich dazu beitragen kann, die unerlaubte Telefonwerbung wirksam einzudämmen.[763]

X. In Bezug auf die zivilrechtlichen Rechtsfolgen einer Zuwiderhandlung gegen § 7 UWG gilt für Verbraucher Folgendes[764]:

- Dem Verbraucher stehen als Adressaten einer unzumutbar belästigenden Handlung i.S.d. § 7 UWG keine individualrechtlichen Ansprüche unmittelbar nach dem UWG zu.[765]
- § 7 UWG ist jedoch für den Verbraucher als Schutzgesetz i.S.d. § 823 Abs. 2 BGB zu qualifizieren, so dass er einen Unterlassungsanspruch nach § 823 Abs. 2 BGB i.V.m. § 7 UWG i.V.m. § 1004 BGB analog und einen Schadensersatzanspruch nach § 823 Abs. 2 i.V.m. § 7 UWG geltend machen kann.[766]
- Darüber hinaus stehen ihm diese Ansprüche auch aus § 823 Abs. 1 BGB (i.V.m. § 1004 BGB analog) unter dem Aspekt der Verletzung des allgemeinen Persönlichkeitsrechts und/oder wegen der Beeinträchtigung des Eigentums/Besitzes zu.[767]
- Auch wenn die unzumutbar belästigenden Handlungen gegenüber Verbrauchern i.S.d. § 7 UWG nach der hier vertretenen Auffassung in der Regel auch von § 823 Abs. 1 BGB erfasst werden, sollte der Belästigungsschutz nicht in das allgemeine Deliktsrecht, flankiert von einem kollektiven Rechtsschutz nach dem Unterlassungsklagegesetz, verlagert werden. Denn die Verlagerung der unzumutbar belästigenden Handlungen in das allgemeine Deliktsrecht würde dem durch das UWG gewährleisteten

762 D. VI. 2. c), 3. c).
763 E. I.
764 E. II.
765 E. II. 1.
766 E. II. 2. b).
767 E. II. 2. c).

gleichberechtigten Schutz von Mitbewerbern, Verbrauchern und sonstigen Marktteilnehmern (§ 1 UWG) zuwiderlaufen und zu der Aufspaltung einheitlicher Fallgruppen führen.[768]

XI. Dem Mitbewerber stehen bei einer unzumutbar belästigenden geschäftlichen Handlung i.S.d. § 7 UWG aufgrund der Subsidiarität des Rechts am eingerichteten und ausgeübten Gewerbebetrieb kein Anspruch nach § 823 Abs. 1 BGB zu.[769] Insoweit besteht Gesetzeskonkurrenz in Form der Subsidiarität. Ansprüche des Mitbewerbers nach § 823 Abs. 2 BGB i.V.m. § 7 UWG werden von §§ 8 und 9 UWG i.V.m. § 7 UWG verdrängt.[770]

XII. Dem sonstigen Marktteilnehmer, der nicht im Horizontal-, sondern im Vertikalverhältnis von der unzumutbare belästigenden Handlung betroffen ist, stehen Ansprüche nach § 823 Abs. 2 BGB i.V.m. § 7 UWG (i.V.m. § 1004 BGB analog) und nach § 823 Abs. 1 BGB (i.V.m. § 1004 BGB analog) unter dem Aspekt des Eingriffs in den eingerichteten und ausgeübten Gewerbebetrieb zu.[771] Der Anspruch nach § 823 Abs. 1 (i.V.m. § 1004 BGB analog) ist gegenüber dem Anspruch nach § 823 Abs. 2 i.V.m. § 7 UWG (i.V.m. § 1004 BGB analog) subsidiär.[772]

---

768 E. II. 3.

769 E. III. 2. c) aa).

770 E. III. 2. b) aa).

771 E. III. 2. b) bb), c) bb).

772 E. III. 2. d).

Literaturverzeichnis

Augenhofer, Susanne, Individualrechtliche Ansprüche des Verbrauchers bei unlauterem Wettbewerbsverhalten des Unternehmers, WRP 2006, 169 ff.

Ayad, Patrick/Schafft, Thomas, Einwilligung ins Direktmarketing – formularmäßig wirksam?, BB 2002, 1711 ff.

Baetge, Dietmar, Unverlangte E-Mail-Werbung zwischen Lauterkeits- und Deliktsrecht, NJW 2006, 1037 ff.

Beater, Axel, Mitbewerber und sonstige unternehmerische Marktteilnehmer, WRP 2009, 768 ff.

Berlit, Wolfgang, Anmerkung zu BGH, Urteil vom 17.07.2008 – I ZR 75/06 – *Faxanfrage im Autohandel*, LMK 2008, 266545.

Brisch, Klaus M./Laue, Philip, Anmerkung zu BGH, Urteil vom 16.07.2008, Az. VIII ZR 348/06 - *Payback*, CR 2008, 724 ff.

Brömmelmeyer, Christoph, E-Mail-Werbung nach der UWG Reform, GRUR 2006, 285 ff.

–, Der Binnenmarkt als Leitstern der Richtlinie über unlautere Geschäftspraktiken, GRUR 2007, 295 ff.

Canaris, Claus-Wilhelm, Systemdenken und Systembegriff in der Jurisprudenz, 2. Auflage, Berlin 1983.

Dembowski, Jürgen, Faxanfrage im Autohandel, Anmerkung zu BGH, Urteil vom Urteil vom 17.07.2008 – I ZR 75/06 – *Faxanfrage im Autohandel*, jurisPR-WettbR 10/2008, Anm. 4.

Ditscheid, Alexander/Ufer, Frederic, Die Novellierung des TKG 2009 – ein erster Überblick, MMR 2009, 367 ff.

Engels, Stefan/Salomon, Thomas, Vom Lauterkeitsrecht zum Verbraucherschutz: UWG-Reform 2003, WRP 2004, 32 ff.

Engels, Stefan/Stulz-Herrnstadt, Michael, Aktuelle Rechtsfragen des Direktmarketings nach der UWG-Reform, WRP 2005, 1218 ff.

Evers, Jürgen/Oberst, Britta, Schwarze Liste verschärft Wettbewerb, VW 2009, 273 f.

Fezer, Karl-Heinz, Lauterkeitsrecht, Kommentar zum Gesetz gegen den unlauteren Wettbewerb (UWG), Band 2, §§ 5-22, München 2005 (zitiert: Fezer-*Bearbeiter*).

–, Plädoyer für eine offensive Umsetzung der Richtlinie über unlautere Geschäftspraktiken in das deutsche UWG, WRP 2006, 781 ff.
Glöckner, Jochen/Henning-Bodewig, Frauke, EG-Richtlinie über unlautere Geschäftspraktiken: Was wird aus dem neuen UWG?, WRP 2005, 1311 ff.
Grapentin, Sabine, Anmerkung zu BGH, Urteil vom 16.07.2008, Az. VIII ZR 348/06 – *Payback*, MMR 2008, 735 ff.
Handig, Christian, EG-Richtlinie gegen unlautere Geschäftspraktiken, ÖBl 2005, 196 ff.
–, Sind unerbetene Werbeanrufe und E-Mails noch unlauter?, ÖBl 2008, 65 ff.
Harte-Bavendamm, Henning/Henning-Bodewig, Frauke, UWG, Gesetz gegen den unlauteren Wettbewerb, 2. Auflage, München 2009 (zitiert: Harte/Henning-*Bearbeiter*).
Hecker, Manfred, Die Richtlinie über unlautere Geschäftspraktiken: Einige Gedanken zu den „aggressiven Geschäftspraktiken“ – Umsetzung in das deutsche Recht, WRP 2006, 640 ff.
–, Neue Regeln gegen unerlaubte Telefonwerbung, K&R 2009, 601 ff.
Heermann, Peter W., Münchener Kommentar zum Lauterkeitsrecht, Band 1, §§ 1-4 UWG, München 2006 (zitiert: MüKoUWG-*Bearbeiter)*.
–, Münchener Kommentar zum Lauterkeitsrecht, Band 2, §§ 5-22 UWG, München 2006 (zitiert: MüKoUWG-*Bearbeiter)*.
Hefermehl, Wolfgang/Köhler, Helmut/Bornkamm, Joachim, Gesetz gegen den unlauteren Wettbewerb, 27. Auflage, München 2009 (zitiert: Hefermehl/Köhler/Bornkamm-*Bearbeiter*).
Henning-Bodewig, Frauke, Das neue Gesetz gegen den unlauteren Wettbewerb, GRUR 2004, 713 ff.
–, Richtlinienvorschlag über unlautere Geschäftspraktiken und UWG-Reform, GRURInt 2004, 183 ff.
Hoeren, Thomas, Das neue UWG – der Regierungsentwurf im Überblick, BB 2008, 1182 ff.
Jacobs, Rainer, UWG: Gesetz gegen den unlauteren Wettbewerb mit Nebengesetzen, Großkommentar, Berlin 2006 (zitiert: GK-*Bearbeiter*).
Keßler, Jürgen, UWG und Verbraucherschutz – Wege und Umwege zum Recht der Marktkommunikation, WRP 2005, 264 ff.
Keßler, Jürgen/Micklitz, Hans-W., Das neue UWG – auf halbem Weg nach Europa?, VuR 2009, 88 ff.
Klinger, Markus, Allgemeine Geschäftsbedingungen bei Kundenbindungs- und Rabattsystemen („Payback“), Anmerkung zu BGH, Urteil vom 16.07.2008, Az. VIII ZR 348/06 – *Payback*, jurisPR-ITR 22/2008, Anm. 2.
Köhler, Helmut, Das neue UWG, NJW 2004, 2121 ff.
–, Die „Bagatellklausel“ in § 3 UWG, GRUR 2005, 1 ff.

–, Zur Umsetzung der Richtlinie über unlautere Geschäftspraktiken, GRUR 2005, 793 ff.
–, Vertragsrechtliche Sanktionen gegen unerlaubte Telefonwerbung?, WRP 2007, 866 ff.
–, Zur richtlinienkonformen Auslegung und Neuregelung der „Bagatellklausel" in § 3 UWG, WRP 2008, 10 ff.
–, Die Unlauterkeitstatbestände des § 4 UWG und ihre Auslegung im Lichte der UGP-Richtlinie, GRUR 2008, 841 ff.
–, Anmerkung zu BGH, Urteil vom 17.07.2008 – I ZR 197/05 – *FC Troschenreuth, GRUR 2008, 927 ff.*
–, Die UWG-Novelle 2008, WRP 2009, 109 ff.
–, „Der Mitbewerber", WRP 2009, 499 ff.
–, Unzulässige geschäftliche Handlungen bei Abschluss und Durchführung eines Vertrags, WRP 2009, 898 ff.
–, Neue Regelungen zum Verbraucherschutz bei Telefonwerbung und Fernabsatzverträgen, NJW 2009, 2567 ff.
Köhler, Helmut/Lettl, Tobias, Das geltende europäische Lauterkeitsrecht, der Vorschlag für eine EG-Richtlinie über unlautere Geschäftspraktiken und die UWG-Reform, WRP 2003, 1019 ff.
Köhler, Helmut/Piper, Henning, UWG, Gesetz gegen den unlauteren Wettbewerb, 3. Auflage, München 2002 (zitiert: Köhler/Piper-*Bearbeiter*).
Krüger-Nieland, Gerda, Persönlichkeitsschutz im Wettbewerbsrecht, GRUR 1974, 561 ff.
Kulka, Michael, Der Entwurf eines „Ersten Gesetzes zur Änderung des Gesetzes gegen den unlauteren Wettbewerb", DB 2008, 1548 ff.
Lehmann, Michael, Entwicklungsleitlinien G. Schrickers: Wettbewerbs-, Marken- und Urheberrecht, in: *Bodewig, Theo et al.*, Festschrift für Gerhard Schricker zum 70. Geburtstag, Perspektiven des Geistigen Eigentums und Wettbewerbsrecht, München 2005, S. 77 ff.
Leistner, Matthias, Verbraucherschutz oder Recht des unlauteren Wettbewerbs?, in: *Tietze, Andrea et al.*, Jahrbuch Junger Zivilrechtswissenschaftler 2004, Europäisches Privatrecht – Über die Verknüpfung von nationalem und Gemeinschaftsrecht, Stuttgart 2005, S. 185 ff.
–, Bestand und Entwicklungsperspektive des Europäischen Lauterkeitsrechts, ZEuP 2009, 56 ff.
Leistner, Matthias/Pothmann, Julia, E-Mail-Direktmarketing im neuen europäischen Recht und in der UWG-Reform, WRP 2003, 815 ff.
Lettl, Tobias, Das neue UWG, München 2004.
–, Der Schutz der Verbraucher nach der UWG-Reform, GRUR 2004, 449.
–, Gemeinschafsrecht und neues UWG, WRP 2004, 1079 ff.

–, Das neue UWG, GRUR-RR 2009, 41 ff.
–, Werbung mit einem Telefonanruf gegenüber einem Verbraucher nach § 7 Abs. 2 Nr. 2 1. Alt. UWG n.F., WRP 2009, 1315 ff.
Mankowski, Peter, Ist die Bagatellklausel des § 3 UWG bei belästigender Werbung (§ 7 UWG) zu beachten?, WRP 2008, 15 ff.
Micklitz, Hans-W./Schirmbacher, Martin, Distanzkommunikation im europäischen Lauterkeitsrecht, WRP 2006, 148 ff.
Nippe, Wolfgang, Belästigung zwischen Wettbewerbshandlung und Werbung, WRP 2006, 951 ff.
–, Belästigende Wettbewerbshandlungen – Tatbestände, Rechtfertigungsgründe, Rechtsprechung, WRP 2007, 19 ff.
von Nussbaum, Caroline/Krienke, Konstantin, Telefonwerbung gegenüber Verbrauchern nach dem Payback-Urteil, MMR 2009, 372 ff.
Ohly, Ansgar, Das neue UWG – mehr Freiheit für den Wettbewerb? GRUR 2004, 889 ff.
–, Das Herkunftslandsprinzip im Bereich vollständig angeglichenen Lauterkeitsrechts – Überlegungen zur Binnenmarktklausel der Richtlinie über unlautere Geschäftspraktiken und zum BGH-Urteil „Arzneimittelwerbung im Internet“, WRP 2006, 1401 ff.
–, Bausteine eines europäischen Lauterkeitsrechts, WRP 2008, 177 ff.
Pauli, Dirk, Direktmarketing und die Gewinnung von Kundendaten: Ist die Veranstaltung eines Gewinnspiels ein geeigneter Weg?, WRP 2009, 245 ff.
–, Die Einwilligung in Telefonwerbung per AGB bei der Gewinnspielteilnahme – Trotz verschärfter Gesetze ein „Lichtblick“ für werbende Unternehmen?, WRP 2009, 1192 ff.
Piper, Henning/Ohly, Ansgar, Gesetz gegen den unlauteren Wettbewerb, Kommentar, 4. Auflage, München 2006 (zitiert: Piper/Ohly- *Bearbeiter*).
Plath, Kai-Uwe/Frey, Anna-Mirjam, Direktmarketing nach der BDSG-Novelle: Grenzen erkennen, Spielräume optimal nutzen, BB 2009, 1762 ff.
Prasse, Christian, Spam-E-Mails in der neueren Rechtsprechung, MDR 2006, 361 ff.
van Raay, Anne/Meyer-van Raay, Oliver, Opt-in, Opt-out und (k)ein Ende der Diskussion, VuR 2009, 103 ff.
Roggenkamp, Dirk Jan, Konkludente Einwilligung eines Sportvereins in Versendung gewerblicher Anfragen durch Angabe der E-Mail-Adresse auf der Website („FC Troschenreuth“), Anmerkung zu BGH, Urteil vom 17.07.2008 – I ZR 197/05 – *FC Troschenreuth,* jurisPR-ITR 20/2008 Anm. 4.
–, Massenhafter Versand von Werbe-E-Mails – Zur Zulässigkeit und zu den Sorgfaltspflichten beim massenhaften Versand von Werbe-Email, jurisPR-ITR 8/2006, Anm. 4.

Sack, Rolf, Die Subsidiarität des Rechts am Gewerbebetrieb, VersR 2006, 1001 ff.

–, Das Verhältnis des UWG zum allgemeinen Deliktsrecht, in: *Ahrens, Hans-Jürgen et al.,* Festschrift für Eike Ullmann, Saarbrücken 2006, S. 825 ff.

–, Das Recht am Gewerbebetrieb, Tübingen 2007.

–, Individualschutz gegen unlauteren Wettbewerb, Anmerkung zur BGH-Entscheidung „E-Mail-Werbung II" vom 20. Mai 2009, WRP 2009, 1330 ff.

Säcker, Franz-Jürgen, Das UWG zwischen den Mühlsteinen europäischer Harmonisierung und grundrechtsgebotener Liberalisierung, WRP 2004, 1199 ff.

–, Münchener Kommentar zum Bürgerlichen Gesetzbuch, Band 5, §§ 705 – 853, 5. Auflage, München 2009 (zitiert: MüKoBGB-*Bearbeiter*).

Scherer, Inge, Lauterkeitsrecht und Leistungsstörungsrecht – Veränderung des Verhältnisses durch § 2 Abs. 1 Nr. 1 UWG?, WRP 2009, 761 ff.

Schirmbacher, Martin, UWG 2008 – Auswirkungen auf den E-Commerce, K & R 2009, 433 ff.

Schmittmann, Jens M., Anmerkung zu BGH, *Urteil* vom 16.03.1999, Az. XI ZR 76/98 – *Formularmäßige Einverständniserklärung zur Telefonwerbung,* MMR 1999, 478 f.

Schulze zur Wiesche, Jens, Anmerkung zu BGH, Urteil vom 17.07.2008, Az. I ZR 197/05 – *FC Troschenreuth*, MMR 2008, 664 ff.

Seichter, Dirk, Einwilligung in die Telefonwerbung durch AGB („Telefonische Angebote aus dem Abonnementenbereich"), Anmerkung zu OLG Hamburg, Urteil vom 04.03.2009, Az. 5 U 260/08, jurisPR-WettbR 7/2009, Anm. 5.

Seichter, Dirk/Witzmann, Jan, Die Einwilligung in die Telefonwerbung, WRP 2007, 699 ff.

Sosnitza, Olaf, Der Gesetzesentwurf zur Umsetzung der Richtlinie über unlautere Geschäftspraktiken, WRP 2008, 1014 ff.

Steinbeck, Anja, Die Zukunft der aggressiven Geschäftspraktiken, WRP 2008, 865 ff.

–, Der Beispielskatalog des § 4 UWG – Bewährungsprobe bestanden, GRUR 2008, 848 ff.

Taxhet, Martina/Artz, Markus, Das Gesetz zur Bekämpfung unerlaubter Telefonwerbung und zur Verbesserung des Verbraucherschutzes bei besonderen Vertriebsformen – Änderungen im UWG und BGB, ZGS 2009, 264 ff.

Tonner, Klaus/Reich, Anke, Die Entwicklung der wettbewerbsrechtlichen Beurteilung der Telefonwerbung, VuR 2009, 95 ff.

Ufer, Frederic, Aktuelle Gesetzgebungsverfahren gegen unerwünschte Telefonwerbung, K & R 2008, 493 ff.

Ullmann, Eike, Keine Wettbewerbswidrigkeit unerwünschter berufsbezogener Werbe-E-Mails an eine Anwaltskanzlei; keine Aktivlegitimation von Verbrauchern, Anmerkung zu AG Dresden, Urteil vom 29.07.2005, Az. 114 C 2008/05, jurisPR-WettbR 5/2006, Anm. 3.

–, Juris Praxiskommentar UWG: Gesetz gegen den unlauteren Wettbewerb, 2. Auflage, Saarbrücken 2009 (zitiert: jurisPK-*Bearbeiter*).

Vahle, Jürgen, Neue Regeln bei Telefonwerbung – ein Zwischenruf, DSB 2009, Nr. 9, 10 f.

Vander, Sascha, Telefonmarketing im Fadenkreuz – Gesetzesentwurf zur Bekämpfung unerlaubter Telefonwerbung und zur Verbesserung des Verbraucherschutzes bei besonderen Vertriebsformen, MMR 2008, 639 ff.

Wilhelm, Jan, Das Recht am eingerichteten und ausgeübten Gewerbebetrieb, in: *Heldrich, Andreas et al.*, Festschrift für Claus-Wilhelm Canaris zum 70. Geburtstag, Band I, München 2007, S. 1292 ff.

Wäßle, *Florian*, Anmerkung zu BGH, Urteil vom 17.07.2008, Az. I ZR 197/05 – *FC Troschenreuth*, K & R 2008, 605 ff.

von Wallenberg, Gabriela, Ist das Telefonmarketing gegenüber Verbrauchern tot?, BB 2009, 1768 ff.

Veröffentlichungen des Instituts für deutsches und europäisches Wirtschafts-, Wettbewerbs- und Regulierungsrecht der Freien Universität Berlin

Herausgegeben von Franz Jürgen Säcker

Band 1 Franz Jürgen Säcker (Hrsg.): Deutsch-russisches Energie- und Bergrecht im Vergleich. Ergebnisse einer Arbeitstagung vom 31. März / 1. April 2006. 2007.

Band 2 Franz Jürgen Säcker / Walther Busse von Colbe (Hrsg.): Wettbewerbsfördernde Anreizregulierung. Zum Anreizregulierungsbericht der Bundesnetzagentur vom 30. Juni 2006. 2007.

Band 3 Dirk Zschenderlein: Die Gleichbehandlung der Aktionäre bei der Auskunftserteilung in der Aktiengesellschaft. Zum Problem der Zulässigkeit der Weitergabe von Informationen an einzelne Aktionäre und Dritte. 2007.

Band 4 Simone Kirchhain: Die Anwendung der Vertikal-GVO auf innerstaatliche Wettbewerbsbeschränkungen nach der 7. GWB-Novelle. 2007.

Band 5 Franz Jürgen Säcker: Der Independent System Operator. Ein neues institutionelles Design für Netzbetreiber? 2007.

Band 6 Stefanie Otto: Allgemeininteressen im neuen UWG. § 1 S. 2 UWG und die wettbewerbsfunktionale Auslegung. 2007.

Band 7 Jochen Eichler: Vertragliche Dritthaftung. Eine Auseinandersetzung mit der Frage der Dritthaftung von sogenannten Experten und anderen Auskunftspersonen im Rahmen des § 311 Abs. 3 BGB. 2007.

Band 8 Markela Stamati: Die Anforderungen der operationellen Entflechtung nach den Beschleunigungsrichtlinien der Europäischen Kommission. Umsetzung in Deutschland und Griechenland. 2008.

Band 9 Franz Jürgen Säcker: The Concept of the Relevant Product Market. Between Demand-Side Substitutability and Supply-Side - Substitutability in Competition Law. 2008.

Band 10 Renate Rabensdorf: Die Durchgriffshaftung im deutschen und russischen Recht der Kapitalgesellschaften. Eine rechtsvergleichende Untersuchung. 2009.

Band 11 Franz Jürgen Säcker: Der beschleunigte Ausbau der Höchstspannungsnetze als Rechtsproblem. Erläutert am Beispiel der 380-kV-Höchstspannungsleitung Lauchstädt – Redwitz – Grafenrheinfeld mit Querung des Rennsteigs im Naturpark Thüringer Wald. 2009.

Band 12 Helen Mahne: Eigentum an Versorgungsleitungen. 2009.

Band 13 Franz Jürgen Säcker (Hrsg.): Russisches Energierecht - Gesetzessammlung. 2009.

Band 14 Franz Jürgen Säcker / Maik Wolf: Integrierte Energieversorgung in geschlossenen Verteilernetzen. Zum Gestaltungsspielraum des Gesetzgebers zur Neuregelung des § 110 EnWG im Lichte des Dritten EG-Energiepakets. 2009.

Band 15 Franz Jürgen Säcker (Hrsg.): Das Dritte Energiepaket für den Gasbereich. Deutsch-Englische Textausgabe mit einer Einführung. 2009.

Band 16 Franz Jürgen Säcker (Hrsg.): Das Dritte Energiepaket für den Elektrizitätsbereich. Deutsch-Englische Textausgabe mit einer Einführung. 2009.

Band 17 Thomas Dörmer: Die Unternehmenspacht. Rechtsstellung der Vertragsparteien unter besonderer Berücksichtigung der Pflicht des Unternehmenspächters zur ordnungsgemäßen Unternehmensführung sowie der Rechtslage bei Vertragsbeendigung. 2010.

Band 18 Klaas Bosch: Die Kontrolldichte der gerichtlichen Überprüfung von Marktregulierungsentscheidungen der Bundesnetzagentur nach dem Telekommunikationsgesetz. 2010.

Band 19 Geng-Sook Leem: Einheitliche Corporate Governance-Grundsätze für die Europäische Aktiengesellschaft (SE). Eine rechtsvergleichende Untersuchung anhand der Ausgestaltung der SE im deutschen und britischen Recht. 2010.

Band 20 Wiebke Gebhardt: Gentechnik und Koexistenz nach der Gesetzesnovelle von 2008: Zivilrechtliche Haftung im Vergleich Deutschland und USA. 2010.

Band 21 Cathrin Isenberg: Die Geruchsmarke als Gemeinschaftsmarke. Schutzfähigkeit und Einsatzmöglichkeiten. 2010.

Band 22 Franz Jürgen Säcker / Jochen Mohr / Maik Wolf: Konzessionsverträge im System des europäischen und deutschen Wettbewerbsrechts. 2011.

Band 23 Judith Antonia Loeck: Die unzumutbare Belästigung nach der UWG Novelle 2008 und dem Gesetz zur Bekämpfung unerlaubter Telefonwerbung und zur Verbesserung des Verbraucherschutzes bei besonderen Betriebsformen. 2011.

www.peterlang.de